Christian E. Hannig wurde 1941 in Friedland geboren. Im Hauptberuf Fluglotse, durchlief er nebenbei eine schriftstellerische Ausbildung, war freier Mitarbeiter bei einer Tageszeitung, schrieb und fotografierte für Zeitschriften und verfasst seit 1989 als Reiseschriftsteller Bücher. Zum Ausgleich für seinen Stressjob hat er sich viele naturverbundene Hobbys zugelegt: allgemeine Tier- und Pflanzenkunde, das Sammeln von Mineralien und Versteinerungen, Naturfotografie und natürlich das Reisen. Seit vielen Jahren unternimmt er im Alleingang ausgedehnte Reisen per Rad, vom Roten Meer bis zum Nördlichen Eismeer, auf dem amerikanischen Kontinent bis hinauf nach Alaska, durch Australien und zuletzt durch Südamerika. Mehrere Erdumrundungen hat er inzwischen im Fahrradsattel zurückgelegt.

Von Christian E. Hannig sind weitere Titel im Verlag erschienen:

Im Land der Schotten
Irisches Reisetagebuch
Polarlicht
Island – Vulkane, Eis und Einsamkei
Mit dem Fahrrad durch Alask
Vom Silberfluß zum Sil

CHRISTIAN E. HANNIG

UNTER DEN SCHWINGEN DES CONDOR

Rad-Abenteuer zwischen Anden und Pazifik

NATIONAL GEOGRAPHIC
FREDERKING & THALER

Bibliografische Information Der Deutschen Bibliothek

Die Deutsche Bibliothek verzeichnet diese Publikation in der Deutschen Nationalbibliografie; detaillierte bibliografische Daten sind im Internet über http://dnb.ddb.de abrufbar.

NATIONAL GEOGRAPHIC ADVENTURE PRESS
Reisen · Menschen · Abenteuer
Die Taschenbuch-Reihe von
National Geographic und Frederking & Thaler

2. Auflage Juli 2006

Text und Fotos: Christian Hannig
Lektorat: Dr. Konrad Dietzfelbinger, München
Karte: Margret Prietzsch, Gröbenzell
Umschlaggestaltung: Dorkenwald Grafik-Design, München
Herstellung: Caroline Sieveking, München
Druck und Bindung: Clausen & Bosse, Leck
Printed in Germany

ISBN 3-89405-133-7
www.frederking-thaler.de

Das Papier wurde aus chlorfrei gebleichtem Zellstoff hergestellt.

Inhalt

Ein inniges Dankeschön an meine Frau. Im Wissen um meinen Drang in die Ferne, gewährt sie mir zwischen den gemeinsamen Abenteuern jene Freiheit, die Reisen wie diese erst möglich macht.

Blick in einen Revolverlauf

Bolivien. Zwei Packer laden in der alten Silberstadt Potosi mein Rad auf das Dach eines Busses. Sein Ziel: Uyuni, nahe dem großen Salzsee. Der Bus trägt am Blech das Emblem eines Kondor. Morgen möchte ich meine Reise per Pedal beginnen – symbolisch »unter den Schwingen« des großen Andenvogels, der sicher hie und da über mir kreisen würde. Es gilt, die lange rote Linie auf meiner Tourenkarte, sie endet in Lima, aufzuspulen – mit mehr als einer Million Radumdrehungen. Durch die Anden zum Pazifik, ein Abenteuer mit Höhenluft. Doch Wunsch und Wirklichkeit geraten bald durcheinander.

Irgendwo hatte ich ein paar Sätze aufgefangen: »Der Salar steht unter Wasser… Die Reise lohnt nicht!« Anhaltende Regenfälle hatten den Salzsee überflutet. Was tun? Auf der Stelle treten, bis sich das Wasser wieder verlaufen hatte? Das konnte lange dauern. Am besten sollte ich die Fahrt übers Salz ganz streichen und gleich auf Nordkurs gehen. Doch dann eine weitere Information. Eine kleine Gruppe Naturfans hat sich zu einer Tour zusammengefunden. Ihr Ziel ist eben jener Salar und die Bergwelt nahe der chilenischen Grenze. In dem alten Toyota ist noch ein Platz frei, und der Fahrer, ein Indio, freut sich über einen »Dolmetscher«. Die Agentur lockt dafür mit einem Sonderpreis.

Es kratzt nicht an der Ehre, für ein paar Tage den Velosattel gegen einen Autositz zu tauschen, denn diese Tour durch Wasser,

Salzschlamm und über Geröllpiste liegt jenseits des sonst Machbaren. Das Rad darf sich so lange im Büro der Agentur ausruhen. Es würde schon noch gefordert.

Händeschütteln im kleinen Kreis: Roar Sanden und sein Freund Michael aus dem norwegischen Vagamo, Roberto Pellegris, ein Norditaliener, sowie das Studentenpaar Jean-Paul und Annik aus Paris; dann Mateo, unser Fahrer. Dieser hat als Köchin eine junge Indigena dabei. Sie ist so scheu, dass sie uns nicht einmal ihren Namen verrät, und macht man ihr ein Kompliment, zieht sie sich ihre langen Zöpfe vors Gesicht. Alles, was wir für einige Tage Hochanden benötigen, wird aufgeladen: Verpflegung, Trinkwasser, Schlafsäcke, Ersatzreifen und Reservekanister mit Benzin. Mateo hat uns »viel Kälte« versprochen, doch zuerst, meint er, »gehen wir schwimmen«: »Vamos a nadar!« Er spielt damit auf den Salzsee an. Mehrere tausend Quadratkilometer davon sollen unter Wasser stehen. Nur die Mitte des Salars liegt trocken. Als wir losfahren, haben wir wohl alle den gleichen Gedanken: »Hoffentlich überlebt diese Kiste die Tour!« Der Toyota sieht alles andere als Vertrauen erweckend aus. Er ist so verzogen, dass keine der Türen mehr richtig schließt. Draht hält zusammen, was sonst klapperte. Wegen der Löcher im Bodenblech hat Mateo Lappen dabei. Später, wenn der staubige Teil der Tour beginnt, wird er sie als »Stöpsel« verwenden. Vorerst genügt ein Plastikverbau für den Motor – gegen das Salzwasser. Was von unten ins Wageninnere dringt, kann durchs löchrige Blech wieder abfließen. Der Salar ist etwa einhundertfünfzig Kilometer lang und fast ebenso breit. Jetzt ein »Meer«, will der Indio ihn mit dem Toyota durchpflügen. Wir sind gespannt.

Kaum eine halbe Stunde Fahrt, und wir haben das Ufer erreicht. Zu beiden Seiten der Piste grauer Salzschlamm, vor uns Wasser bis zum Horizont. Ziel und Wendepunkt ist eine Insel mitten im See. Ihrer Fischform verdankt sie den Namen »Isla

Pescado«, der Lage und dem Bewuchs die Magnetwirkung auf Naturfans. Ein dichter Bestand haushoher Kakteen – im Kontrast zum weißen Salz; was für ein Anblick in fast viertausend Meter Höhe!

Vor der Stoßstange läuft eine Bugwelle, hinter dem Heck das Kielwasser. Unser Toyota wird zum Kutter. Nur die nackte, spiegelnde Wasserfläche ist zu sehen. Ich frage Mateo, wie er den Weg zu der achtzig Kilometer entfernten Insel findet. Er lacht: »El sol!« Sonnennavigation auf dem Salar Uyuni. Manchmal macht der Indio einen abrupten Schlenker, so als gelte es, Unterwasserhindernisse zu umfahren. Einmal stoppt er und zeigt uns den Grund für seine Manöver. Was er »Ojos« nennt, sind die »Augen« des Sees, heimtückische Löcher in der Salzkruste. Durch tief liegende Wasserströmungen ist das Salz unterhöhlt. An solchen Stellen kann man wie auf dünner Eisschicht einbrechen. Ich habe wenig Vertrauen in den Toyota, aber blindes zu Mateo; so »schwimmen« wir weiter.

Zunächst will der kleine dunkle Punkt, der am Horizont aufgetaucht ist, nicht näher kommen. Ja, er hebt ab wie eine Fata Morgana und beginnt über dem Wasser zu schweben. Zuletzt scheint er sich sogar zu entfernen. Doch nach fast vierzig Kilometer Fahrt haben wir ihn »eingeholt«. Der Anblick verblüfft alle. Hier, mitten im See, liegt ein Hotel. Seine Wände sind aus Salz, sogar das Inventar: Tische, Stühle, Betten. Mateo musste bis an die Türschwelle heranfahren, um uns ein Aussteigen zu ermöglichen. Gäste hat das Hotel noch keine; aber spätestens wenn der Salar wieder trocken liegt, werden die ersten kommen. Wo sonst in der Welt kann man in einem Bett aus Salz schlafen? Nach einem kurzen Blick in die Unikat-Herberge geht es weiter – mit Bugwelle und Kielwasser.

Für Mateo ist das Navigieren leichter geworden. Er kann sich nun an Bergkuppen orientieren, von denen am westlichen Horizont immer mehr auftauchen. Auch das Wasser wird flacher, und bald sind wir auf dem Trockenen. Ein neuer Punkt wird in der Ferne sichtbar, über dem Salz schwebend. Langsam bekommt er Konturen. Doch es sind noch viele Kilometer, bis wir ihn als unser Ziel erkennen: die »Isla Pescado«. Was auf Distanz wie hohe Säulen aussah, sind die Kakteen. Sie haben die Form der bekannten Saguaro. So etwas erwartet man eher in sonnendurchglühter Wüste, nicht aber in einem Salzsee, den nachts klirrende Fröste überziehen. Begeisterung bei der gesamten Besatzung, als wir die hoch aufragende Insel erklettern. Kameraverschlüsse klicken. Wer bannte einen solchen Anblick nicht auf Film! Mateo kriecht inzwischen unter die Motorhaube. »Probleme lösen«, nennt er das. Auch mit einem der Reifen ist er nicht zufrieden. Er pumpt gegen den Druckverlust an. Als die alte Steigbügelpumpe zerfällt, setzt er sie mit stoischer Ruhe wieder zusammen. Indioblut, Indiogelassenheit. Wir würden sein Talent noch mehrfach brauchen.

Die nächste Etappe. Wortkarg wie Mateo ist, klärt er uns knapp auf: »›Weiterschwimmen‹ nach San Juan. Dort werden wir übernachten!« Ein paar Kilometer Fahrt wie durch Kunstschnee, dann erneut Wasserrauschen an den Rädern. Mateo navigiert wieder mit Hilfe von Bergkuppen. Doch im südlichen Teil des Sees, den wir nun durchqueren, steht das Wasser beängstigend hoch. Es sprudelt durch die Löcher im Bodenblech; wir müssen die Beine anziehen. Auch unserem Fahrer wird mulmig. Er stoppt. Vom Rücksitz kommt der Vorschlag: »Lasst uns hier übernachten!« Ein makabrer Scherz. Der Wagen hat nicht einmal Funk. Was sollen wir machen, wenn wir hier wirklich versacken? Mateo versucht es wieder, jetzt mit Kursänderung auf Südost. Dabei zieht er sich am Lenkrad aus dem Sitz hoch. Er braucht den »langen Hals«, um rechtzeitig die Ojos zu erkennen.

Endlose Kilometer Wasserrauschen. Ich schieße aus dem Seitenfenster ein Foto, das Seltenheitswert hat. Der Salar Uyuni als richtiges Meer, dazu am äußersten Bildrand der Griff einer Autotür, der wie ein Zipfel Reling wirkt. Der dazugehörige »Kutter« hat sogar einen Namen: »BOLIVIA CUH 472«.

Alles, was in diesem See und an seinem Rand liegt, scheint zu schweben: Salzhügel, Inseln, Berge; auch die lange, dunkle Linie, die sich jetzt im Süden ausmachen lässt. Es dauert, bis wir sie als Damm erkennen. Mateo holt noch weiter nach Osten aus; er möchte den Kopf der Aufschüttung erreichen. Watgang durch gelöstes Salz, die ersten Steine, endlich fester Boden unter den Rädern! Unser Fahrer hupt. Es ist sein »Kommentar«, dass wir es geschafft haben. Wortkarg bis zum Verstummen kann der kleine Indio sein.

In Holperfahrt geht es über den Steindamm. Noch ein paar Mal Eintauchen in Salzwasser, ein Stück sandige Piste, dann der

»Rauschende Fahrt« durch den vom Regen gefluteten Salzsee.

graue Schlamm einer Lagune. Wühlspuren zeigen, wie es Fahrern ergeht, die so etwas falsch einschätzen. Schließlich das Pueblo San Juan. Mateo ist hier bekannt. Auf sein Klopfen wird ein Tor geöffnet. Wir rollen in einen kleinen Innenhof. Über der Tür des Wohnhauses stehen die Worte: »Mi casa es tu casa.« Mein Haus ist dein Haus, ein schöner Willkommensgruß. Die mitgebrachten Schlafsäcke werden ausgerollt – nach Herbergsart. Eine frostige Nacht in ungeheizten Wänden wartet auf uns. »Die Sonne hier scheint«, sagen die Indios, »aber sie wärmt nicht!« Ist sie erst einmal untergegangen, kommt noch vor der Dunkelheit die Kälte. Die Hausfrau verteilt halbierte Kerzen, unsere Beleuchtung. In Bergdörfern wie diesem sind die Menschen sparsam. Über einer Gasflamme kocht in einem Alukessel das Essen. Wir wärmen uns die Hände an den heißen Tassen mit Mate-Tee. Annik meint, das Erlebnis sei eigentlich schon genug Abenteuer gewesen; dabei wartet noch ganz anderes auf uns.

Am nächsten Morgen gibt es ein Frühstück mit Frösteln. Mateo hantiert bereits wieder am Auto. Er hatte die Batterie ausgebaut und mit ins Haus genommen. Wegen des Frostes musste auch die Verpflegung ab- und nun wieder aufgeladen werden. Nachdem alles festgezurrt ist, ein herzlicher Abschied von unseren Herbergseltern: »Feliz viaje!« Glück für die nächste Etappe.

Unser heutiges Ziel ist die »Laguna Colorada«. Sie soll das Erlebnis »Kakteen im Salz« noch übertreffen. Die Piste beginnt zu klettern. Der Toyota wird zur Bergziege. Auf dem steinig-holprigen Untergrund gerät der Wagen arg ins Schwanken. Mateo scheint dieses »Reiten hinter dem Steuer« Spaß zu machen. Zum Anhalten müssen wir ihn zwingen. In einer solchen Natur reicht es nicht, dass man nur aus dem Autofenster schaut; da möchte man seine Fußabdrücke hinterlassen. Im Rückblick liegt die Salzlagune, die wir vor dem Anstieg überquert hatten. Zur Linken verschneite Vulkangipfel, davor Lamas auf karger Bergweide. Auch voraus die Anden wie auf einer Bildpostkarte.

Die Piste steigt weiter. Längst liegt die 4000-Meter-Höhenlinie unter uns. Neue Lagunen werden sichtbar. Weiß das Salz, weiß das auskristallisierte Borax, weiß auch der Wind. Mateo nennt ihn bezeichnend »Viento blanco«. Wie helle Vorhänge weht der Boraxstaub über die Hochebene. Im salzigen Wasser staken Flamingos. Hier Vögel anzutreffen, die man eher an tropischen Gewässern vermutet, verblüfft alle. Mateo verspricht uns noch viel mehr »flamencos«, wenn wir erst einmal die Laguna Colorada erreicht haben. Weiter geht es in Schleich- und Holperfahrt. Zweimal bleibt der Toyota abrupt stehen, so als wolle er sagen: »Mir reicht's!« Unser Fahrertalent bastelt am Vergaser: Problemlösung mit Können, Geduld und wenig Werkzeug. Bei uns zu Hause wagte niemand mit einem solchen Auto auch nur von Hamburg nach Bremen zu fahren, ohne den ADAC in seiner Nähe zu wissen. Wir aber mühen uns damit durch eine Bergwelt, in der es horizontweit kein Telefon gibt. Ein Abenteuer auf vier Rädern.

Gerade passieren wir den aktiven Vulkan »Tanupa«. An seiner Westflanke zeigt aufsteigender Dampf, dass es in ihm kocht. Jetzt verliert sich die Piste in weiter Wüste. Vulkansande haben hier alles Leben erstickt; die klimatischen Verhältnisse lassen neues nicht zu. Magmabomben, oft größer als Altarsteine, »dekorieren« diese abweisende Welt. Die Flugbahn der Brocken lässt sich nachvollziehen: Eruptionskräfte als gewaltige Steinschleudern. Roar und Michael, die beiden Norweger, kennen große Natur aus dem eigenen Land. Doch Roar spricht für alle, als er sagt: »Now we have left our planet Earth! That's the Mars!« Ich übersetze es für Mateo. In seiner typischen Art antwortet er emotionslos: »Solo Bolivia.« Der Indio ist an eine solche Ur-Natur gewohnt.

Den ganzen Tag Anden-Erlebnis pur. Gerade noch rechtzeitig

An der Fünftausend-Meter-Höhenlinie dehnen sich Wüsten aus Vulkansanden.

für ein paar Fotos erreichen wir die »Farbige Lagune«. Wolken sind aufgezogen. Der Wind wird eisig. Als ich Mateo nach der Temperatur frage, meint er kurz: »Frio!« Dann kommt immerhin der Nachsatz, dass es nachts hier schon mal minus zwanzig Grad kalt wird.

Im seichten Wasser der Lagune stehen hunderte Flamingos. Sie gründeln nach Nahrung, kleinen Krebsen. Manche bezeichnen diese Art hier als »gefrorene Vögel«. Gnadenlos sortiert die Natur die schwächeren Tiere aus. Wenn der Frost selbst das salzhaltige Wasser erstarren lässt, kommt für viele junge Flamingos das Ende: Tod im Eis. Die Natur kennt nur das harte System der Selektion, so grausam es ist.

Am Ufer wartet eine ähnliche Herberge auf uns wie in San Juan. Dieses Mal legt Mateo sogar eine Decke über die Motorhaube – zusätzlicher Kälteschutz. Wieder gilt: Hände wärmen an heißer Teetasse; das kennen wir bereits. Dass es auf dieser Tour kaum Wasser zum Waschen geben würde, darauf hatte man uns vorbereitet. Woher auch nehmen, in einer solchen Natur! Nur stark salzhaltiges Wasser gibt es im Überfluss. Doch wir erfahren auch, dass es in einigen Jahren hier anders aussehen wird. Tourismus stellt Ansprüche. Bald wird es in der einsamen Bergwelt ein Hotel geben. Vorbei ist dann die Zeit der mitzubringenden Schlafsäcke, des eisigen Wassers in alten Ölfässern, des Händewärmens an Teetassen. Komfort wird es geben statt einer Romantik, die eher zu solcher Natur passt. »Schön, Mateo, dass wir das Ganze noch mit dir und deinem alten Toyota erleben können – bei Kerzenlicht, Eisblumenfenstern und mit klammen Fingern.«

Unser Fahrer kratzt schon Eis, da liegen wir noch in unseren Schlafsäcken. »Vamos! Vamos!«, tönt sein Ruf. Doch alles Drängeln hilft nicht. Denn der Wagen streikt. Müde leiert der Anlasser. Der Motor meldet sich nur mit einem kurzen Husten. Mateo baut die Batterie wieder aus, »wärmt« sie noch einmal an der Gasflamme. Ein neuer Versuch klappt.

Wendepunkt ist heute die »Laguna Verde«, nur wenige Kilometer von der chilenischen Grenze entfernt. Während sich das Wasser der Laguna Colorada bei Sonneneinstrahlung durch die explosionsartige Vermehrung einer Algenart rot färbt, schlägt es bei der Laguna Verde in Grün um. Das optische Spektakel gibt dieser Landschaft den letzten »Kick«.

Wieder Fahrt durch eine erdferne Natur: Vulkansandwüsten, dekoriert mit Magmabomben, bizarre Erosionsbilder, Berge, aufgetürmt und wieder zerrissen durch die Urgewalt von Eruptionen. Für uns alle ist das ein gewaltiges Erlebnis, für Mateo »solo Bolivia«. Irgendwann kommt seine trockene Bemerkung: »Cinco mil metros«, die 5000-Meter-Höhenlinie. Dann zeigt sich leider schon – für uns viel zu früh – der Wendepunkt. Grünes Wasser unter blauem Andenhimmel, das Weiß des Schnees über schwarzen Schloten, das Rot der im Vulkanfeuer ausgeglühten Sande. »Nur Bolivien«, nicht der Mars.

Wir haben Wüsten passiert, verschneite und nackte Vulkanberge. Wir haben das Fauchen von Geysiren und Solfataren gehört, rotes und grünes Wasser gesehen und die Hitze des Teufels in Thermalquellen gespürt. Manchmal schien uns die Erde der Schöpfungsphase näher als der Gegenwart, ja zeitweise hatten wir sie verlassen. »That's the Mars!« Originalton Roar. Nun also erfolgt die Umkehr. Mateo überrascht uns mit dem Plan, seine Eltern zu besuchen, die in einem abgelegenen Bergdorf leben. Noch mehr Anden? »Armer Toyota! Wenn du noch zwei-, dreihundert Kilometer hältst, dann sind wir zurück in der Zivilisation; dann darfst du auseinander fallen! Aber bitte nicht vorher!«

Weiterhin ist Naturgenuss der Extraklasse angesagt – bis zu dieser Boraxlagune! Ich glaube zu träumen, als ich am Ufer des Sees zwei ganz normale Pkws bemerke. Wie kommen die in eine solche Bergwelt? Unser Wagen hat Allradantrieb und ist entsprechend hochachsig. Als ich Mateo auf die Fahrzeuge aufmerksam mache, nickt er. Er hatte sie längst gesehen. Noch größer ist das Erstaunen, als Roberto wenig später ein drittes Auto entdeckt. Es parkt wie getarnt zwischen Felsen. Nun sondieren alle das Gelände. Am Ende zählen wir acht Fahrzeuge. Sie stehen so verstreut, als hätte man sie am Lastschirm aus dem Flugzeug abgesetzt. Ich frage Mateo, was er davon hält. Seine Kieferknochen mahlen, als zerkaue er die Antwort. Dann seine Bemerkung: »Sin documentos!« Zwei bedeutungsschwere Worte. Hier sammelte sich also eine Bande, die Autos schmuggelte, »ohne Dokumente«, heiße Ware aus Chile, wahrscheinlich sogar gestohlen. Als ich nachfrage: »Die sind doch bewaffnet?«, folgt ein knappes »Claro!« Wegen der Ähnlichkeit der Sprachen hatte auch Roberto die Situation erfasst. Helle Aufregung bei den anderen, als die Information die Runde macht: »A weaponed gang, smuggling cars!« Roar hat inzwischen noch weitere Fahrzeuge entdeckt, einen schwarzen Pkw und einen weißen mit einem roten Streifen auf dem Lack. Kein schönes Gefühl, sich einer solchen »Sammelstelle« zu nähern; denn was Schmuggler am wenigsten gebrauchen können, das sind Zeugen. Die Piste knickt rechtwinklig ab. Gott sei Dank! Durch die Richtungsänderung schlagen wir einen Haken wie ein Hase, der die Gefahr abschütteln will. Und es klappt. Bald sind die Fahrzeuge außer Sicht. Wir atmen auf. Mitten in eine Schmugglerbande zu geraten, das wäre des Abenteuers zu viel gewesen.

Steil geht die Piste den nächsten Berghang an. Unser Toyota hatte sich seit der Abfahrt von der Laguna Colorada tapfer gehalten. Der Motor kam nicht ins Husten, die Reifen hielten die Luft. Doch nun geht alles sehr schnell. Ein Rucken, ein Röcheln, der Wagen steht. Warum gerade jetzt? Unser Abstand zu der Bande ist noch gering. Schon steckt Mateo mit dem Kopf unter der Motorhaube. Wieder der Vergaser? Offensichtlich nicht. Wir können dem Indio nicht helfen, denn keiner von uns kennt sich mit dem Innenleben eines Motors aus. Während unser »Mechaniker« bastelt – er tippt jetzt auf die Benzinleitung –, vertreten wir uns die Beine. Aber schon bald treibt uns der kalte Wind wieder in den Wagen zurück.

Plötzlich ruft Roberto, ja er schreit es fast: »The gang!« Alle sind wie elektrisiert. Mateo kommt ans Beifahrerfenster – sichtlich nervös. Sein Handzeichen und das »Nada!« sollen wohl so viel heißen wie »Ruhe bewahren!« Nicht Annik, die junge Französin, sondern Michael hat offensichtlich die schwächsten Nerven: »What shall we do? What shall we do?« Doch Hilfe fällt in einer solchen Situation nicht vom Himmel. Ich sage zu den andern, sie sollten wenigstens einen Teil ihres Geldes verstecken.

Scheine lassen sich schnell in Ritzen schieben. Das ist aber nur eine Sicherheitsmaßnahme; man kann nie wissen.

Zunächst waren unten am Fuß des Berges fünf Fahrzeuge aufgetaucht, jetzt sind es neun, acht Pkws und ein Kleinbus. Angeführt wird die Kolonne von einem schwarzen Wagen. Etwa hundert Meter von unserem Toyota entfernt hält die Bande. Das dunkle Fahrzeug, wohl das des Bosses, löst sich von den anderen und kommt allein näher. Nur wenige Meter hinter unserem Wagen stoppt es. Ich sehe im Rückspiegel, wie der Fahrer aussteigt. Der Mann trägt eine wattierte Jacke und eine Art Militärhose. Statt direkt auf uns zuzukommen, schlägt er einen Bogen und bleibt hinter Mateo auf Distanz stehen – beide Hände tief in die Taschen seiner Jacke versenkt. Es ist diese Beobachtung, die mir klar macht, dass wir in keine bloß aufregende, sondern in eine gefährliche Situation geraten sind. Auf solch einsamen Pisten hilft

Nervenprobe: Während einer Panne blockieren wir den Schleichweg einer Schmugglerbande.

jeder jedem bei einer Panne. Das ist ungeschriebenes Gesetz. Nicht so der Boss der Bande. Der Abstand, den er zu unserem Wagen hält, dient seiner Sicherheit, und die beiden Hände, da gilt jede Wette, liegen an Pistolen- oder Revolvergriffen. Schon wie die Jacke im Bereich der Taschen vorkippt, ist Indiz genug. Er sagt nur drei Worte: »Was ist los?« Mateo antwortet ihm, ohne unter der Haube hervorzukommen: »Der Motor!« Es folgt Schweigen. Der Bandenboss geht unruhig auf und ab. Die Situation ist klar: Wir blockieren seinen Konvoi; außerdem sind wir »Zeugen« geworden.

Unser Wagen kommt mir auf einmal wie eine Falle vor. Ich will raus! Als ich es den andern sage, möchte keiner mitkommen. Nur unsere Köchin ruft leise: »Mateo!« Verständlich, als Indigena sucht sie den Schutz von ihresgleichen. Jetzt hastig aussteigen und dann gar weglaufen, das wäre pure Dummheit. Also Nerven behalten.

Seitlich gedreht steige ich – betont langsam – aus. Die Kamera hatte ich in die Regenjacke gewickelt. Nur nicht den Typen anschauen; Blickkontakt kann provozieren. Überlaut, sodass der Bursche es hören kann, sage ich zu Mateo: »Ich muss mal!« Dabei zeige ich auf eine Gruppe Felsen in einiger Entfernung. Dass eine solche Situation auf den Darm schlägt, klingt plausibel und dürfte wohl kaum als Trick erkannt werden. Zielstrebig, ohne mich umzudrehen, gehe ich auf die Felsen zu. Mit jedem Schritt, den ich mich entferne, fühle ich mich wohler. Endlich in Deckung! Aus geschützter Position beobachte ich, was sich dort unten tut. Der Bandenboss ist zu seinen Leuten zurückgegangen, in zwei Gruppen stehen sie bei ihren Fahrzeugen. Auch unsere Köchin ist inzwischen ausgestiegen. Von den anderen sind nicht einmal die Köpfe zu sehen; sie müssen sich in den Sitzen »ganz klein« gemacht haben. Was ich jetzt tue, ist ungefährlich: ein Dreh am Tele-Zoom, ein Drücken des Auslösers. Da hätte die bolivianische Polizei alles auf einen Blick! Doch darum geht es mir nicht. Das Dokument ist für mich. Schließlich stoppt man nicht alle Tage eine Schmugglerbande. Rufe werden laut: Sie hallen bis zu mir.

Was nun folgt, hätte niemand erwartet. Zu den Wagen gehören teilweise Fahrer und Beifahrer. Während die einen hastig Steine aus dem Weg rollen, formiert sich der Konvoi neu. Mit Stoßstange gegen Stoßstange schiebt man sich gegenseitig den Hang hinauf. Weil dieser flächig mit Vulkansanden bedeckt ist, zieht ihn die Bande offenbar der Piste vor. Auf Beulen und Kratzer an den Fahrzeugen scheint es ihnen nicht anzukommen. Bei jedem geschmuggelten Wagen locken auch so einige tausend Dollar »Verdienst«. Nur wenige Minuten dauert die Aktion aus Lärm und Staub, dann ist der Konvoi verschwunden. Erleichtert gehe ich zu meiner Gruppe zurück.

Plötzlich Motorengeräusch hinter mir. Ein weißer Jeep taucht auf. Mit hoher Geschwindigkeit jagt er hinter den anderen her. Er geht den Berg in einem noch steileren Winkel an. Bald ist auch er außer Sicht. »Hallo, ich bin zurück!« Mit der Neuigkeit, dass ich ein »Erinnerungsfoto« für alle habe, begrüße ich die anderen. Man erklärt mich für verrückt, so etwas zu machen. Dabei war es doch wirklich ungefährlich – mit dem Tele, im Schutz der Felsen.

Mateo hat den Fehler gefunden. Dieses Mal war es tatsächlich die Benzinleitung. Probestarten. Der Motor hustet, fängt sich. Unser »Mechaniker« lächelt. »Kompliment, kleiner Indio!« Ich frage ihn: »Mateo, das war eben eine gefährliche Begegnung, oder?« Er antwortet in die Richtung, in die die Bande verschwunden ist: »Si! Peligroso!« Nun ja, die Gefahr ist vorbei; aber Robertos Vision, dass man uns alle als unliebsame Zeugen hätte beseitigen können, etwa durch einen vorgetäuschten Absturz in eine Schlucht, verursacht im Nachhinein auch bei mir Magenkribbeln.

»Vamos!« Mateo lacht befreit. Unser Toyota läuft wieder als Bergziege. Das Diskutieren über den Vorfall beginnt. Was machen wir mit unserem Wissen? Nach der Rückkehr in Uyuni die Polizei verständigen? Wir konnten die Fahrzeuge beschreiben, sogar den Anführer der Bande. Wir wussten um den Schleichweg durch die Berge, der sicher öfter benutzt wurde. Oder sollten wir uns besser raushalten? Womöglich sticht man mit solchen Informationen nur in ein Wespennest der Korruption. Unsere Diskussion wird jäh abgeblockt. Roar hat den weißen Jeep entdeckt. Er steht jetzt halblinks voraus, auf einer Nebenkuppe des Berges. Jetzt ist klar, was es mit diesem Fahrzeug auf sich hat. Der Fahrer sichert von hoher Warte aus, ein Verhalten, das der Natur abgeschaut ist. Der »Leithirsch« wittert, ob die Luft rein ist. Die Verständigung mit den anderen dürfte über Funk erfolgen. Mateo, der sich ganz auf die Piste konzentrieren muss, sieht den Wagen erst jetzt. Was er sagt, verstehe ich nicht – nur murmelndes Selbstgespräch. Wir haben den Bergsattel erreicht; die Piste kippt ab. Da wir nun alle wieder das Gelände beobachten, ertönt der Ruf: »Dort!« mehrstimmig. Tief unten, in einer Mulde, hat sich die Bande gesammelt. Mateo bremst erschreckt, lässt dann aber den Toyota weiterrollen. Er dreht sich kurz zu uns um, sagt aber nichts. Was sollte er auch anderes tun, als weiterzufahren? Den Rückwärtsgang einlegen? Gar versuchen zu wenden? Die dort unten wussten doch längst vom Fahrer des Jeeps, dass wir uns näherten. Jetzt so etwas wie eine »Flucht« unternehmen, das machte uns nur verdächtig. Mateo sieht das wohl genauso. Also müssen wir noch einmal der Bande begegnen, jetzt mit umgekehrtem Vorzeichen. Nun ist sie es, die uns den Weg versperrt. Keiner, dem in diesem Augenblick nicht flau zu Mute ist.

An Mateos Gesicht merkt man, dass er wieder Gedanken »kaut«. Seine Kieferknochen arbeiten, Zeichen der Anspannung. Roberto überrascht uns mit dem Ruf: »A black jeep!« Dieses

Fahrzeug gehörte bisher nicht zum Konvoi. Es steht etwas abseits. Als ich zu Mateo sage: »Jetzt sind es zehn Autos!«, nickt er, dann folgt ein leises »Amigos… problemas! Aduana especial!« DAS hatte uns noch gefehlt! Wussten wir nicht bereits genug? Jetzt auch noch der Zoll, genauer, der korrupte Zoll – von der Bande bestochen. Wahrscheinlich kam es dort vorne zu einem »Tauschgeschäft«, ein kleines Bündel Geldscheine gegen Autokennzeichen. Denn nur mit solchen kamen die Schmuggler weiter ins Land. Nun würden wir Kronzeugen werden!

Unsere Schleichfahrt hinab hat etwas Unausweichliches. Noch etwa hundert Meter, noch achtzig… noch fünfzig. Der schwarze Jeep ist jetzt schräg von vorn sichtbar. Ich mache etwas, was auf meinen Reisen zu den Sicherheitsmaßnahmen gehört (auch wenn es mir im Ernstfall nicht mehr helfen würde). Auf einsamen Strecken notiere ich mir die Kennzeichen von Autos, zumindest von »verdächtigen«; etwa wenn jemand einige Zeit mit reduzierter Geschwindigkeit hinter mir bleibt. Noch im Fahren schreibe ich mir die Daten, so gut es geht, in die Handfläche. Sollte man mich später ausgeraubt auffinden (und könnte ich nichts mehr sagen), dann war wenigstens ein Verdacht festgehalten. So handle ich auch jetzt. »CUV 389 SUZUKI JEEP NEGRO«, mit links in die rechte Handfläche geschrieben, als »Steckbrief«. Noch zwanzig Meter! Acht Zeugen sehen die »Aduana especial« samt »Dienstfahrzeug«. Was wird passieren? Die Bande hat einen Halbkreis gebildet. Vor der Gruppe steht, uns den Rücken zugewandt, ein Mann, der zu ihr spricht. Es ist nicht der Boss, diesen kennen wir ja schon. Offensichtlich handelt es sich um den Zöllner. Noch zehn Meter! Niemand scheint von uns Notiz zu nehmen. Mateo stellt den Motor ab. In dem Toyota herrscht eine Stille, die man »hört«.

Was dann passiert, hat sich in das Gedächtnis aller eingraviert. Jener Mann trägt eine blaue Wollmütze, einen ebenso blauen

Rollkragenpullover, Jeans und Turnschuhe. Obwohl er doch längst weiß, dass wir nur wenige Meter hinter ihm stehen, reagiert er zunächst nicht. Nun aber zeigt er Bewegungen – im Zeitlupentempo. Noch immer mit dem Rücken zu uns, zieht er sich die Mütze weit herunter, rollt den Kragen des Pullovers hoch; von seinem Gesicht dürften jetzt nur noch die Augen als »Sehschlitze« frei sein. Mit der Linken greift er zum hinteren Hosenbund. Der Pullover rutscht ein Stück hoch. Wir alle sehen die Waffe. Michael verliert die Nerven und ruft erschreckt: »His revolver!« Es ist eine Bewegung wie im Film: Ziehen, halbe Körperdrehung, Zielen! Der Kopf der Köchin vor mir verschwindet. Sie ist vom Sitz gerutscht. Instinktiv drehe ich den Oberkörper seitlich und drücke mich mit dem Rücken flach an die Füllung der Autotür. Es ist der blitzartige Gedanke, so aus der Schusslinie zu kommen. Aber kein scharfer Knall, kein Zersplittern der Windschutzscheibe erfolgt. Ich sehe Mateos Gesicht im Profil. Der Lauf des Revolvers ist auf ihn gerichtet. Als typisch dunkelhäutiger Indio kann er nicht kreidebleich werden; aber seine Backenknochen sind jetzt wie die eines Eskimos; so weit treten sie durch das »Angstbeißen« hervor. Der Revolverlauf schwenkt nach links. Die Bewegung wiederholt sich, wird heftiger. Das ist ein Befehl mit der Waffe: »Runter von der Piste!« Mateo begreift nicht gleich. Der Mann zielt wieder auf ihn, dann erneutes Waffeschwenken: »Runter!« Mateo dreht den Zündschlüssel. Der Motor heult laut auf. In seiner Starre STEHT der Indio auf dem Gas. Ruckartig fährt er an. Die Mulde dehnt sich nach rechts, links, unmittelbar am Rand der Piste beginnt der Berghang. Noch immer der Revolverbefehl: »Runter!« und dann: »Weiter! Weiter!« Mateo ahnt, dass das nicht gut gehen kann; wegen dem hoch beladenen Dachgepäckträger sind wir kopflastig. Er versucht gegenzusteuern, denn wir drohen umzukippen. Der Toyota gerät ins Rutschen, ist nicht mehr zu halten. Rückwärts, mit Schräglage landen wir wieder auf der Piste. Hinter uns das hässliche Geräusch von Blech gegen Blech. Wir haben ein Auto der Bande gerammt! »Jemandem stockt der Atem« – was für eine abgegriffene Redewendung! Doch in diesem Augenblick geht es uns allen so. Bei dem Blechgeräusch zucken wir zusammen, halten vor Schreck die Luft an. Wenn wir aus dieser Situation überhaupt heil herauskommen, dann gewiss ohne Brieftaschen, ohne Kameras, ohne Uhren. Denn jetzt geht es wahrscheinlich ans »Bezahlen«. Mateo hat vor Schreck den Motor abgewürgt. Vor der Windschutzscheibe gibt es unwirsche Bewegungen. Die ganze Bande ist herbeigeeilt. Die Männer beginnen, ihr Fahrzeug von dem Toyota wegzuziehen. Noch einmal knirscht Blech. Als der Wagen frei ist, kommt wieder der Befehl mit dem Revolver: »Nach links!« Mateo ist jetzt völlig durcheinander. Starten. Abwürgen. Der nächste Versuch. Nun werden wir aus der Piste dirigiert, zwei Räder sind schon außerhalb. Dann ein Hochschwenken der Waffe: »Geradeaus!« Seitlich gedreht, geht der Zöllner vor uns her. Der Revolverlauf ist jetzt nicht mehr auf Mateo gerichtet, sondern zeigt nach oben. Noch langsamer als im Schritttempo passieren wir Fahrzeug für Fahrzeug, im Zentimeter-Abstand. Das letzte Auto zieht draußen vorbei, der dunkle Wagen des Bosses. Die Hand mit dem Revolver senkt sich. Die andere winkt: »Los! Weiterfahren!« Und als existierten wir nicht mehr für ihn, geht der Mann zu der Bande zurück.

Langsam beschleunigt Mateo. Uns ist, als tauten wir mit dem Schnellerwerden des Toyota wie aus einem Zustand des Tiefgefrorenseins auf. Was für eine Situation! Niemand sagt zunächst ein Wort. Das eben Erlebte wirkt nach. Nach einigen Minuten Schweigefahrt meldet sich Mateo wie im Selbstgespräch: »Peligroso, peligroso!« Seine Bemerkung ist wie ein »Stöpselziehen«; heftiges Diskutieren beginnt. Man hatte uns nicht nur als gefährliche Zeugen laufen lassen; die Bande musste doch auch befürchten, dass wir das nächste Militärlager anfuhren (wegen der Grenznähe zu Chile gab es hier etliche) und dort berichteten. Auch die Beschädigung des Fahrzeugs war ohne Konsequenzen geblieben, kein »Bezahlen« mit der Kamera, kein Geld abliefern. Und warum dieses Einschüchtern mit der Waffe? Viele Fragen, aber keine Antworten – nur Mutmaßungen.

Allmählich verlieren wir an Höhe. Die Vegetation wird dichter. Links von der Piste taucht eine Hütte auf, vielleicht die Behausung eines Hirten. Vielleicht! Denn man braucht nicht einmal ein guter Beobachter zu sein, um zu erkennen, dass hier etwas nicht stimmt. Seit wann bauen Indios so liederlich? Diese Hütte, in einer Region, wo jede Nacht der Frost mit eisiger Hand zugreift, war nur notdürftig aus Brettern zusammengenagelt. Auch das Gehege für die Lamas ist »unecht«. Statt der üblichen brusthohen Steinmauern ist nur Wellblech zu sehen – mehr als mannshoch. Schließlich kommt auch der Beweis, dass hier nicht alles mit rechten Dingen zugeht. Hinter der so untypischen Umfriedung wird weiteres Blech sichtbar, zwar ein Stückchen nur – aber es kann keinen Zweifel geben, dort ist ein Lastwagen versteckt – rostig wie das Wellblech selbst. Auch Mateo hatte das Fahrzeug bemerkt. Er kommentiert die Beobachtung mit einem viel sagenden »Si, si!«

Unvermutet kommen wir an einen Fluss. Der Indio steigt aus und sucht die beste Furt. Sein »Mucho aqua!« heißt wohl so viel wie: »Beine anziehen!«, denn das »viele Wasser« sehen wir ja. Langsamer Watgang. Durchs löchrige Bodenblech sprudelt es herein. Nach dem Auftauchen läuft der Toyota aus wie ein voll gesogenes Bärenfell.

Plötzlich ist Mateo wie verwandelt. Der kleine Indio ist nicht wieder zu erkennen. Er trommelt aufs Lenkrad und beginnt zu singen. Immer wieder dreht er sich zu uns um und lacht. Ein Daumenwink zurück, nun klärt er uns auf. Die Bande hatte den

Mateo. Dem Indio verdanken wir ein großes Naturerlebnis, aber auch den Blick in einen Revolverlauf.

Lastwagen in der einsamen Gegend deponiert, die Hütte war nur Tarnung. Sie wusste, dass sie mit den geschmuggelten Pkws nicht durch den Fluss kommen würde, von dem Jeep abgesehen. Jedes Fahrzeug musste auf den Lkw geladen werden, damit er es durchs Wasser brächte. Eine solche Aktion aber dauert eine Weile. Damit sind wir die Bande endgültig los. Mateo hatte das begriffen, deshalb war der sonst eher schweigsame Indio auf einmal wie verwandelt.

Jetzt, wo der ganze Stress von ihm abgefallen ist, wird er regelrecht gesprächig. Er, Mateo Quispe Calcina aus dem Pueblo Culpinák, muss von den sechshundert Bolivianos, die er im Monat für solche Touren erhält, seine Eltern mit ernähren. Wenn er also davon sprach, sie zu besuchen, dann sicher auch, um ihnen etwas Geld zu bringen. Als wir das Pueblo erreichen, bittet er uns um »tres minutos« Geduld. In solchen Bergdörfern wohnt die Armut. Lehmziegelwände gegen die Kälte, Schornsteine, die selten rauchen. Vor einem igluförmigen Lehmofen ein Bündel Thola[1] und getrocknetes Moos. Wenn es an solchem Brennmaterial mangelt, wickeln sich die Menschen abends in Wolldecken und sparen das Wenige zum Brotbacken. Schon ist Mateo wieder zurück. Obwohl er uns durch diesen Abstecher in eine üble Situation gebracht hatte, ist ihm wohl keiner böse, auch wenn wir das Erlebte innerlich erst noch verarbeiten müssen.

Aus dem Bergdorf nehmen wir eine Erinnerung mit, die auf solchen Reisen nicht alltäglich ist. Als wir hielten, kamen sofort Kinder angelaufen. Nur ein größeres Mädchen trug richtige Sandalen, die anderen »Ersatz« aus Autoreifen, oder waren barfuß. Sie standen nur und bestaunten die Fremden. Armut, die nicht bettelte.

Noch eine weitere kalte Nacht verbringen wir in einem Pueblo. Vier Tage nachdem wir zu diesem Abenteuer aufgebrochen waren, erreichen wir wieder die kleine Stadt Uyuni. Hände schütteln, Abschied in vier Sprachen. Wir haben unsere Anschriften ausgetauscht. Alle möchten einen Abzug von dem »Beweisfoto« haben: unser Toyota, wie er eine Schmugglerbande blockiert. Michael, dem das Erlebte am meisten zugesetzt hatte, meint: »This was the most dangerous situation in my life!«, und Roar, der inzwischen weiß, dass ich Bücher schreibe, sagt: »Christian, now you have a real story for your book!« Richtig, Roar; eigentlich wollte ich nur mit meinem Velo über den Salzsee von Uyuni fahren; aber es wurde eine ganz andere Geschichte daraus.

Fahrt in die Stadt des Friedens

Das Rad steht im Büro der Agentur wie ein Pferd in der Box, das auf den Ausritt wartet. Schon am nächsten Tag kreuze ich durch die Salzwüste von Uyuni. Die Stadt selbst ist ein erdfarbener Häuserhaufen. Man nehme ihr die Touristen, die nur wegen des Salars hierher kommen, und sie fällt in den Urzustand zurück: ein Militärstützpunkt, der sich gut für Strafversetzungen eignet. Kein Baum, kein Strauch. Ein kalter Wind singt das Lied der Einsamkeit. Der Schienenstrang, der in Richtung Chile führt, lockt: »Nur weg von hier!« Die Telegrafendrähte sind wie ein Angebot, sich davonzuhangeln. In Uyuni leben? Nein, nicht einmal hier begraben sein! Im weiten Nichts vor der Stadt liegt der »Cementario de los trenes«, der Friedhof der Züge. Auf Abstellgleisen in der Wüste rostet Eisenbahngeschichte still vor sich hin. Ein paar aufgemalte flotte Sprüche bringen Leben in das »Grab«: »Asi es la vida!« »Necesito un mecanico con experiencia! Urgente!« Der Rost ruft »dringend« nach einem Mechaniker mit Erfahrung oder resigniert: »So ist das Leben!«

Ich fahre querbeet und radle Kilometer, bis ich aus dem Abfallgürtel der Stadt herauskomme. Die Müllabfuhr ist hier der Wind, zumindest für alles, was fliegen kann. Wüsten sind gnädig. Sie schweigen. Weiter im Süden zeigt die Erde das Muster des Durstes. Zu trinken hätte die Natur genug, doch nur Salziges. Die Trockenrisse im Boden wirken wie geöffnete Lippen,

Lippen aus roter Erde, aus denen der millionenfache »Schrei« ertönt: »Wasser!« Die Salzwüste von Uyuni.

Ich umrunde die Stadt, lasse mich NICHT von dem Schienenstrang nach Chile locken, sondern gehe auf Nordkurs. Wie weit ist es bis La Paz, wie weit bis Lima? Das eine würde ich wohl in zwei Wochen, das andere vielleicht in zwei Monaten erreichen. Eine Reise ist immer auch ein Fragezeichen, erst recht eine solche, wie sie vor mir liegt.

Die Piste ist so schlecht, dass das Fahrrad, wären nicht alle Schrauben fest angezogen, in seine Einzelteile zerfiele. Wie Wellblech pur ist es unter den Rädern. Die Neugierde treibt mich wieder Richtung Salar. Ich möchte sehen, was der Wasserstand macht. Mit der Chance, den See befahren zu können, rechne ich kaum. Aus einem »Meer« wird nicht binnen weniger Tage wieder festes Salz.

Die Einschätzung war richtig. Da stehe ich also! An Schuhen und Reifen schwappt es. Noch Wochen mag es dauern, bis sich die Flut verlaufen hat. Am Ufer des Salars liegt das Pueblo Colchani. Die Menschen hier leben vom Salz. Sie schlagen die Brocken aus dem See; getrocknet wird es über großen Öfen. Dabei mangelt es am Wichtigsten, an Brennmaterial. Ich sehe Männer, die Tholabündel herbeischleppen. Die kleinen Sträucher sind ein schäbiger Ersatz für richtigen Brennstoff. Im Ort herrscht ein harter Farbkontrast: erdige Wege und Gemäuer, blendend weiße Berge von Salz. Eine handschriftliche Notiz auf einer kleinen Tafel lockt: »Mittagessen!« So einfach macht das Dorfrestaurant hier Reklame. Die geöffnete Tür ist durch ein Holzgatter verstellt. Ich grüße in den dunklen Hintergrund und frage, ohne jemand richtig zu erkennen, ob es noch ein Essen gibt, denn das Gatter deutet eher auf »Ausverkauft!«. Eine Mädchenstimme spricht – aber nicht mit mir. Ich höre die Worte: »Mama, haben wir noch Suppe?« Von irgendwoher kommt die Antwort: »Noch

EINE!« Diesen letzten Teller bestelle ich. Das Gatter wird beiseite geräumt, im Wohnzimmer für mich der Tisch gedeckt. Am Ende bezahle ich für Suppe, Brot und Getränk drei Bolivianos – umgerechnet etwa eine Mark. Fragen stellt man dem Fremden keine. Wegen des nahe gelegenen Salars sind in Colchani Touristen nicht unbekannt. Aber selten genug mag hier einer von ihnen einen Teller Suppe löffeln. Auch draußen auf der Straße begegne ich nur stummem Schauen. Indios können sehr zurückhaltend sein.

Der blaue Himmel lässt an Wärme denken. Aber der Eindruck trügt. Kalt senkt sich die Luft in meine Lunge. Was auf der Erde glitzert, könnte Raureif sein, doch es ist Salz. Schütteres Gras, ein paar Zwergsträucher wachsen hier, zu mehr fehlt der Natur die Kraft. Salz an den Wurzeln gleicht Wühlmäusen. Es »frisst« das Leben. Am Profil der Piste sehe ich, was passiert, wenn es hier regnet. Dann wird sie grundlos. In diesem Fall wäre meine Reise spontan zu Ende. Ich hoffe, dass mir Illapa, der Wettergott der Inka, gnädig gestimmt bleibt – auch ohne Opfergabe. Die Inka. Diese Tour ist eine Reise durch ihr Reich. Sie nannten es »Tahuantinsuyu«, Reich der vier Viertel. Man kann die Anden nicht durchradeln, ohne die Geschichte ihrer Menschen mitzuerleben; und ohne sie zu kennen, bliebe vieles Kulisse. Ein Pueblo. Von was leben hier die Menschen? Selbst die genügsamen Lamas müssten in einer solchen Natur abmagern. Ich frage einen Mann am Wegrand: »Señor, wie heißt dieses Dorf?« Wenn ich ihn richtig verstanden habe, sagte er »Chita«. Ein Blick auf die Karte ist vergeblich. Sie verrät mir nur den Namen des verschneiten Gipfels zur Rechten. Es ist die »Huanchaca«, fast ein Sechstausender. Ich selbst radle in gut viertausend Meter Höhe. Sagte ich radeln? Das ist mächtig übertrieben. Zwischen Spurrillen balancieren, absteigen, schieben. Man kennt das. Illapa enttäuscht mich nicht, aber die anderen Götter »schaufeln« mir Sand vor

Diese alten Salzöfen haben ausgedient.

das Rad, »hämmern« Wellblechstraßenprofil. Was für ein Parcours! Ich wünsche mir Mateos alten Toyota unter den Hintern.

Es wird Abend. Irgendwie bin ich der Sonne dankbar, dass sie sich verabschiedet. Das befreit mich von dieser schrecklichen Piste. Ich suche nach einem Nachtlager. Nichts ist einfacher, als in dieser Einsamkeit fündig zu werden. Ein Erdsockel in einer weiten Mulde wird für mich zum Feldherrnhügel. In der Luft liegt ein undefinierbarer Geruch; als ich eine Hand voll Erde aufnehme und daran rieche, wird er deutlicher: Schwefel. Wo immer man in den Anden sein Zelt aufstellt, nie ist man weit vom »Teufel« entfernt. Unter mir ruht ein Vulkan. Sein tausendjähriger Schlaf wird wohl noch lange andauern – sicher auch diese Nacht.

Ein letzter Rundgang gehört zu meinen Ritualen. Ich lasse das tagsüber Erlebte in Gedanken noch einmal an mir vorüberziehen. Den Blick in einen Revolverlauf! Man wünscht sich einen anderen Reisebeginn. Ich hoffe, dass es bei diesem einen Abenteuer bleibt. Aber gäbe es einen Wahrsager, ich fragte ihn trotzdem nicht, welche Erlebnisse noch vor mir liegen. Es machte nur unruhig. Im Westen schimmert ein letzter Rest des Tages, im Osten lauert bereits die Nacht. Von allen Seiten kriecht die Kälte heran. Gut, dass es Daunenschlafsäcke gibt.

Vielleicht ist es die unglaubliche Stille, die wie ein Wecker wirkt. Noch vor Sonnenaufgang werde ich wach. Im ersten Lichtschimmer sehe ich das Zelt. Der Frost hatte es zum »Iglu« gemacht. Es glitzert weiß, Raureif. Mein Trinkwasser ist beinhart gefroren. Ich werde mich an solche Bedingungen gewöhnen müssen. Als ich aufbreche, störe ich eine Gruppe Lamas. Die Tiere klappen die Ohren nach vorn, glotzen in stolzer Haltung. Stumm spreche ich sie an: »Wohl noch nie ein Fahrrad gesehen?« Wenn meine Karte nicht lügt, müssten es noch etwa vierzig Kilometer bis nach »Mulatos« sein. Für die Strecke bräuchte ich sicher den ganzen Tag. Auf solchen Pisten radelt man keine Rekorde. Doch die Erfahrung lehrt: Langsames Reisen lohnt immer. An »schnellen« Hauptstraßen warten selten Erlebnisse.

Gestern war mir während des ganzen Tages nur ein Auto begegnet, ein hoch beladener Lastwagen. Heute sollten es bis zum Abend drei werden. Von den vierzig Kilometern erwandere ich mir einen guten Teil. Dabei wird ein Problem immer unangenehmer: der Sand. Er ist so fein, dass man damit Eieruhren füllen könnte. Er umfließt die Felgen, hält sie fest. Immer wieder geht der böse Blick zurück in die eigene Doppelspur: Fußabdrücke, Reifenrillen. Wer stützt hier wen? Am Ende klappt es doch: Das Pueblo Mulatos liegt vor mir.

Mit dem Sand konnten mich die Götter nicht stoppen; nun

Erst das Gepäck, dann das Rad. Balancieren über den Rio Mulatos.

greifen sie zu einem anderen Mittel. Unmittelbar vor dem Dorf kreuzt ein Fluss die Piste. In zwei Monaten mag er vielleicht ausgetrocknet sein, doch jetzt, am Ende der Regenzeit, führt er noch reichlich Wasser. Auf der Suche nach einer weniger tief ausgefahrenen Furt entdecke ich ein Stück entfernt eine Behelfsbrücke. Auf Steinpyramiden im Fluss liegen alte Eisenbahnschwellen. Es wird ein Balanceakt. Erst das Gepäck hinüberbringen, dann das Rad. Natürlich hat man mich im Dorf längst bemerkt. Kinder kommen angerannt. Als ich die Uferböschung erklettere, flüchten die meisten. Der bärtige Fremde erschreckt sie. Erstaunlich, dass zu den wenigen Mutigen zwei Mädchen gehören. Dann eine Szene zum Lachen: Während ich das Rad wieder bepacke, meint eine der Gören: »Das ist Papa Noel!« »Richtig, Kinder!

Der Weihnachtsmann hat soeben den Rio Mulatos überquert!« Mit lärmendem Gefolge schiebe ich das Rad weiter ins Dorf. Als die Kinder begreifen, dass der Fremde weder »Plata« noch »Caramelos« spendiert, verlieren sie das Interesse an ihm.

Mulatos ist ein großes Dorf. In dem Ort treffen sich zwei Pisten; auch gibt es eine Eisenbahn. Das reicht für den Status »Knotenpunkt«. Doch wie in Chita stellt sich mir auch hier die Frage: »Wovon leben die Menschen eigentlich?« Der Ort ist auf Felsen hoch über dem Fluss gebaut, und man muss hangkraxeln, um ins Zentrum zu kommen. Endlich oben, stehe ich in erdfarbener Trostlosigkeit. Ein Mann scheint zu erraten, was ich suche: »El hotel, Señor?« Ich nicke. Er schickt mich zum Fluss zurück. Hätte ich die Furt der Lastwagen genommen, so wäre ich gleich auf die Herberge gestoßen. Ein Blick genügt: Die Bezeichnung »Hotel« ist reichlich überzogen. Gäste, die übernachten, dürften hier eher selten sein. Als ich zwei Frauen nach einem Bett frage, beginnt das Beratschlagen. Sie winken mich in den Innenhof. Die Ältere der beiden öffnet eine Tür. Ein widerlicher Geruch schlägt mir entgegen. Im Halbdunkel sehe ich: gerade ist ein Schaf geschlachtet worden. Das Tier liegt rücklings auf dem Tisch und zeigt spreizbeinig sein Inneres. Die Frau sieht mein erschrockenes Gesicht: »Wir tragen es gleich heraus!« Ich fasse mit an. Samt Tisch kommt die Leiche in den Hof. Es ist wirklich zum Nase zuhalten. Wie kann Lamm, das zubereitet so lecker schmeckt, derart stinken? Die Tür lasse ich auf, damit der Raum durchlüftet wird, aber es dauert eine Weile, bis sich wenigstens der schlimmste Geruch verzogen hat.

Eine Liege, ein paar Wolldecken, ein Stuhl – echtes Herbergsflair. Die Frau kommt zurück: »Señor, das Licht!« Mit diesen Worten übergibt sie mir eine Glühbirne. Erst jetzt sehe ich, dass von der Decke ein Stromkabel mit leerer Fassung herabhängt. Dass man das »Licht« herausdreht, mag eine Art Diebstahlsicherung sein. Vielleicht bekommen auch nur besondere Gäste diesen Service. Schon als ich das Rad in den Hof schob, hatte ich geahnt, dass sich die Frage nach einer Dusche erübrigte, wohl auch die nach einem Klo. Nun erscheint die Frau ein zweites Mal – jetzt mit dem »Dienst für alle«. Ich nehme ihn lächelnd entgegen, den Nachttopf. Blau wie ein Stück Andenhimmel ist er, das Emaille nicht einmal angeschlagen. Das Stillleben in meinem Zimmer ist komplett.

Ich habe Gesellschaft bekommen, einen kleinen Jungen. Sofort beginnt er mein Fahrrad zu untersuchen. Ein pfiffiges Kerlchen, wie er da herumhantiert. Dann kommen die Fragen. Der Kleine duzt mich sofort: »Wie heißt du? Wo kommst du her?« Damit, dass ich ihm anbiete: »Wir können später noch miteinander reden!«, begehe ich einen Fehler. Er sollte mich dann nämlich ausgiebig »löchern«. Mit dem »Später« meinte ich »im Restaurant«, das zu der Bleibe gehört. Betritt man es durch den Haupteingang, ahnt man nicht, dass es hinter der Tür zum Hof auf der Zivilisationsleiter mächtig bergab geht. Nun ja, ich habe ein Bett, Licht und einen Nachttopf. Dessen unschuldiges Himmelblau werde ich in bleibender Erinnerung behalten.

Ich hatte nach einem Essen gefragt, aber bei der Antwort: »Momentito, Señor!« sollte man besser nicht auf die Uhr schauen. Lamm dauert. Der Kleine war mir gefolgt. Nun möchte ich den Spieß umdrehen und ihn ausfragen: »Wie heißt DU?« Die Antwort kommt wie von einer Schallplatte, auf der die Nadel hakt: »Mijail Ronald Canedo Martinez! Mijail Ronald Canedo Martinez! Mijail ...« Der Knirps macht sich über mich lustig. Er läuft davon und kommt mit einem Buch in den Händen zurück, legt es vor mir auf den Tisch: »Crrristian!«, verzerrt er meinen Namen, »HIER kannst du fragen!« Er schlägt das Buch für mich auf. Es handelt sich um ein Bilderlesebuch für die ersten Klassen. Mijail »prüft« zuerst mich: »Was ist das?« Er zeigt auf einen Baum. Dann befiehlt er: »Fragen!« Ich spiele mit: »Qué es esto? Qué es …?« Die Antworten gibt er mir nicht einfach so, sondern »schlägt« sie mit beiden Händen auf den Tisch. Der Lärm lockt die Mutter herbei. Die Hände in die Falten ihres Wollrocks versenkt, steht sie im Durchgang zur Küche und hört zu. Das Lamm wird noch »un momentito« länger dauern. »Qué es esto?« Mijail hatte richtig gebrüllt: »Burro!« (Esel). Aus Spaß widerspreche ich: »No, es un caballo!« (Nein, es ist ein Pferd). Er nimmt mir das Buch aus der Hand, dreht es zu sich hin: »Burro! Burro! Burro!« Drei Mal »Esel«. Die Mutter kommt an den Tisch: »Señor, sind Sie Lehrer?« Ich antworte lachend: »Manchmal!« Weiter geht es mit: »Qué es esto?« Das Buch hat viele Seiten. Endlich doch »Schulschluss«? Weit gefehlt. Jetzt prüft der kleine Kerl mich. Er möchte wissen, welche bolivianischen Städte ich kenne. Ich nenne einige, mogle aber »Hamburgo« darunter. Er stutzt. Nun habe ich ihn erwischt. Mit der Geografie im eigenen Land hapert es noch.

Das Essen ist fertig! Auch ein »Momentchen« kann einmal zu Ende sein. Lamm! Wie es duftet, ist es erst einmal durchs Feuer gegangen. Die Mutter nimmt Mijail bei der Hand, zieht ihn vom Tisch weg und bugsiert ihn in den Hof. Raumverbot. Der Señor soll in Ruhe essen. Ihre Autorität wirkt. Mich dagegen wollte der kleine Fuchs doch glatt überbügeln.

Ich kräusele die Nase, als ich wieder mein Zimmer betrete. Selbst die Wolldecken haben den »Totengeruch« angenommen. Wohl nur Feuer – aus einem Flammenwerfer – könnte ihn beseitigen.

Am nächsten Morgen sehe ich Mijail wieder. Die Pose passt zu ihm: Die Hose unten am Hacken, macht er Zielpinkeln in ein halbiertes Ölfass – wie ich erst jetzt bemerke, ist es die Toilette. Als er sich zu mir umdreht, verreißt er den Strahl, korrigiert ihn aber sofort. Dann, mit seitwärts gedrehtem Kopf: »Crrristian, bleibst du noch?« »Nein, kleiner Fuchs, kein ›Qué es esto?‹ mehr! Ich muss weiter.«

»Adios Mulatos!« Ich hatte die Wirtin nach dem Zustand der weiteren Piste gefragt. Ihre Antwort klang »viel versprechend«: »Sand!« Er lässt nicht lange auf sich warten. Ein Streckenabschnitt ist so grundlos, dass ich das Gefühl habe, nicht ein Fahrrad vorwärts zu bringen, sondern über die Pedale einen Mühlstein drehen zu müssen. Schließlich bleibe ich ganz stecken. Ich versuche, zwischen dem niedrigen Buschwerk weiterzukommen, doch selbst der kleinste Strauch starrt vor Stacheln. Froh, noch Luft in den Schläuchen zu haben, stehe ich wieder auf der Piste. Mir kommt eine Idee: die Bahnlinie, deren Damm zu sehen ist. Ein Probegang überzeugt mich: Das ist *die* Alternative. Streckenweise ist es sogar möglich, neben den Schienen zu fahren. Sollte sich ein Zug nähern, würde ich ihn in der weiten Ebene schon aus der Ferne hören.

Nach etlichen Kilometern stur Nordkurs biegt die Bahntrasse ab. Unsicher, ob ich später wieder zur Piste zurückfinde, entschließe ich mich, bei einem Dorf, das in Sicht kommt, wieder auf die Piste zu wechseln. Der Boden ist hier fester – und besser. Das Salz liegt hinter mir. Überall sehe ich Lamaherden. Ich benutze einen der Trampelpfade, die ins Dorf führen. Wieder so ein Noname-Pueblo – die Karte vermerkt es nicht. Ich platze mitten hinein in ein Fußballspiel. Man sollte eine solche Szene filmen. Da taucht, wie aus dem Nichts, ein Fremder auf – bärtig und mit einem Fahrrad, dazu auf einem Weg, den sonst nur die Hirten nehmen. Vielstimmiges Geschrei hallt über den Bolzplatz. In wilder Flucht rennen die Kinder davon. Zurück bleiben ein Mann – wohl der Lehrer – und ein kleines Mädchen. Es versucht, sich hinter einer der Torstangen zu verstecken; doch die ist viel zu dünn, um dahinter »unsichtbar« zu werden. Ich steure auf den Lehrer zu. Dieser hebt die Arme und lacht: »Kinder!« Dann ein ungläubiges: »Wo kommen Sie denn her?« Was soll ich antworten? »Von der Bahnlinie Uyuni–Oruro!« Ein Scherz und doch die Wahrheit. Aber wo ein Wille, da ist auch ein Weg. Diesmal war es die Bahntrasse gewesen. Der Lehrer kann mir, als ich nach der weiteren Piste frage, wiederum nur »Sand« versprechen, dazu »Wasser« und später »Steine«. Schöne Aussichten! Dann gibt es doch einen Lichtblick. »Ab Challapata«, meint er, »baut man eine richtige Straße, vielleicht ist sie schon fertig!«

Sandtreten ist Stumpfsinn. Ich versuche, mich durch die Natur abzulenken. Das gelingt nur mäßig. Ein Vogel huscht in lautlosem Tiefflug vorbei. Eher zufällig entdecke ich eine Echse. Magere Ausbeute! So still ist es, dass ich meinen eigenen Pulsschlag höre. Er jagt vor Anstrengung. Der Griff des Sandes nach den Felgen löst sich nur widerwillig. Da zeigt sich der erste vom Lehrer versprochene »Fluss«. Dieses Mal gibt es keine Behelfsbrücke. Also Schuhe aus, Probewaten – und dann durch. Wenig später sehe ich: Das Wiederanziehen der Schuhe hat nicht gelohnt, schon liegt das nächste nasse Hindernis vor mir.

Allmählich wird die Piste steiniger. Sie erlaubt vorsichtiges Fahren. Und statt richtiger Flüsse gibt es nur noch Bäche. Auf das Rad gestützt, kann ich sie überspringen. Die Hochebene ist jetzt eine grüne Grassteppe; an den Berghängen zeichnen sich alte Feldmuster ab. Inka-Geschichte. Nach langem Nichts taucht das erste Anwesen auf. Mit seinen hohen Lehmmauern burgartig gebaut, wirkt es, als habe man hier Überfälle gefürchtet. In der Nähe liegt ein kleines Quinoafeld. Den Inka war diese Pflanze heilig. Nun hat man sie wiederentdeckt, als »Brot der Armen«. Die moderne Ernährungswissenschaft schwärmt von ihr: »Mehr hochwertiges Eisen als Weizen oder Reis, mehr lebenswichtige Fettsäuren, an Vitamin- und Mineralstoffgehalt anderen Getreidearten hoch überlegen, drei Mal so viel Vitamin B2, vier

Viele Bergflanken in den Anden zeigen alte Feldmuster.

Mal ...!« Eine wahre Lobeshymne. Die kleinen gelblichen Körner, die ich in die Hand nehme, haben einen fünftausendjährigen Stammbaum. Man sollte den Hut ziehen vor der Quinoa. Im nächsten Dorf werde ich nach »Brot aus dem Getreide der Armen« fragen.

Geradlinig schnürt die Piste weiter nach Norden, die Natur ist wie ein Stück australische Nullarbor. Kein Baum, kein Strauch. Am fernen Horizont zeichnen sich weiße Hügel ab. Als ich näher komme, sehe ich, es sind Wanderdünen. Hier, in über viertausend Meter Höhe, Sand auf Wanderschaft? Doch eigentlich gibt es keinen Grund zum Sich-Wundern. Der Altiplano ist der Boden eines ausgetrockneten Urmeeres. Wellenschlag und Sand gehören zusammen. Mich treibt die Neugierde. Es kann Jahrhunderte dauern, bis eine Wanderdüne verschüttetes Land wieder frei gibt. Körnchen für Körnchen rollt der Wind weiter, Zahlen größer als bei den Sternen im All. Wie sieht Erde aus, die so lange zugedeckt geschlafen hat? Ich umrunde die erste Düne, die zweite. Hinter beiden finde ich nur ersticktes Leben. Nun zur nächsten. Diese hat der Wind besonders schön modelliert. Sie gleicht einer mächtigen, elegant geschwungenen Schneewehe. Auf der Rückseite stutze ich. Zu meinen Füßen sehe ich gestampften Lehm, die Umrisse von Häusern, überall Tonscherben. Ich bücke mich, beginne zu sammeln und zu vergleichen. Unterschiedliche Tonarten, Brennverfahren, Muster. Ein Stück weiter liegen Knochen. Beim Berühren zerfallen sie. Dann blinkt das Fragment eines Steinwerkzeugs. Was für ein Fund! Die Wanderdüne gibt gerade altes Siedlungsland frei. Begrabene Kulturen erblicken wieder das Licht. Ich stecke ein paar Scherben ein. Es mag verboten sein; doch in meinem Rücken rollen schon die nächsten Sandkörnchen heran. Sollten Archäologen die Stelle jemals entdecken, werden sie nicht dagegen anschaufeln können. Neugierde auf Reisen lohnt sich immer.

Und noch einen Fund mache ich auf den nächsten Kilometern. Im Puquina-Dialekt nennt man sie »Phutucu«, jene Rundhäuser, die fast ausgestorben sind. Früher typische Andenart, sind sie heute die »Stecknadel im Heuhaufen«. Einen Phutucu im Original zu sehen, dazu gehört Glück. An der Piste zwischen Mulatos und Challapa stoße ich gleich auf mehrere. Das Dorf ist verlassen. Der Blick auf die nicht allzu weit zurückliegenden Wanderdünen legt den Schluss nahe, als hätten die Bewohner ihre Häuser wegen des Sandes geräumt. Doch es mag noch andere Gründe gegeben haben. Unter meinen Stiefeln staubt nackte Erde. Zum Leben braucht man mehr.

Wieder schlage ich mein Zelt im Nichts auf. Es ist eine Nacht zum Sternezählen. Meine Atemluft fällt mir als Eiskristalle ins

Ein Stückchen Einsamkeit okkupiert.

Gesicht zurück. Frost im Zelt? So kalt war es noch nie. Ich krieche noch einmal ins Freie und werfe einen Blick auf das kleine Thermometer am Rad. Es ist erst acht Uhr, doch das Quecksilber zeigt bereits minus zwölf Grad. Schnell zurück in die Daunenverpackung!

Am nächsten Morgen mache ich Gymnastikübungen, »Knochensortieren« nach einer Nacht auf unebenem Grund. Die Landschaft glitzert. Selbst mein Brot ist gefroren. Den Frost noch im Gewebe, wird das Zelt in der Packtasche verstaut. Später werde ich es zum Abtrocknen in der Sonne auslegen müssen. Den Hunger nehme ich mit. Vielleicht klappt es irgendwo mit einem »Café solo« und einem »Pan de quinoa«.

Wieder stummes Treten in einer Weite, die zum Sog wird.

»Den Horizont einfangen«, nenne ich solche Etappen, ein Spiel, das ich stets verliere. Nach Stunden erwartet mich die erste Begegnung, eine Familie bei der Kartoffelernte. Man macht gerade Pause. Ich werde ein Gespräch provozieren. Als ich halte und grüße, rücken die Köpfe der Frauen noch dichter zusammen – alles Körper »ohne Gesichter«. Es ist nicht leicht, solchen Menschen die Scheu zu nehmen. Nur der Mann gibt sich offen; er grüßt laut zurück. Ich stelle das Rad ab und gehe langsam auf die Gruppe zu. Die Frauen werden zum Wollknäuel. Jeder Rücken signalisiert Abwehr. Der Mann sagt etwas zu ihnen, das ich nicht verstehe. War es Quechua? Dann lacht er mir entgegen – offensichtlich entschuldigend, weil sich die Frauen so »vergraben«.

Ein solches Gespräch beginnt man vorsichtig: man nennt den eigenen Namen, das Land, aus dem man kommt, das Reiseziel. Deutschland umschreibe ich mit »Europa«. Nicht jedem Campesino dürfte der Begriff »Alemania« etwas sagen. Vor mir auf der Erde liegt die kurzstielige Hacke des Mannes. Ich weiß um die Arbeit bei solchen Kartoffelernten. Gebückt reißt der Bauer mit der Hacke die Staude aus dem Boden; das andere ist Sache der Frauen. Den flinken Fingern entgeht keine einzige Frucht, selbst nicht die kaum daumennagelgroßen. Oft rutschen die Bäuerinnen dabei auf den Knien, schieben den kleinen Weidenkorb vor sich her. Er fasst nur wenige Kilogramm; ist er gefüllt, wird er auf ein ausgebreitetes Tuch entleert. Dort warten die Früchte aufs Sortieren. Diese »papas« unterscheiden sich von unseren Kartoffeln in Form und Farbe. Hier in den Anden findet man schwarzviolette, rötliche, gelbe …

Das Stichwort für ein Gespräch liegt vor mir: Kartoffeln. Ich sage, dass es auch bei uns in Europa »papas« gibt und dass wir sie den Inka verdanken … Die Frauen heben die Köpfe. Dieser Fremde redet von Dingen, die sie angehen. »Bekommt ›Pachamama‹ die erste Kartoffel?«, frage ich. Die Worte erzeugen einen wahren Dammbruch. Bibel hin, Glaube her – ich hatte die Seele der Indios angesprochen. Denn in ihr wohnt »Pachamama«, Mutter Erde, als Göttin. Wie vor hunderten von Jahren, so gebührt ihr auch noch heute die erste geerntete Kartoffel, ein kleines Opfer, am Feldrand, auf einem Stein abgelegt, manchmal durch kleine Beigaben, etwa Kokablätter, ergänzt. Für die Indios ist die Erde heilig, Pachamama ist Gegenstand ihrer Huldigungen und Verehrungen. Wenn sie den Boden mit dem Pflug aufreißen müssen, dann entschuldigen sie sich bei der Erde. Die Erde lebt, sie fühlt Schmerzen.

Indios »pressen« nicht wie wir die Ernten aus ihr heraus. Sie spüren, wenn die Erde sich ausruhen möchte. Alles ist nach altem Götterglauben geregelt – vom Samenkorn an. Die Erde ist fruchtbar, so auch das Weib. Deshalb sind es die Frauen, die die Verantwortung für das Saatgut tragen. Sie legen es symbolisch »in den Schoß« der Erde, vertrauen es der »Mutter« an. Und nun kommt dieser Fremde daher und spricht von Pachamama! Man stelle sich die Wirkung vor. Eine Hand bedeutet mir: »Setzen!« Ein Mund formuliert es: »Señor, nehmen Sie Platz!« Die Frauen rutschen auf der Decke etwas zur Seite. Welch eine Veränderung!

Nun möchte man mehr von dem Fremden wissen. Warum er mit dem Fahrrad reise, auf seinen Bart anspielend: wie alt er ist, wie viele Kinder er zu Hause hat, ob er Katholik ist …

Allein dass ich mit dem Velo reise, lässt den ansonsten Touristen unterstellten Reichtum als bloße Fantasie erscheinen. Eine der Frauen knüpft ein Tuch auf. Ein emaillierter Topf wird sichtbar. Sie hebt den Deckel: »Hier, Señor!« Ein gekochter Maiskolben als Gastgeschenk! Da möchte eine der anderen Frauen nicht nachstehen. Sie löst ihrerseits einen Knoten. Mit den Worten: »Queso seco!« überreicht sie mir ein Stück Käse. Sein herber Geruch verrät, er ist wohl vom Schaf. Da hocke ich, knabbere wie ein Eichhörnchen an einem Maiskolben und schiebe Käse nach. Man kann solche Erlebnisse nicht buchen, nicht einmal bewusst suchen. Mache einen Schritt auf die Menschen zu, sie werden dir zwei entgegenkommen. Vielleicht ist das der Schlüssel für solche Begegnungen. Sicher könnte ich die Szene im Bild festhalten und den Indios »demonstrieren«, wie ein Selbstauslöser funktioniert. Doch das Klicken des Verschlusses klänge nach Kommerz. So nehme ich das schöne Bild nur in Gedanken mit.

Wir reden noch ein wenig, dann sage ich ein herzliches Dankeschön für die Gastfreundschaft. Beim Abschied ist kein »Wollknäuel« mehr da, keine Rücken bilden eine Phalanx der Abwehr, sondern nur Händeschütteln und ein »Suerte!« für die weitere Reise. »La papa primera es para la Pachamama?« Sieben Worte waren der »Schritt« zu den Menschen gewesen.

Wenig später kann ich das Fotografieren nachholen. Nahe der Piste ist ein Campesino gerade beim Pflügen. Das altertümliche Ackergerät ritzt den Boden mehr, als dass es die Scholle wendet. Die beiden Ochsen gehen noch unter einem Joch. Ich werde direkt: »Señor, darf ich von Ihrer Arbeit ein Foto machen?« Die Antwort ist ein freundliches: »Claro!« Er hat keine Scheu, keine Vorbehalte, was eher eine Seltenheit bei Indios ist.

Ein Dorf! Welches Pueblo ist es? Doch Namen sind hier nebensächlich. Zwar finde ich nicht das gesuchte »pan de quinoa«, aber es gibt eine Alternative: »sopa de quinoa«. Man kann also doch noch essen wie früher die Inka – und auch trinken wie sie. Längst habe ich mich auch an den Matetee gewöhnt. Die erste Tasse roch – und schmeckte eher nach aufgegossenem Heu. Das Akzeptieren kam mit dem Hineindenken in die Menschen hier. Pachamama lässt vieles wachsen, nicht nur Mais, Kartoffeln, Bohnen – sondern bevorzugt, so scheint es, den Kokastrauch. »Kaue ›Mama Koka‹«, heißt es, »und dein Herz flattert wie ein

Kolibri.« Dabei »kaut« man die Blätter eigentlich nicht. Man rollt ein paar zusammen, steckt sich das Bündel in eine Wange und wartet, bis es, speicheldurchzogen, Wirkung zeigt. Möchte man diese verstärken, streut man Asche von Tierknochen ins Bündel mit ein, fügt eine Scheibe dehydrierte Kartoffel hinzu, ein Stückchen überreife Banane... Es gibt viele Rezepturen. Schon die »Chasqui«, die Meldeläufer der Inka, rannten mit »dicker Backe« durch die Berge. Damals war Koka noch höher als Gold eingeschätzt, heute »kaut« es fast jeder Indio. Mama Koka lässt den Hunger schwinden, mindert Durstgefühl, macht Kälte erträglich, verdrängt Müdigkeit.

Ich begnüge mich mit der Teeform. Nach deutschem Gesetz mache ich mich wohl selbst damit noch strafbar. Doch die Anti-Rauschgift-Bürokraten wissen nichts vom Leben auf dem Altiplano. Der Weg vom grünen Blatt bis zum extrahierten Gift ist weit und den Campesinos hier oben unbekannt. Für sie ist »Mama Koka« das, was für die Bayern das Bier: ein Lebensmittel. Ich bestelle einen weiteren »Mate de Coca«. Vielleicht hilft er auch gegen die Piste. Sie wurde auf den letzten Kilometern immer steiniger. Später sehe ich, auch »Mama Koka« hat Grenzen: Ich komme nur schiebend voran.

Fast empfinde ich Schadenfreude. Vor mir liegt ein Fluss, mittendrin stecken geblieben ein mir entgegenkommender Kleinbus, österreichisches Kennzeichen. Ich besuche die im Watgang befindlichen Abenteurer. Ihnen hilft nur eins: aussteigen und das Fahrzeug leichter machen. Als man mich nach dem Zustand der weiteren Piste fragt, bin ich ehrlich: »Nicht mit so einem Fahrzeug! Umkehren, die Hauptstraße über Potosi nehmen!« Sollte der simple Bus nicht im Sand versacken, so doch spätestens im Rio Mulatos.

Mir sterben in dem eisigen Wasser die Füße ab; ich muss weiter. Endlich Challapata! Der Fluss war das letzte Hindernis gewesen. Die Piste ist zu Ende, vor mir dehnt sich eine richtige Straße. Die Aussage des Lehrers hat sich bestätigt – oder etwa doch nicht? Ein Soldat, der den Schlagbaum bewacht, meint: »Noch nicht fertig!« Aber dann öffnet er ihn für mich: »Passieren! Aufpassen!« Bis zur Freigabe für den normalen Verkehr wird es wohl noch eine Weile dauern. Maschinen stehen auf der Trasse, Kiesberge blockieren die Fahrbahnen. Für Autofahrer wäre kein Durchkommen. Sie müssen weiterhin die Behelfspiste entlang der Bahnlinie benutzen. Für mich dagegen gibt es – bei Velo-Spurbreite – kein Hindernis. Noch hat der bolivianische Minister das Band nicht zerschnitten, ich aber weihe die neue Verkehrsverbindung zwischen Challapata und Machacarmarca bereits ein.

Befreit vom Sand, der nach den Felgen greift, von Steinen, die sich ihm in den Weg legen, von Flüssen, die es bis zum Rahmen fluten, rollt das Rad, als gelte es versäumte Kilometer aufzuholen. So macht in der dünnen Luft selbst schnelles Fahren kaum Mühe. Distanzen fressen – nach dem vielen Sich-Plagen finde ich Freude daran. Für kurze Zeit wird im Westen der »Lago Poopó« sichtbar, einer jener Urmeer-Reste, wie man sie auf dem Altiplano findet. Die Erde scheint hier besonders fruchtbar zu sein. Felder mehren sich. Zunehmend ersetzt Wellblech die sonst üblichen Grasdächer. Ein Hauch von Reichtum, wirklich nur ein Hauch. Mit Brennholzbündeln beladene Esel, Kinder, die Schweine hüten – statt zur Schule zu gehen, Frauen, die tief gebückt oder auf den Knien Feldarbeit verrichten, das alles beweist: Der »Weg zum Geld« ist noch weit. Keiner der jetzt hier Lebenden wird ihn zu Ende gehen können.

Das Pueblo Poopó. Die Ruine einer großen Kirche lässt früheren Reichtum erahnen. Schornsteine alter Schmelzöfen zeigen wie erhobene Finger: »Es war das Silber!« Inzwischen aber bohrt und hämmert man wieder in den Bergen. Ein Arbeiter an einer Erzhalde klärt mich auf: »Blei und Zink! Silber kaum noch!« Mein Erscheinen in dem Pueblo löst einen wahren Tumult aus. Bis in das Lebensmittelgeschäft verfolgt man mich. Man will wissen, wie der Fremde spricht, was er kauft, nimmt ihm mit Blicken die Bestellung von den Lippen. Und noch während ich das Rad wieder zur Straße zurückschiebe, begleiten mich die Fragen: »Qué pais, Señor? Qué nationalidad? A dónde ...?« Nun ja, wann schon kommt ein Fremder nach Poopó, dazu noch auf einem »bici«! Jetzt hat man im Dorf einen Gesprächsstoff. Wenig später passiere ich eine alte Schwefelmine. Hier hat die Zeit das Geschichtsbuch bereits zugeschlagen. Die Dächer der Häuser sind eingestürzt, die Wände werden folgen. Alle Gebäude sind auf dem Weg zur Ruine. Der Wind verweht über der toten Stätte den üblen Geruch des gelben Minerals.

Schon ist die Sonne wieder kraftlos geworden. Es ist etwa der zwanzigste Breitengrad. Deshalb sind hier die Andentage so kurz. Auch die Sonne hat jetzt einen »unangenehmen Atem« vor Kälte. Zeit, ein Plätzchen für die Nacht zu suchen. Ich okkupiere dafür zwei Quadratmeter Altiplano. Wen auch sollte ich in dieser Einsamkeit um Erlaubnis fragen.

Am nächsten Morgen der gewohnte Anblick, eine Raureiflandschaft, das Zelt von der Natur vereinnahmt, ein gerundeter »Fels«, mit Eiskristallen überzogen. Die Luft schmerzt beim Einatmen. Sollte ich vergessen haben, in welcher Höhe ich radle, Nase und Ohren erinnern mich daran. Der Frost ist eine wahre Kneifzange.

Bereits gestern waren die Berge immer näher gerückt. Heute begleiten sie mich als durchgehende Kulisse. Die Karte nennt anonyme Höhen: »4721 Meter, 4831...« Erst ab fünftausend wird das Papier deutlicher: »Azanaques 5133 Meter«, »Moroco-

In der Weite des Altiplano wirkt es, als rückten die Hütten des kleinen Pueblo ängstlich zusammen.

cala 5383«. Nach europäischen Maßstäben sind es Rekordhöhen, doch hier in den Anden reicht das noch nicht für Schnee. Dafür sehe ich Kakteen und – wie schon einmal – an Bergflanken die geometrischen Formen alter Feldmuster, »gezeichnet« vor hunderten von Jahren. Kein Mensch, kein Verkehr. Radeln in Stille. Es ist wieder einer jener klaren Andentage. Die Luft aus Kristall, der Himmel ein blauer Spiegel voller Licht. Wer ihn noch nicht in sich trägt, er könnte sich auf solchen Strecken damit »infizieren«, mit jenem Bazillus, gegen den es nur eine Medizin gibt: den nächsten Horizont, den übernächsten, einen noch ferneren. Die Sehnsucht nach Weite.

Für heute habe ich mir ein festes Ziel gesteckt, die Stadt Oruro. Ein wenig Zivilisation könnte dem Körper gut tun. Wie andere bolivianische Städte hat auch diese eine »glänzende« Geschichte: erst Silber, dann Zinn. Heute glänzt Oruro nur noch einmal im Jahr, zur »Diablada«, wenn die Teufelstänzer in ihren prunkvollen Kostümen und Masken durch die Straßen ziehen. Von der Göttin »Ñusta« symbolisch vertrieben, wird der Teufel »Huari« auf jeden Fall wiederkommen; sonst fiele die nächste Diablada womöglich aus. Ich erlebe die Stadt eher nüchtern.

Noch bevor ich sie sehe, verrät eine große Staubwolke, wo sie liegt. Man könnte glauben, alle Stollenausgänge rund um Oruro würden gleichzeitig gefegt. Doch es sind der Verkehr und der Wind, die für die Lufttrübung sorgen. Vom Straßenrand kommt ein Mann auf mich zugelaufen. »Señor! Für Sie!« Hastig drückt er mir eine kleine Schrift in die Hand. Ohne genau hinzusehen, greife ich zu. Später lese ich: »El Evangelio Según San Juan«. Biblisches für die Weiterreise. Sehe ich etwa so »bekehrungsbedürftig« aus?

Ich habe den Stadtrand erreicht. Hier liegt der »Bahnhof der Camiones«. Hunderte Lastwagen lärmen und stinken um die Wette. Aus dem ganzen Land rollen Waren an, andere werden abgeholt. Die Weiterfahrt erfolgt erst, wenn das Fahrzeug hilflos überladen ist. Zur Fracht gehören auch Menschen. Staubumwirbelt sehe ich dem Treiben zu. Ein Lastwagenfahrer bietet laut schreiend noch Plätze Richtung Amazonas an – Stehplätze. Ein anderer dirigiert seine Fahrgäste auf die hohe Ballenfracht. »Fallt mir in den Kurven nicht herunter!«, möchte ich ihnen zurufen. Weiter Richtung Zentrum entpuppt sich die Stadt als ein einziger Markt, bunter zwar als draußen, aber kaum weniger staubig. Irgendwie stecken mir wohl doch die Höhenmeter noch in den Knochen, vielleicht ist es auch der harte Kontrast zur bisher erlebten Stille und Einsamkeit, der mich schreckt und früh ins Hotelbett treibt.

Am nächsten Tag besuche ich einige der Kostümschneider für die Diablada. In den Werkstätten glitzert es golden. Wie prunkvoll hier der Teufel tanzt! Einer der Schneider legt gerade letzte

Hand an ein Kostüm. Ich bitte um eine Fotoerlaubnis: »… Señor, darf ich?« Er rückt das Gewand mit dem Ständer ins rechte Licht: »Fotografieren Sie! Fotografieren Sie!« Sein Stolz über das Werk glitzert wie der Flitter selbst.

Nun sind es nur noch wenige Tagesetappen bis nach La Paz. Glaubt man den Medien, so ist die Stadt gar nicht so friedlich, wie ihr Name vorgibt. Mit der Größe einer Metropole werden auch ihre Schatten dunkler. Mehr als dreißigtausend obdachlose Straßenkinder soll es in La Paz geben, jedes ein allzu junges schlimmes, doch vermeidbares Schicksal. »Ich werde mich dir wohl eher als kritischer Beobachter nähern, statt als neugieriger Tourist, du ›Stadt des Friedens‹!«

Altiplano wie gewohnt. Zunächst tischeben, dann doch mit Steigungen. Eine Wolke, die sich irgendwie an den blauen Himmel verirrt hat, entlässt einen Hagelschauer. Jedes Eiskorn bringt einen Pfeil Kälte mit. In über viertausend Meter Höhe ist der Weg in den Winter kurz, schon ist die Landschaft weiß. Was auf Distanz wie ein am Straßenrand liegen gebliebenes Bündel aussah, entpuppt sich beim Näherkommen als eine junge Frau. Es ist wohl die Hirtin der in der Nähe weidenden Lamas. Sie bietet Vorbeifahrenden selbst gemachten Käse an. Ob sie heute schon einen Kunden hatte? Bei meiner Annäherung hebt sie den Teller: »Queso!« Dann stellt sie ihn sofort wieder hin, eine Bewegung der Resignation: »Touristen« kaufen so etwas nicht! Um so erstaunter ihr Blick, als ich halte und frage: »Es queso de cabra?« Sie schüttelt den Kopf: »Oveja.« Kein Ziegenkäse also, den ich gerne einmal probiert hätte, sondern vom Schaf. Ich kaufe, eher eine Mitleidsgeste, zwei der dicken Scheiben. Es mag nur ein »Krümel Freude« sein, den man mit einem solchen Kauf streut, aber jedes Lächeln solcher Menschen ist wertvoll.

In den Dörfern mehren sich jetzt rostiges Wellblech und Plastik. Manche Kinder werden lästig. Sie laufen neben dem Rad her und betteln: »Plata! Plata!« Sind das schon die Vorboten von La Paz? In solchen Gegenden stellt man nicht gerne sein Zelt auf. Vier Wände – und seien sie aus Lehm – sind mir da lieber. Die Unterkunft, die ich in einem Pueblo finde, nennt sich »14. September«. Man wird dieses Datum wohl in der leidvollen Geschichte des Landes als Symbol für eines der seltenen »positiven Geschehnisse« wiederfinden.

Schon beim Eintreten sehe ich: Hier steigen keine Touristen ab. Eine alte Frau begrüßt mich mit den Worten: »Willkommen, Chef!« Diese »Rolle« sollte ich dann auch später beibehalten. »Ihr Essen, Chef!« »Ist alles in Ordnung, Chef?« »Wie war die Nacht, Chef?« Sie war kalt, trotz der vielen Wolldecken, und sie begann mit einem Erlebnis. Ein Mann, wohl der Besitzer selbst, zeigte mir das Zimmer. Er führte mich über den Hof, dann eine hölzerne Außentreppe hinauf. Ein Vorhängeschloss klickte. Noch einmal: »Willkommen!« Dann fiel der Mann auf die Knie. Sein Rücken krümmte sich, sodass er mit dem Gesicht fast die Dielen berührte. Mit einer Hand hob er die Decken der Liege, die bis auf den Boden reichten, mit der anderen griff er suchend in das Dunkel darunter. Etwas Unverständliches murmelnd, stemmte er sich wieder hoch und ging. Nach ein paar Minuten kam er wieder. Ich biss mir auf die Unterlippe, um nicht laut aufzulachen. Eine ähnliche Szene kannte ich bereits aus Muletos. Gleich einer Monstranz trug der Mann einen Nachttopf vor der Brust; und genauso ehrfurchtsvoll stellte er ihn mir vor die Füße: »Für die Nacht, Señor!« Das Weiß des Topfes war so makellos, dass es blendete. Ein echter »Lichtblick« in der bescheidenen Bleibe.

Jetzt also gibt es Frühstück. Schon eine ganze Weile werkelt die Frau in der Küche, wirklich ein ruß- und rauchgeschwärztes »Loch«. Immer wieder verkündet sie: »Ihr Frühstück, Chef!«

Doch das heißt nur: »Es ist im Werden!« Ich nutze das Warten für einige Notizen. Die Decke des »Restaurants« ist mit Toilettenpapierfähnchen geschmückt, vielleicht als konstante Dekoration, vielleicht als Überbleibsel einer Fiesta. An den Wänden hängen nicht weniger als vierzehn Kalender – die meisten »verjährt«, dazu »freizügige« Bierreklamen. Mit dem Blick auf Busen verkauft sich »Cerveza« eben besser. Auch das durfte in einem solchen Raum nicht fehlen: Jesus, beim letzten Abendmahl, die Anwesenden segnend, oder auf die Welt herabblickend, die doch so ganz anders geraten ist, als sie sein Vater, glaubt man der Bibel, schaffen wollte. DIOS ES AMOR!, verspricht eine der Inschriften. Auch daran mangelt es auf Erden.

»Chef, Ihr Frühstück!« Jetzt ist es wirklich fertig. Die Frau weigert sich, es mir durch die dafür vorgesehene Maueröffnung zu reichen. Sie trägt es über den Hof, umrundet damit quasi das Haus und bringt es zum Seiteneingang herein. Sonderservice für einen seltenen Gast. Was sie vor mir abstellt, kann sich sehen lassen. Von wegen »bolivianisches Frühstück« (es besteht sonst aus schwarzem Kaffee und trockenem Brot)! Auf dem Teller türmt sich ein Kalorienvorrat für einen Radler, der noch viele Kilometer Anden vor sich hat. Der Berg Bratkartoffeln ist ganz mit Ei überzogen. Als ich später mein Velo sattle, schaut mir das Besitzerpaar stumm zu. Wie schon häufig erlebt, treffen keine Fragen den Fremden, nur Blicke.

Die Straße hat mich wieder. Noch einmal schaue ich zurück. »Danke für deine Gastfreundschaft, ›14. September‹!« Einige Busse begegnen mir, fast als Konvoi. »Turismo Naser«, »Cosmo«, »Dorado«. Wer sich so durchs Land fahren lässt, erlebt es auf langen Strecken als stumme Postkartenansicht, geruchsneutral, mit flüchtigem Blick gestreift. Wie könnte ich da neidisch sein! Am Fahrradlenker sind Fingerübungen notwendig, so kalt ist es noch. »Sonne, beeil dich, sonst keimt doch noch Neid!«

Konsulin Rocabado de Viets vom bolivianischen Generalkonsulat hatte mir einen Tipp mit auf die Reise gegeben: »Wenn Sie in die Nähe von Calamarca kommen sollten, dann besuchen Sie doch dieses wunderbare Pueblo!« Was war denn so »wunderbar« an einem Dorf, das Reiseführer schlicht übergehen?

Calamarca liegt etwa sechzig Kilometer von La Paz entfernt, ganz in der Nähe der Straße, die ich befahre. So ist kein großer Umweg notwendig. Schon von Weitem blinken die Dächer der Häuser; sie sind neu eingedeckt, mit verzinktem Wellblech. Wände aus gebrannten Ziegeln haben altes Gemäuer aus Lehm weitgehend verdrängt. Dazu richtige Fenster und Türen. Wer Bolivien kennt, staunt: ein Pueblo voller Fortschritt. Ein modernes Gebäude entpuppt sich gar als Bibliothek. Gegenüber liegt ein kleines Krankenhaus. Schilder am Zaun verraten: »Hier gibt es kostenlose Schutzimpfungen!« Die Kirche renoviert, wie neu erbaut, der Dorfplatz eine gepflegte Anlage. Das »Wunderbare« an Calamarca wird schon deutlich, noch bevor man über die Hintergründe weiß. Fragen, Telefonate und spätere Korrespondenz bringen mich weiter.

Immer wieder erlebt man, dass es Frauen sind, die an der sozialen Front in erster Reihe stehen. Es waren zwei junge Bolivianerinnen, die in Kenntnis von dem schlimmen Zustand vieler Pueblos die Initiative ergriffen. Ihre Vision: eine bessere Zukunft für diese Menschen. Damit Worte gehört werden, müssen sie laut, eindringlich und immer wieder vorgebracht werden. Die Frauen taten das. Der Lohn für diesen Einsatz: das Projekt »ECO PUEBLO CALAMARCA«. Leitende Köpfe für dieses Projekt mussten gefunden werden; und wieder stößt man hier auf eine Frau, Loulou Kyllmann. Sie ist Tochter eines bolivianischen Vaters und einer belgischen Mutter. In ihrem Brief an mich nennt sie Calamarca ein »tolles Projekt!!!« Die vielen Ausrufungszeichen stehen dabei deutlich für ihren Idealismus.

Ein Dorf auf dem Altiplano aus seiner Rückständigkeit in die Gegenwart zu holen, das kostet natürlich Geld; und das ist in einem Land wie Bolivien knapp. Also hieß es »Klinkenputzen«. Inzwischen umfasst die Liste der Förderer fast fünfzig Namen: Privatpersonen, Firmen, selbst Fluggesellschaften wie die *American Airline* sind darunter. Vor dem Erfolg dieses Einsatzes stehe ich. Calamarca heute: Bildungsstätte, Hospital, Kindergarten. In der Planung sind, so Frau Kyllmann, öffentliche Duschen mit Warmwasser, eine Einrichtung, die man sonst in keinem Dorf des Altiplano findet. Mit der Wortmeldung zweier Frauen fing es an. Wünschen wir Frau Kyllmann weiterhin den Erfolg, den ein solch »wunderbares« Projekt für seinen Fortbestand benötigt.

Calamarca, ein Silberstreif am sonst sozial eher düsteren Himmel des Landes. Eindringlich bewusst wird mir dies, als ich wenig später ein anderes Pueblo passiere. Auf stählernen Stelzen führt eine Stromleitung über das Dorf hinweg – Energie für die Landeshauptstadt. Doch die Menschen hier in ihren Lehmziegelhäusern gehen leer aus. »Necesitamos Electrificación!«, steht an einer Wand. Der Regen wird den »Ruf nach Strom« wieder abwaschen. Es bedarf »lauter« Worte – und nicht stummer, will man etwas verändern. Siehe Calamarca!

Ich muss zwei Mal hinschauen, so sehr überrascht mich der Anblick. Voraus überragt der verschneite Gipfel eines mächtigen Berges die Ebene. So plötzlich war er hinter einer Steigung aufgetaucht, als sei er gerade aus dem Boden emporgewachsen. Es ist der »Illimani«. Nur wenige Meter fehlen dem weißen Riesen, und er wäre ein Siebentausender geworden. Immer wuchtiger tritt er hervor. Ein echter »Götterthron« am Rande des Altiplano. Noch dreißig Kilometer bis La Paz, noch zwanzig. Die Straße streckt sich zu einer langen Geraden. Endspurt wie auf der

Aschenbahn. Die ersten Häuser. Mein Weg in die »Stadt des Friedens« ist zu Ende. »Buenos dias, La Paz!«

Doch was ich erreicht habe, ist erst ihr Vorposten, das viertausendeinhundert Meter hoch gelegene »El Alto«. Links von mir zieht eine Düsenmaschine träge in den Himmel. Sie bräuchte mehr Luft unter den Flügeln. Der Airport von La Paz hält auf der Welt den Höhenrekord. Für Passagiere, die hier schon beim Verlassen des Flugzeuges wegen Luftnot umkippen, stehen Sauerstoffflaschen bereit. Eine höhengeübte Radlerlunge hat es da leichter.

El Alto eignet sich nicht zum Vorzeigen. Abseits der Hauptstraße suche ich mir einen Weg durch das schäbige Häusermeer. Ich möchte einen ersten Blick in den Bergkessel werfen, in dem – fast tausend Meter tiefer – die eigentliche Stadt liegt. Oben wohnt die Armut, heißt es, unten, wo mehr Sauerstoff ist, der Reichtum. Jäh endet die Hochebene. Neben mir Müllberge kurz vor dem Absturz. In der Luft Latrinengeruch. La Paz zum Abgewöhnen. Der Blick in die Tiefe lässt mich für einen Moment das Umfeld vergessen. In dem Kessel drängen sich Häuser auf »Wandfühlung«. Man könnte vermuten, all die Bauten dort unten seien die Hänge hinabgerollt, wobei sich tausende wie im freien Fall an kleinen Vorsprüngen verhakten. Platznot lässt die Menschen hier Russisch Roulette spielen: Sie bauen auf einem Konglomerat aus Geröll und Sand, an Wänden fast in der Senkrechten. Hausabstürze gehören in La Paz zum Lebensrisiko. Schon ein starker Regen genügt dafür, ein mächtiges Erdbeben gar mag die Stadt mit ihren eigenen Trümmern zudecken. Vor mir liegt Tiefe, aber auch »Höhe«: die mächtige Kulisse des Illimani, gegenüber der Potosi, nur *eine* der vielen Eisspitzen der »Cordillera Real«. Schon der Name sagt es: ein »königlicher« Anblick.

Unbemerkt hatte ich Gesellschaft bekommen. Als ich die

Stimme höre, drehe ich mich erschrocken um. Der Blick über La Paz hatte mich auch das hinter mir abgestellte Rad vergessen lassen, was in solchem Umfeld ein sträflicher Leichtsinn ist. Der Mann sucht offensichtlich das Gespräch – verständliche Neugier bei einem Fremden – gerade hier. »Woher kommt der Señor? Warum …?« Schon das bepackte Rad provoziert Fragen. Habe ich jetzt genug geantwortet? Es scheint so. Der Mann tritt bis an die Abbruchkante vor und zeigt in die Tiefe: »La Paz!«, dann an mich gewandt: »Hier standen sie!« Ich begreife nicht und muss nachfragen: »Wer?« »Die Mineros!«, erklärt er und beginnt mit einem Eifer zu sprechen, der mich erschreckt: »Es waren zehntausend, zwanzigtausend, dreißigtausend! Sie hatten Dynamit, viel Dynamit! Ihre Hände! Niemand hatte zuvor solche Hände gesehen! Wie aus Leder! Wie aus Holz! In ihren Augen brannte ein Feuer … ein wildes Feuer! Sie wollten hinabsteigen und die Stadt in die Luft sprengen! Niemand hätte sie aufhalten können! Niemand! Die Regierung hatte Angst!« Der Mann ereifert sich immer mehr. Er stößt mir seine Arme entgegen, spreizt die Finger: »Hände wie aus Holz …, die Arbeit in den Minen …!« Plötzlich, als hätte er nur eine Bühnenrolle gespielt, spricht er in normalem Ton weiter: »Die Regierung gab ihnen Geld, jedem fünfhundert Dollar – in Bolivianos. Die Mineros gingen wieder. Das Geld aber war bald nichts mehr wert, nur noch Papier!«

Jetzt möchte ich gehen. Der Latrinengeruch wird unerträglich. Ätzend schwängert er die Luft. Ich bedanke mich bei dem Mann, ohne genau zu wissen, wofür. Was war das für eine seltsame Geschichte: von den Minenarbeitern mit Dynamit und einem »Feuer« in den Augen? Es kostet mich später einige Mühe, die lebhafte Schilderung des Mannes und die Zusammenhänge zu begreifen. Da half nur fragen.

Als Mitte der Achtzigerjahre viele Bergwerke im Land schlossen, verloren Zehntausende ihre Arbeit. Bittere Armut der Familien war die Folge. So kam es zum »Marsch der Mineros« auf La Paz. Sie waren »bewaffnet« mit dem Dynamit, das sie sonst in den Stollen einsetzten. In den Augen der Männer mag jenes Feuer gebrannt haben, das wir Verzweiflung und Entschlossenheit zu nennen pflegen. Von der unmenschlichen Arbeit in den Minen mögen ihre Hände auch so schrecklich ausgesehen haben, wie sie mir der Mann beschrieb: kein Fleisch, kein Blut mehr, sondern »Leder« und »Holz«, quasi verschlissen gleich Maschinenteilen. Nicht ganz richtig dagegen war die Aussage, die Mineros hätten das Geld der verängstigten Regierung genommen und seien wieder gegangen. Zunächst soll die Zahlung jener Summe nur erfolgt sein, weil man einen Zusammenschluss der Miner mit der revolutionären Bewegung in Peru befürchtete. Dies galt es zu verhindern; denn die Folge wäre ein Bürgerkrieg gewesen. Viele der Bergarbeiter aber blieben vor Ort. Sie bauten sich Notunterkünfte. Es war praktisch die Geburtsstunde von El Alto. Manche versuchten sich als Campesinos, begannen mit kleiner Feldwirtschaft, pflanzten Kartoffeln. Erst später zogen viele, da es keine ausreichende Existenzgrundlage gab, wieder weg. Sie verteilten sich im Land. Das Geld, das sie erhalten hatten, fraß die Inflation, es wurde wertloses Papier. Einige Kluge legten ihr Geld zusammen, kauften sich einen Lastwagen, einen Bus. Auch wenn die nur »Rost auf Rädern« waren: Damals fehlte es in Bolivien an Transportmitteln. *Diese* Leute schafften den Sprung in ein anderes, in ein besseres Leben. Das dürfte ein einigermaßen stimmiges, wenn auch unvollständiges Bild von den Vorgängen sein, kurz »umrissene Geschichte«.

Kein Schild hatte angezeigt, wo La Paz beginnt. Auch der Zustand der Straße lässt nicht vermuten, dass sie in eine Landeshauptstadt führt. Sie ist in einem desolaten Zustand. Offensichtlich wollte man schon längst Abhilfe schaffen, daher liegen überall Berge von Baumaterialien. Doch das Wichtigste fehlt offenbar: Maschinen. Trampelpfade durch die Kies- und Sandhügel zeigen, dass diese schon sehr alt sein müssen. Dann kommt doch ein Stückchen fertige Trasse. Aber kaum hat sie begonnen, endet sie auch schon wieder. Jugendliche haben sie in einen Bolzplatz umfunktioniert. Ich frage eine Frau, die Kartons zerlegt: »Señora, warum baut man diese Straße nicht weiter?« Sie blickt kurz auf: »Kein Geld! Die Regierung ist pleite!« Dann gibt sie mir einen Tipp: »Hier geht es nicht durch! Dort links!« Nun muss ich in die Staubwolke der Lkw hinüber, die sich auf einer Behelfspiste Richtung Stadt quälen.

Stoßstange an Stoßstange geht es vorwärts. Aber die Fahrer sehen kaum ihren Vordermann. Die Räder der Lastwagen wirbeln den mehlfein zerriebenen Lehm als braune Wolke auf. Man hört Gehupe, Poltergeräusche der durchgeschüttelten Ladungen. Schlachtvieh brüllt. Ich will hier raus! Endlich kommt Pflaster! So gut es geht, klopfe ich mir den Staub von der Bekleidung; aber die Freude über den festen Untergrund währt nur kurz. Der Belag wirkt, als habe man jeden zweiten Pflasterstein ein Stück aus dem Verband gehebelt. Da macht selbst das Schieben Mühe.

Immer noch El Alto! Längst bin ich in La Paz, habe es aber irgendwie doch nicht erreicht. Wer sich einer solchen Stadt nähert, wird am Straßenrand keine Blumen erwarten. Ich versuche den herumliegenden Müll zu übersehen. Kinder zerren den Kadaver eines Hundes hinter sich her. So wie sie damit umgehen, erstaunt es, dass die Pfote, an der sie ihn halten, nicht abreißt. Wie von Geisterhand geschleudert, fliegt eine leere Blechdose aus einem Container. Über der Kante erscheint der Kopf eines Jungen. Wieselflink klettert der Kleine herab, greift sich seinen »Schatz« wieder und rennt davon. Der amerikanische Schriftsteller Theroux soll über La Paz geschrieben haben:

»Wenn es je eine Stadt gab, die bis zur Verwesung heruntergekommen ist, schorfig und krebsgeschwürig, dann ist es La Paz!«

Im Augenblick teile ich sein Urteil; doch später werde ich meine Meinung korrigieren und ihr ein Kompliment machen – trotz ihrer vielen Schatten.

Stehender Verkehr, selbst über mir. Auch die Brücken sind dicht! Kollaps einer stinkenden Blechlawine. Ich mogle mich hindurch. Nirgendwo ein Schild, das die Richtung ins Zentrum anzeigt. Navigieren nach Gefühl. Uniformen. Trillerpfeifen, unwirsche Handbewegungen: »Fahren! Fahren!« Und wenn es nur einen Meter ist, damit der Hintermann ein Stückchen aufrücken kann. Wer hier Polizist ist, der atmet den Lungenkrebs ein, als hinge er mit dem Mund direkt am Auspuff. Das Knäuel lockert sich endlich. Vor mir liegt die Mautstelle der Stadtautobahn – und, nicht zu übersehen: das Verbotsschild für Radler. Soll ich mich etwa die Geröllhalden hinabtasten? Ich spreche einen Polizisten an. Seine Antwort ist knapp, aber eindeutig: »Passieren!« Ein Radler auf der Autobahn von La Paz. Das Verbotsschild ist nur Makulatur.

Der Verkehr ist plötzlich wie weggeblasen. Die Benutzung der Autopista kostet Geld, und die Mehrzahl der Fahrer kennt Schleichwege. Noch einmal sehe ich die Stadt aus der Vogelperspektive, dann kommt die Belohnung für den Hindernislauf. In weiten Bögen schwingt sich die Autobahn hinab auf den Grund des Kessels. Stotterbremse, damit kein Geschwindigkeitsrausch ausbricht. Die ersten Bäume tauchen auf, Eukalyptus, dazwischen tatsächlich Blumen. Eine Opuntie. Es ist, als hätte ich das Land gewechselt. La Paz empfängt seinen Gast ein zweites Mal, jetzt viel freundlicher.

Ich bräuchte das Rad nur weiterrollen zu lassen, und es schnurrte hinab bis vor die Tore der Reichen, bis in jenes »Unten«, auf das die Armut, tausend Meter höher, herabblickt. Aus der Autopista wird die »Avenida Montes«, aus dieser die »Mariscal Santa Cruz«, die »Venida 16 de Julio«... Ich bin schon zu weit! Also war ich doch so etwas wie einem Abfahrtsrausch erlegen. Es heißt nun wieder umkehren, bergan schieben. »Erst Zuckerbrot, dann Peitsche.«

Hinter der Kirche *San Francisco* liegt das indigene Viertel. Dort möchte ich mich einquartieren, sozusagen mitten im Volk, mit Panflötentönen in den Ohren, Märkten so bunt, dass es einem vor den Augen flimmert, Menschen mit all der Vielfalt der Gesichter. La Paz, sein Nachtleben, seine Bars – ich brauche sie nicht, nicht einmal seine Museen. Ich suche Bolivien nicht in Vitrinen, nicht in Gold gerahmt, nicht täglich entstaubte Geschichte. Ich suche sein Leben – und *hier* finde ich es. Theroux möchte bitte wiederkommen und sich bei der Stadt entschuldigen – für seine verbale Abstrafung. Er war wohl nicht wie ich mit dem Fahrrad angereist und dürfte El Alto kaum so hautnah erlebt haben. Er sah nur den Kontrast zum »American way of life«. Aber der kriminelle Sumpf Chicagos, New Yorks, Bostons ist tiefer, ihre sozialen Schatten sind nur übertüncht. Natürlich sehe ich hier Armut und Elend. Es gibt Begegnungen, die gehen unter die Haut. Auf dem Bürgersteig gibt es fast einen Zusammenstoß mit einem Mann, der klagend seine Bettelbüchse, zwischen die Stümpfe seiner Unterarme geklemmt, vor sich herträgt. Eine kleine Schuhputzerin steht da, ein Kind noch und doch schon Mutter. Das Baby hat sie neben sich in einem Karton abgelegt, so wie man es bei uns mit jungen Kätzchen tut, die auf dem Flohmarkt angeboten werden. Das Mädchen spürt meinen Blick, klappt den Deckel des Kartons zu und hält ihn mit schuhcremegeschwärzter Hand fest: »Es gibt nichts zu sehen, Señor!« Im Rücken der jungen Mutter erhebt sich die Kirche *San Francisco*. In solchen Wänden predigt man noch immer: »Wachst und mehret euch!«, als gäbe es jenes Millionenheer unterernährter, kranker, zukunftsloser kleiner Erdenbürger nicht, das uns aus der

Dritten Welt entgegenjammert. Mit Wut über solche Predigten im Bauch ging ich auf das Portal der Kirche zu, als gelte mein Groll dem sakralen Bau selbst. Aus dem Innern tönte vielstimmig das Gebet der Gläubigen: »Oye Padre el grito de tú pueblo … Padre! Manda el Salvador …!« Ich wurde, das Bild des Kindes in dem Karton vor Augen, zum Revolutionär: »Ja, Vater, höre den Schrei Deines Volkes! Höre ihn hier! Höre ihn in Peru, in Mexiko … in Asien … in Afrika!« Dies war keine Gotteslästerung, nur Wut auf die Ignoranz der Menschen. Ich bin sicher, der im Gebet erflehte Retter würde kommen, doch in anderer Gestalt, als die Kirche ihn predigte. Schon mehr als einmal hatte dieser Kontinent gebrannt – Bürgerkriege, soziale Revolten. Im letzten Jahr loderte es wieder – in Paraguay, und jetzt züngelt die Flamme in Mexiko, in Ecuador »brennt« es bereits. »Kirche, siehst du die Zeichen nicht? Wenn du so weitermachst, werden andere von deinen Kanzeln nicht Gotteswort, sondern Kalaschnikows verteilen!« Während ich so stumm die reichste aller Institutionen schelte, ahne ich nicht, dass in diesem Augenblick ein »Funke« die soziale Lunte in Bolivien zündet.

Ich bleibe viel länger in der Stadt, als geplant war. Es gefällt mir, mich auf den Märkten herumzutreiben, oder irgendwo ein Plätzchen zum Beobachten zu suchen. Das Alles-Mitschreiben gebe ich bald auf. Zu viele Eindrücke gälte es festzuhalten. Sie allein reichten für ein Buch *In den Straßen von La Paz*. Die Wunderheiler vor der Kirche *San Francisco*, die Wahrsager im Schutz der aufgespannten Regenschirme, die Plastiktüten-, Erdnuss-, Batterien-, Bonbon-, Kaugummi-, Schnürsenkel-, Bürsten-, Kerzen-, Rasierklingenverkäufer … Genug der Liste! Aus kleinen Bauchläden, aus Kartons, oder direkt aus dem Staub des Bürgersteigs preisen sie ihre Waren an. Ihren Werbe-Singsang könnte man das »Lied von La Paz« nennen. Es gibt noch eine zweite »Melo-

Im Schutz des Regenschirms wird das Glück vorausgesagt.

die«. Sie klingt aus hunderten offen stehender Bustüren, aus Seitenfenstern, »gesungen« von heiseren Kehlen. Die Rufer verkünden das Ziel der Busse: Straßennamen, Plätze, Stadtteile. Lautstärke zählt dabei viel. Nach Sonnenuntergang gibt es ein paar Stunden Schonzeit für die gereizte Kehle, dann klingt es wieder: »Montes!« »Terminal!« »Cementario!« La Paz als mündlicher Stadtplan! Mittags quält sich am Prado eine Blechlawine bergan, auf den Gegenfahrbahnen rollt eine ebenso dichte bergab, quasi der Schwerkraft folgend. Die Polizei versucht, dem kreuzenden Verkehr eine Chance zu geben. Es heißt, Wildtauben haben (weil sie so gut sehen) auf jeder Feder ein Auge. Ebenso viele bräuchte ein Autofahrer in La Paz. Wieder kommt es zum Kollaps, alles steht. Doch kaum jemand hupt. Bolivien ist nicht

Mexiko, bei echten Indios liegen die Nerven »tiefer«. Sie nehmen den Zwangsstopp fast wie eine Verschnaufpause. Dann, gleich einer sanften Dünung, bewegt sich der Verkehr wieder, Wogen aus Blech, ihr Kamm die Dächer der Busse, die Pkws das Wellental. Wenn möglich meide ich die Hauptstraße, durch die alles strömt, gleich dem Blut in einer Schlagader. Zu beiden Seiten dieses »Prado« steigen die Straßen und Gassen steil an. Jeder Schritt ist ein Bergauf, jeder zweite ein tiefes Luftholen. La Paz ist keine Stadt für Asthmatiker. Mein Lieblingsgebiet sind die Viertel »San Pedro« und »14 de Septembre«. Auf dem Mercado Rodriguez kennt man mich bereits. Dieser Fremde mit dem grauen Vollbart, immer fragt er nach »pan de quinoa«, und bekommt er es nicht, wählt er »integral«. Die Brotfrau lächelt, wenn sie ihn sieht, und greift automatisch zur »kleinen« Tüte. Der Bärtige kauft immer nur für einen Boliviano. Die Avocadofrau grüßt ihn bereits scherzhaft mit »Amigo!« und nimmt es ihm auch nicht übel, wenn er einmal die Fleischtomaten vom Nebenstand bevorzugt. Diese Art »Freundschaften« sind ein Reiseandenken besonderer Art. »Mache einen Schritt auf die Menschen zu ...«, die alte Regel.

Der »Mercado de Brujos«. Man müsste das ganz korrekt mit »Hexenmarkt« übersetzen, doch das wäre eher üble Nachrede. Einer der Stände, der vorletzte in der »Calle Linares«, gehört Margarita, einer jungen Indigena. Unsere Freundschaft fing mit gegenseitigem Ausfragen an. Margarita spürte sehr bald, da kam kein Tourist, der eine »Hexe« fotografieren wollte. Dieser Fremde, das war eher die Neugierde auf zwei Beinen. Er stellte Fragen, schrieb mit, versprach am nächsten Tag wiederzukommen, um etwas zu kaufen, hielt das Versprechen und hatte Zeit zum Miteinander-Reden. Margarita bietet tausend hilfreiche, segensreiche Dinge an. Sie wirken schon in der Wiege. Gestern versuchte sie mich zu überreden, eine Tonfigur Pachamamas

»Margarita« verkauft Glück, Segen und Gesundheit.

zu kaufen. Heute soll mir ein »Rana« Glück bringen. Als ich »Später!« sage, bettelt sie: »Kaufst du ihn morgen, bitte?« Natürlich werde ich den Frosch als Andenken mitnehmen, und Margarita wird ihn mir mit bunten Wollfäden umwickeln. »Glück« lässt sich steigern. Wieder schreibe ich mit: »Estrella del mar, suerte para la casa.« Getrockneter Seestern bedeutet »Glück für das Haus«. »La avilla«, ein kleiner, rot-schwarzer Samen, bringt Wohlbefinden zu Hause. »Amarillo«, eine schrillgelbe, raupenförmige Frucht, sichert das Glück der Familie. »Margarita« (hier ist die Blume gemeint) »sorgt« für Geld. Eine zweite »Amarillo« schützt gegen Unfall und Raub. Und so geht es weiter. Ein besonderes Holz, Harz, Schwefel, Vulkangestein, Fuchspelzhaare, Schweineklauen, getrocknete Lamaföten – alles hat seine Bedeutung, seine Wirkung. Unter dem Stand liegt der Flügel eines Kondors. Der »König der Anden« hat ausgesegelt. Eine Feder des »Götterboten« kostet fünf Bolivianos. Eben kam ein alter Mann und reichte Margarita einen Zettel, seine »Wunschliste« für einen »Plato«, einen »Teller voll Glück«. Nein, ich lästere nicht! Früher trugen die Indios solche Dinge in die Natur, an den Fuß der Berge, an einen Fluss. Sie opferten sie den Gottheiten, hofften, so gehört zu werden. Heute nimmt man sie mit nach Hause, dort wirken sie noch immer – da eisern an sie geglaubt wird. Die katholische Kirche konnte das, was sie »Götzendienst« nennt, nicht ausmerzen. Sie hat, die Kunden in der Calle Linares und auf vielen anderen ähnlichen Märkten beweisen es, die Tiefen der Indioseele nicht erreicht. Überall im Land häufen sich die Beweise. So lautet eine Zeile des Glaubensbekenntnisses der Aymará:

»Ich glaube an Maria, welche die Mutter aller Menschen ist, was auch für Pachamama gilt.«

Geht es deutlicher? Auch ich kaufe bei Margarita »ausgewähltes Glück«, nicht weil ich daran glaube, sondern als »Dokument«. Längst durfte ich von der jungen Indigena ein Foto machen, verbunden mit dem Versprechen, dass ich ihr einen Abzug schicke. Und wiederkommen soll ich – unbedingt! So ist es, wenn man Freundschaften schließt.

Es ergab sich eine weitere, die mit »Doña Emma«. Emma betreibt einen Laden mit Handarbeiten, typische Indio-Ware. Es mag so etwas wie Sympathie auf den ersten Blick gewesen sein. Schon beim zweiten Besuch fragte sie mich, ob ich Mate trinke. Als ich bejahte, überließ sie mir vertrauensvoll das Geschäft, ging und kam nach einer Weile mit zwei Tassen Tee und je einem Stück Kuchen zurück. Wir »begossen« unsere Freundschaft. Später gab sie mir den Tipp: »Gehe nebenan essen, das ist nicht für Touristen!« Der kleine Raum war als Restaurant nur zu erkennen, wenn man genau hinsah. Auf den Tisch kam das, was die Mutter für sich und ihre Tochter gekocht hatte. Kuchen gab es stets den gleichen, eine Art »Permanentrezept«. Als ich das erste Mal bezahlen wollte, glaubte ich mich verhört zu haben, so billig war das Essen. Doña Emma gibt solche Tipps nur Freunden. Ihr verdankte ich am Ende auch die »Bandera Nativa«, welche mich später bis ans Ende der Reise begleiten sollte. Schon mehrfach war mir das »bunte Tuch« aufgefallen, ohne dass ich es deuten konnte. Manche Autofahrer ließen es an einer kleinen Stange über dem Wagen wehen. Emma klärte mich auf. Die Bandera Nativa, oder »Wiphala« in der Sprache der Quechua, ist die Fahne der Indios. Von den Regierungen des Landes häufig genug mit leeren Versprechungen abgespeist, hatten sie genug vom offiziellen Staatssymbol, sie schufen sich ihr eigenes. In den Farben des Banners findet man die des Regenbogens, aber auch das Weiß des Schnees, das Blau des Himmels, das Gold der Sonne. Als ich La Paz verlasse, weht an meinem Rad die »Bandera Nativa«. Jeder konnte sehen, ich hatte »Partei ergriffen«.

Vor einigen Tagen rief ich, noch mit vielen Fragezeichen versehen, ein »Buenos dias, La Paz!«, jetzt dagegen ein herzliches »Adios, y muchas gracias!« Theroux sollte wirklich wiederkommen, mit offeneren Augen – und mit weiterem Herzen. Überall Händeschütteln. Emma steht in der Tür und schaut mir nach. Margarita macht einen langen Hals, bis ich bei der Calle Santa Cruz um die Ecke biege. Auf dem Platz vor der Kirche *San Francisco* salben wieder Wunderheiler nackte Rücken; das Glück wird im Sichtschutz von Regenschirmen gezogen; Popcorn und Zuckerwatte werden ausgeschrien, Maissuppe, Bohnen, Kartoffeln. Der Verkehr auf den rechten Fahrbahnen folgt willig der Schwerkraft, der gegenüber fließende quält sich bergan. Auch ich werde mich jetzt abquälen müssen, zurück auf über viertau-

Als ich La Paz verlasse, weht an meinem Rad die Bandera Nativa.

send Meter Höhe, Schritt für Schritt. Wie weit ist es noch bis Lima? Wie viel Kolbenstöße werden meine Beine noch bringen müssen? Lassen wir das Fragen, warten wir auf die Erlebnisse.

Zwischen Barrikaden

Nach so viel Natur und dem Erlebnis La Paz möchte ich zur Abwechslung in den Spuren der Geschichte radeln. Kaum eine Tagesetappe von der Hauptstadt entfernt liegt Tiahuanaku, ein Ort voller Rätsel. Wenn sich hier selbst Wissenschaftler widersprechen, dann kann jeder erklärende Satz über diese Stätte nur mit einem Fragezeichen enden. Niemand weiß, wie weit man im Buch der Geschichte zurückblättern müsste, um an den Ursprung Tiahuanakus zu kommen; bleiben wir deshalb bei dem, wie es sich uns heute darstellt.

Die rätselhafte Stätte begegnet uns eigentlich schon, bevor wir sie erreichen, etwa in dem Pueblo Laja, genauer, im Gemäuer seiner Kirche. Denn so wie das Kolosseum in Rom als Steinbruch herhalten musste, so erging es auch der Tempelanlage von Tiahuanaku. Fertig behauene Steine waren späteren Baumeistern stets willkommen. In Laja stößt man ganz nebenbei noch auf einen anderen Namen: »La Ciudad De Nuestra Señora De La Paz.« Eine Inschrift auf einem kleinen Monument verrät, dass hier, »am Samstag des zwanzigsten Tages des Monats Oktober des Jahres Eintausendfünfhundertachtundvierzig«, die Stadt La Paz gegründet wurde und nicht etwa dort, wo sie heute liegt. Auch das ist Geschichte, sozusagen im Vorbeifahren.

Endlich am Ziel, beginne ich zu staunen. Auf der Kuppe einer mehrstufigen Pyramide, die selbst noch unter meterdicken Erdschichten begraben liegt, stehen präzise behauene Felsblöcke.

Dem Volk von Tiahuanaku war Eisen fremd. Wie also bearbeitete es ein Gestein (es handelt sich um Andesit), das sich selbst modernen Werkzeugen widersetzt? Aus der Höhe führt der Weg hinab, sozusagen in die Erde. Die Stätte liegt im Boden »versenkt«. Fugenlos das Gemäuer, passgenau eingesetzt eine Vielzahl steinerner Köpfe. Sind es Nachbildungen erschlagener Feinde? Ist es Ehrung hoher Besucher und Würdenträger? Das sind nur ein paar Fragezeichen von vielen. Die im Zentrum aufgestellte Stele zeigt einen bärtigen Mann – weiteres Rätselraten. Stufen führen auf die ebene Erde zurück – aus der Unterwelt? Auch das ist nur eine Interpretation. Wo Hades und Wirklichkeit lagen, da mag es auch ein »darüber liegendes« Jenseits gegeben haben. Eine mächtige Mauer schützt es. Kein Zyklop wäre in der Lage, die Pfeiler nur einen Millimeter zu verrücken, so gewaltig ist ihr Gewicht. Und wieder liegt Fuge an Fuge. Was den Neugierigen auf der so entstandenen »hohen Ebene« empfängt, ziert zahllose Bildbände – etwa der »Ponco-Monolith«. Um eine genaue Bezeichnung verlegen, gab man der großen, mit kunstvollen Reliefs verzierten Steingestalt den Namen eines Archäologen. Kameras klicken. Am anderen Ende des Hochplatzes steht das Wahrzeichen von Tiahuanaku, das »Sonnentor«. Mit seiner mystischen Ausstrahlung sticht es alle steinerne Konkurrenz aus. Auf ihm »weint« das Bildnis einer unbekannten Gottheit, deutlich sind ihre »Tränen« zu sehen. Pumaköpfe zieren den Strahlenkranz um ihr Haupt, Zepter laufen in Kondorköpfen aus, fast ein halbes Hundert Figuren füllen ein breites Relief. Sind es Krieger des »Sonnengottes«? Wer genau hinsieht, bemerkt, dass die Steinmetze – offenbar mitten in der Arbeit – ihr Werkzeug beiseite legten, für immer. Etliche der Figuren blieben unvollendet. Doch Tiahuanaku ist weit mehr als das wenige hier Skizzierte. Von alten Feldstrukturen bis zur steinernen Wasserleitung, von Beispielen gekonnter Metallverarbeitung bis zu kunstvoller Keramik hinterließ hier ein Volk Zeugnisse seiner Existenz – doch leider nicht das, was für eine neugierige Nachwelt so wichtig gewesen wäre: eine Schrift. Es kam aus dem Dunkel der Geschichte und ging ebenso still. Tiahuanaku wird deshalb immer eine Stätte voller Rätsel bleiben.

Als ich den Ort, an dem sich später die Inka passgenaue, fugenlose Steinmauern zum Vorbild für ihre eigenen nahmen, verlasse, bin ich gespannt, welche Zeugen *dieses* Volk auf der »Sonneninsel«, meinem nächsten Ziel, der Nachwelt übereignet hatte. Doch der Erlebnisweg dorthin sollte ein sehr aufregender werden.

Nach dem gestrigen Tag voller Licht hatte es einen Wetterwechsel gegeben. Wolken sind aufgezogen. Sie legen sich vor die Sonne, und es ist, als verströmten sie Kälte. Wind kommt hinzu. Glücklicherweise wird er zum Freund, er schiebt mich. Später gelingt es ihm sogar, die Wolken zu vertreiben. Sie verhaken sich an den westlichen Berggipfeln und regnen sich dort ab. Hier, an der Straße nach Huarina, bescheint die Sonne nun pastorale Szenen: Esel, sich suhlende Schweine, Ochsen unter dem Joch. Überall auf den Feldern sieht man »bunte Wolle« – gebückt. Es ist Erntezeit. An einem Haus am Straßenrand prangt der Schriftzug *Petit Anden Hotel*. Nicht die Bettsuche, sondern der Hunger treibt mich hinein. Hinter dem Tresen ein Indio, an der Wand Coca-Cola-Reklame und alte Inkamuster in Holz. In der Tür steht aber jetzt ein höchst seltsamer Gast: Welten prallen aufeinander. Ich sehe sofort, dass die Frage, *was* es zu essen gibt, nicht lohnt. Auf dem Herd dieses »Hotels« dürfte wohl nur ein Topf stehen, das Mittagessen der Familie. So bestelle ich ins Blaue das »Almuerzo«. Als mir der Mann daraufhin einen Teller Suppe und einen zweiten mit Reis, Kartoffeln und Fleisch bringt, korrigiere ich mein Urteil. Offenbar stehen doch mehrere Töpfe auf der Flamme! Schräg über mir hängt eine Charango aus dem Panzer eines Gürteltieres, verziert mit alten Münzen. Der Indio sieht meinen Blick und möchte mich aufklären: »Tortuga para musica!« »Tortuga«, denke ich, »heißt doch ›Schildkröte‹!« Aber dieser zoologische Unterschied mag den Klängen aus dem Instrument keinen Abbruch tun. Während ich esse, geht der Mann vor die Tür. Ich war so plötzlich und doch so lautlos hereingeschneit, dass ihn offensichtlich mein Verkehrsmittel interessiert. Der Anblick des »bicis« musste gewirkt haben; denn wieder zurück, macht er mir sogleich ein Angebot: »Señor, haben Sie einen Topf für Essen?« Natürlich habe ich einen kleinen Pott für Tee im Gepäck, und als ich diesen nun hole, füllt ihn mir indigene Gastfreundschaft: ein zweites »Almuerzo« für unterwegs. Als Erinnerung an diese schöne Geste möchte ich von dem *Kleinen Anden-Hotel* ein Foto machen und bitte um Erlaubnis. Die Antwort des Indios verblüfft mich. Er möchte mit ins Bild. Jetzt sollte ich mich revanchieren; wie wäre es mit einem Abzug? Dafür bräuchte ich aber die Postanschrift, und diese bekomme ich auch: »Miguel Hermaniz, Chisapuca, Bolivia«. Doch etwas Wichtiges fehlt, die Hausnummer. Dieses Chisapuca ist eine jener endlosen Streusiedlungen, die irgendwo beginnen und irgendwo enden; da wäre eine genauere Adresse angebracht. Ich verkneife mir ein Lächeln. Der Indio weiß die Hausnummer nicht und ruft seine Frau: »Qué numero …?« Diese hat ein besseres Gedächtnis: Es ist die Nummer zweitausendvierzig. Jetzt ist die Anschrift komplett.

Wie oft war mir nun schon vom Straßenrand ein »Suerte!« oder ein »Buen viaje!« zugeflogen. Die Freundlichkeit dem Fremden gegenüber ist entwaffnend. Später begreife ich, dass dies auch die Wirkung der Bandera an meinem Rad sein musste. Wieder ein »Glück, Señor!«, aus besonders goldgeschmücktem Mund diesmal und gefolgt von einem breiten Lächeln, als wollte die Frau den Reichtum in ihrem Mund noch einmal zeigen. Bei der nächsten Begegnung eine neue Grußvariante: »Buenos dias, caballero!«, dann sogleich die Wiederholung in umgekehrter Folge: »Caballero, buenos dias!« Grüße wie ein Wortspiel. Überall begegnet mir nur Positives – bis auf eine kleine Ausnahme. Ich sehe, wie ein Junge bei meiner Annäherung nach einem Stein greift. Aus Erfahrung in anderen Ländern ahne ich: Der gilt dir, wenn du dem Jungen erst einmal den Rücken zeigst. So weit lasse ich es gar nicht kommen. Ich halte direkt auf ihn zu und konfrontiere ihn mit dem Vorwurf: »Ist das Gastfreundschaft?« Wegschauen, verlegenes Füßescharren; dann ein ungezielter Wurf ins Gelände. Das mit der »Hospidalidad« musste in dem jungen Kopf mächtig eingeschlagen haben. Ich kann weiter »Grüße sammeln«.

Seit Stunden war mir kein Auto begegnet, eigentlich ungewöhnlich für diese Strecke, die eine der Hauptverbindungen zum Titicacasee ist. Außerdem reihten sich hier die Pueblos; schon das bedingte Verkehr. Abgelenkt durch das viele Schauen, wird mir das Fehlen von Motorgeräuschen erst richtig bewusst, als ich auf eine seltsame Absperrung stoße. Mitten auf freier Strecke sind – von Straßenrand zu Straßenrand – in schnurgerader Linie Steine ausgelegt. Man könnte glauben, Kinder hätten sich hier einen Streich erlaubt; doch dafür sind die Brocken viel zu schwer. Jetzt sehe ich auch, dass in einiger Entfernung Männer weiteres Material sammeln. Werden hier etwa Straßensperren gebaut? Fehlte jeglicher Verkehr, weil es ähnliche Barrieren bereits hinter mir gab? Eine dumpfe Ahnung befällt mich: Unruhen in Bolivien! Es musste ein Signal gegeben haben: »Blockiert die Straßen!« Ich umgehe das Hindernis feldwärts; doch bald zeigt sich das gleiche Bild: Barrikadenbau! Im nächsten Pueblo, das ich erreiche, tragen Frauen alle möglichen Abfälle heran und kippen sie auf die Straße. Kinder, offensichtlich von ihren Eltern beauftragt, zerschlagen Flaschen auf dem Asphalt. Mein Fahren wird zum Lavieren. Vorbei ist es jetzt auch mit den freundlichen Zurufen. Die Menschen hetzen umher wie Ameisen, in deren Bau man mit einem Stock gestochert hat. Ich sehe, wie sich eine Gruppe Männer damit abmüht, ein altes Boot heranzuschaffen: Barrikadenbau mit allen Mitteln. Niemand, der in eine solche Situation gerät, wird sich in seiner Haut wohl fühlen. Die Geschichte Lateinamerikas lehrt: Wenn sich hier ein Volk erhebt, wird es häufig durch das Militär in die Knie gezwungen. In meinem Kopf arbeitet es. Soll ich zurück nach La Paz oder weiter nach Peru? Die Distanzen dürften sich gleichen. Aber wahrscheinlich sind jetzt beide Strecken voller Risiken. Es ist wie beim Münzwurf: Wappen oder Zahl? Die Entscheidung heißt: »Kein Zurück!« Hinten an meinem Rad weht die »Bandera Nativa« – als Zeichen der Sympathie für die Indios. »Danke, Doña Emma! Vielleicht bringt mich das bunte Tuch heil durch den Rest des Landes.«

Das nächste Pueblo kommt in Sicht. Ich werde fragen, was es mit diesem Barrikadenbauen auf sich hat. Schon von weitem sehe ich die Menschenansammlung. Die Bewohner vieler Dörfer müssen hier zusammengekommen sein. Bei meiner Annäherung ertönt ein Pfeifkonzert. Es pflanzt sich wie eine Welle fort. Die Menge kommt in Bewegung, formiert sich zur »lebenden Mauer«. Soweit einsehbar, ist die Straße durch Menschen blockiert. Es sieht nach Abwehr, nicht nach Gesprächsbereitschaft aus. Wie verhält man sich in einer solchen Situation? Alles kann verkehrt sein. Nicht auszudenken, wenn sich die Aggression gegen mich richtete! Schon bin ich eingekeilt, umzingelt. Eine Bewegung ist hinten am Rad zu spüren. Jemand hebt das Banner an, als wolle er es den anderen zeigen. Fragen an den Fremden werden laut: »Wer ist der Señor?« Nein, ich werde nicht antworten. Es ist ein Versuch, vielleicht die falsche Taktik, vielleicht die richtige. Schweigen, als verstünde ich kein Wort Spanisch, könnte bei den Leuten Unsicherheit erzeugen. Sie ließe sich für einen Rückzug nutzen. Ein Name wird gerufen, Bewegung vom Dorfplatz her läuft durch die Menge; eine freie Gasse entsteht. Der Mann, der auf mich zukommt, hat hier offensichtlich das Sagen. Die Leute umdrängen uns. Alle wollen die Szene sehen. Einige möchten den »Führer« über mich aufklären; doch was gibt es da viel zu sagen? Ein Fremder, mit der Fahne der Indios, aber er versteht kein Spanisch. Der Mann fixiert mich. Für einen Moment ist es völlig still. Diesen Augenblick nutze ich, spreche sozusagen alle, die mich umringen, gleichzeitig an: »Señores, llevo la Bandera Nativa, puedo pasar?« (Meine Herren, ich trage die Fahne der Indios, darf ich passieren?) Die Verblüffung ist total. Wie durch ein Echo vervielfältigt klingt es auf allen Seiten: »Er spricht Katalan!« Selbst der Anführer schaut verdutzt. Dann eine Handbewegung von ihm, die auf die anderen wie ein Befehl wirkt: »Passieren lassen!« Zwei Männer setzen sie in Worte um: »Platz für den Señor!« Mit ausgebreiteten Armen vergrößern sie die Gasse, die sich für mich öffnet. Ich durchschreite eine »geteilte Menschenwoge«. Endlich bin ich draußen. Nicht ohne Herzklopfen bedanke ich mich bei meinen Wegbereitern. Jetzt gilt es weiterzuradeln, ohne einen Blick zurück. Umschauen wäre in einer solchen Situation noch im Nachhinein ein Zeichen von Angst. Aber jetzt bin ich vorgewarnt. Was mögen die nächsten Kilometer bringen?

Weit komme ich nicht. An einer Stelle, wo die Straße eine Geländekerbe durchläuft, hatte man zwei große Eukalyptus gefällt. Die Bäume waren quer über die Fahrbahn geschlagen. Mit dem Rad ist hier kein Durchkommen. Ich muss hangkraxeln. Wenn das so weitergeht, brauche ich Wochen für das restliche Stück Bolivien.

Eine Menschenmenge durch Schweigen zu verblüffen, diese Taktik mag nicht immer klappen. So nehme ich mir vor: Sollte sich eine Situation wie die erlebte noch einmal wiederholen, dann suchst du doch das Gespräch. Ich musste wissen, was sich hinter diesem Aufstand verbarg. Wie weit hatte er bereits das Land erfasst? Wie reagierte die Regierung, das Militär? Schweigen allein half hier nicht. Wie sehr es mir – abgekoppelt von den Medien – in diesen Stunden an Informationen über die Geschehnisse mangelte und wie sich das auswirkte, das sollte ich erst später erfahren.

In der Stadt Cochabamba hatte sich der Volkszorn entzündet. Der Grund war eher trivial: Der Preis für das Trinkwasser wurde erhöht. Doch ein lange ausgebeutetes Volk ist leichter entflammbar als ein trockenes Bündel Stroh. Überall im Land fand das Feuer Nahrung in Form von Reaktionen auf Armut, Rückständigkeit, Korruption. Während ich mich im Moment mit der Überwindung von Blockaden plage, sterben in diesem Konflikt Menschen. Soldaten erschießen Zivilisten. Kleinbauern stürmen Kasernen, »revanchieren« sich. Ausnahmezustand in Bolivien! Aber noch bin ich ahnungslos.

Die nächste Szene gleicht der vor Stunden erlebten. Ein Pueblo, die Straße voller Menschen. Bei meiner Annäherung Rufe, Pfiffe. Eine Menschenkette bildet sich: »Halt!« Wieder gilt es Nerven bewahren. Doch jetzt mache *ich* den »ersten Schritt«. Ich fahre so nahe heran, dass ich einen der Männer fast mit dem Vorderrad berühre. Dieses Mal komme ich den Fragern zuvor, ich nenne meine Nationalität, deute zum Beweis meiner Sympathie mit den Indios auf die Bandera Nativa am Rad und hänge sofort die Frage an: »Señores, was sind die Probleme?« Meine Worte werden an die weiter hinten Stehenden weitergegeben: »... aleman … bandera …!« Die Antwort auf meine Frage kommt von mehreren Seiten: »Die Regierung hat uns vergessen! Wir brauchen Hilfe für unsere Familien, für die Kinder! Das Hospital ist nicht fertig, kein Arzt …!« Man klagt die politische Führung an. Präsident Banzer, ehemaliger General, Putschist und Diktator – danach im demokratischen Schafspelz zum Präsidenten gewählt – hatte dem Land keine Wende zum Guten gebracht. Hier, an der Straße nach Huarina, könnte er sich die Stimme seines Volkes anhören. Ich spüre, wieder einmal werde ich auf einer Reise »Zeuge«; ich erlebe Geschichte, so unmittelbar, dass mir ihr Atem unter die Haut geht. Weil das geschriebene Wort ein anderes Gewicht hat als stumme Bilder von einer Barrikade, ziehe ich mein Tagebuch hervor und bitte einen der Männer, das eben Gesagte niederzuschreiben. Das kleine Büchlein würde so zu einer Art Zeitdokument. Der Angesprochene kann offensichtlich nicht schreiben. Er reicht das Tagebuch weiter. Man ruft nach einem Kugelschreiber. Ein Dutzend Köpfe neigen sich über das Tagebuch. Man will sehen, was der Kollege einträgt. Vorschläge werden gemacht: »Probleme mit der Landwirtschaft …, die Schule …, das Hospital!« Nach einigen Minuten bekomme ich das Tagebuch zurück – mit einer nicht immer rechtschreibgemäßen Eintragung, die es wirklich zum Dokument macht:

»Cantón Chua Cocani Provincia Omasuyon Departemento La Paz. La gente in este poblaciòn vivimos con acricultura y ganaderia luego sufimos a causa fenomeno natural de razon exististe mucha nutrición en familias en agro del Altiplano nesecitamos alcantarillo en este pueblo y equipo y materiales para nuevo hospital que esta en nueva construción que serverá para veintimil habitantes de la region!«

Diese Klage der Campesinos von Cocani lautet in freier, etwas gekürzter Übersetzung:

»… die Menschen in dieser Ortschaft leben von Landwirtschaft und Viehzucht. Hier gibt es das ›natürliche Phänomen‹ der Unterernährung. Wir benötigen Kanalisation sowie Ausrüstung und Material für das neue Krankenhaus, das für zwanzigtausend Menschen, die in dieser Region leben, gebaut wurde!«

Noch während ich mit dem Lesen des Textes beschäftigt bin, drängt sich ein Mann durch die Menge. Man musste ihm von dem Fremden berichtet haben und auch von seinem Tagebuch, denn er verlangt es von mir. Zunächst bange ich um das Dokument. Sein Verlust wäre fatal für mich, enthält es doch die bisher gesammelten Aufzeichnungen dieser Reise. Doch nachdem der Mann die Eintragung gelesen hat, nickt er zustimmend und verlangt nach einem Kugelschreiber. Dann ergänzt er den Text:

»Pedimos apoyo de dicho pais de Alemania!«

Es folgt seine Unterschrift: »Miguel Montoya Guarochi, Pdte de Junta Vecinos.«

Was dieser »Präsident der ›Kommission für Nachbarschaft‹« da formuliert hat, berührt mich. Er bittet um Hilfe aus Deutschland. Damit bin ich überfordert. Plötzlich habe ich einen »Auftrag« erhalten. Trotzdem: Wieder zu Hause, will ich versuchen, diese Bitte in eine »Tat« umzusetzen.

Nun möchte man mir das Hospital zeigen, von dem in der Eintragung die Rede ist. Ein Dutzend Männer führen mich. Nach einigen hundert Metern stehen wir vor der Einrichtung, die der ärztlichen Versorgung von zwanzigtausend Menschen dienen soll. Das Gebäude ist eine Bauruine. Hinter nacktem Mauerwerk gähnende Leere. Hier könnte sich ein Kranker allenfalls in einem Winkel zusammenrollen und auf den Tod warten. »Sehen Sie, Señor!«, werde ich aufgefordert. Es bedarf nicht des genauen Hinschauens; dieser Zustand eines Hospitals ist Provokation. Man will mir noch mehr zeigen: »Bitte, Señor, kommen Sie!« Dass ich mit dieser Führung Zeit verliere, ist mir gleichgültig. Hier bekomme ich »Sozialunterricht«, direkt vom Volk erteilt.

Jetzt stehen wir vor einer Kaserne. Dieses Mal ergeht keine mündliche Aufforderung hinzuschauen, nur ein stummer Fingerzeig: »Dort!« Ich sehe und verstehe! Schon wie man den Namen der hier stationierten Einheit platziert hat (der Sockel allein würde für ein Monument reichen), zeigt, wie in diesem Land Prioritäten gesetzt werden. Die Kasernenanlage selbst strahlt in blendendem Weiß. Der Geruch frischer Farbe liegt noch in der Luft. Dieses Weiß gehörte eigentlich in die Krankenzimmer des Hospitals, gäbe es nur welche. Nun lassen mich die Campesinos weiterfahren. Der Fremde hatte ihre Probleme gesehen. Doch für mich war dies nur die erste »Unterrichtsstunde«.

Überall treffe ich jetzt auf Menschenansammlungen; und obwohl der Verkehr längst zum Erliegen gekommen ist, geht der Barrikadenbau weiter. Es ist, als wollten die Campesinos ihre Wut durch Steine dokumentieren. Immer mehr schleppen sie von den Feldern heran. Manche Straßenstücke sind inzwischen so dicht damit belegt, dass sie auf Distanz wie gepflastert wirken. Selbst mit einem Fahrrad ist es schwierig voranzukommen. Eine Detonation lässt mich zusammenzucken. Schon folgen weitere. Ein Stück voraus wirbelt Erde hoch. Ich bleibe stehen. Es ist ein »Spiel« junger Indios mit Dynamitstangen. Ich hebe die Hand, halb Gruß, halb Beschwichtigung. Ohne Zwischenfall kann ich passieren. Die jungen Burschen lassen hier nur am Straßenrand ihre Wut auf die Regierung »explodieren«. Doch bis zur nächsten Totalblockade ist es nicht weit. Als ich die Menschenmauer sehe, nehme ich mir vor, mich wie in dem vorherigen Pueblo zu verhalten. Dieses Mal sind auch Frauen und Kinder darunter. Welche Nachwuchsschar! Bei dem Anblick möchte ich meine Gedanken am liebsten laut aussprechen: »Bolivien, begreife doch! Wer Kinder ohne Zukunft sät, wird sozialen Sturm ernten!«

Wieder Handzeichen: »Halt!« Inzwischen habe ich aber nicht

nur das Banner am Rad, sondern auch die Worte der Campesinos von Cocani in meinem Tagebuch. Beides könnte mir weiterhelfen. Doch seltsam: Man sieht in dem Fremden einen Informanten. Die Menschen wundern sich, dass ich hier auftauche, wo doch alle Straßen als gesperrt gelten. Es hagelt Fragen von allen Seiten: »Señor, gibt es in den anderen Pueblos keine Blockaden? Sind Soldaten unterwegs? Wir wissen nichts; es gibt keine Telefonverbindung mehr!« Der Fremde kann »Gutes« berichten. Überall Sperren, aber kein Militär. Freudenrufe werden laut. Manche klatschen Beifall. Als ich sage, dass ich mit den Campesinos von Cocani gesprochen und mir diese ihre Probleme ins Tagebuch geschrieben haben, möchte man die Worte lesen. Köpfe beugen sich, lange Hälse werden gemacht, als ich das Büchlein aufgeschlagen aus der Hand gebe. Ein Mann liest den anderen die Eintragung laut vor. Plötzlich ist das Tagebuch verschwunden. Ich werde unruhig, frage danach und betone, dass es für mich »muy importante« (sehr wichtig) ist. Banges Warten. Dann zeigt sich Bewegung in den hinteren Reihen, Rufe. Endlich! Mein Tagebuch wird über die Köpfe weitergereicht. Aufgeschlagen, wie ich es den Indios gab, erhalte ich es zurück.

Ich erkenne sofort, man hat die Eintragung durch eine neue ergänzt. Sie beginnt fast wortgleich: »In este población …« Dann folgt eine Aufzählung der hiesigen Probleme: … kein Ausweg aus der schlechten wirtschaftlichen Situation, Bildungsmangel in den Familien; um die Felder bestellen zu können, bräuchte man dringend Traktoren. Es ist die Rede von den »Niños pobres«, den armen Kindern. Unterzeichnet ist die Eintragung wiederum von einem »Präsidenten der ›Kommission der Nachbarschaft‹.« Wenn ich den Namen richtig entziffere: »Luis Gusto Moya.« Deshalb also war mein Tagebuch so lange verschwunden. »Möchten Sie die armen Kinder sehen, Señor?«, werde ich von der Seite angesprochen. »Wie viele arme Kinder möchten Sie haben?« Ich komme gar nicht zum Antworten. »Niños! Niños!«, ruft der Mann laut. Andere kopieren den Ruf: »Niños! Niños…!« Und die Kinder kommen. Sandalen aus Plastik an den kleinen Füßen oder barfuß, so trippeln sie heran, die Mädchen mit verwaschenen Zipfelkleidchen, die Jungen ohne Hemd und in Hosen, in die sie noch hineinwachsen müssen. Größere Kinder karren die kleineren Geschwister auf seltsamen Wagen heran. Manche Mütter, so scheint es, amüsieren sich über den Auftritt der Kinder. Sie lachen, als gönnten sie dem Fremden diese Konfrontation mit der Armut. Mir dagegen ist ganz anders zu Mute. Kam je ein Bolivienreisender in eine solche Situation? Die Kleinen begreifen nicht, warum man sie gerufen hat. Sollen sie den bärtigen Fremden bestaunen? Die vielen Fragen in den großen, dunklen Augen könnte ich gar nicht beantworten, selbst wenn ich es wollte. Betroffenheit macht sprachlos. »Canton Chua Visalaga, Provincia Omasuyos, Departemento La Paz«, hatte der örtliche Präsident in mein Tagebuch geschrieben. Ich sollte wirklich ein Kreuz in die Tourenkarte machen und so den Ort markieren, in dem ich gefragt wurde: »Wie viele arme Kinder möchten Sie haben?« Der Campesino, dem ich diese Situation verdanke, befreit mich auch wieder von ihr. Er klatscht in die Hände, jagt die Kinder wie eine Schar Hühner davon. Jetzt verstehen die Kleinen gar nichts mehr; was sollte das Ganze? Auch mich »entlässt« man, doch nur ins nächste Erlebnis.

Eigentlich müsste sich mein Tagebuch bereits sperren, so voll ist es mit ungewöhnlichen Eintragungen. Und weitere kommen hinzu, alles Campesino-Worte. Es fehlt an »ropas para los niños« (Bekleidung für Kinder), an »material para escolar« (Material für die Schulen), an »pasta de salud« (damit ist wohl Zahnpasta gemeint, oder im übertragenen Sinn »Mittel für die Hygiene«). Im »Canton Locka, Provincia Manco Kapac« braucht man »computadores para que tenga buen conomiento« (Computer, damit man »bessere Erkenntnisse« hat). Man mag über das eine oder andere lächeln, doch aus all diesen »Wünschen« sprechen die Armut und die Rückständigkeit einer ganzen Region. Selten wurde mein Tagebuch zu einem solchen Dokument.

Aufstand der Campesinos. Barrikadenbau. Ausnahmezustand. In einer so gespannten Situation ein Land zu bereisen, das birgt, sollte man glauben, Gefahren. Doch anscheinend nicht für mich. Es ist vor allen Dingen die »Bandera Nativa«, die mir in den kritischen Situationen weiterhilft. Wenn kleine Gruppen die Straße blockieren, halte ich und verweise auf das Banner an meinem Rad. Selten sind weitere Worte notwendig. Die Reaktionen gleichen sich: Handzeichen »Passieren!«, manchmal sogar folgt ein »Buen viaje!« Wieder stehe ich vor einem Steinacker, durch den ich hindurchlavieren muss. Die Freude über ein Stück freie Fahrt währt jedoch nur kurz, denn schon hinter der nächsten Kurve wartet ein weiteres Hindernis. Um die Straße zu blockieren, hatte man einen alten Bus quergestellt. Eine große Gruppe Indios bewacht von einem Hügel aus die Sperre. Als ich mich nähere, kommt einer der Männer den Hang herabgelaufen. So wie er gestikuliert, kann das nur heißen: »Kein Passieren!« Ich halte, hebe die Bandera an, damit man sie deutlicher sieht. Die Reaktion ist verblüffend. Der Indio bleibt auf halbem Weg stehen und ruft den anderen etwas zu. Dann eine Handbewegung in meine Richtung: »Weiterfahren!« Ich gestikuliere zurück, deute mit den Fingern die Umrisse einer Kamera an: »Foto erlaubt?« Wieder ein Handzeichen: »Klar!« So einfach kann es sein, wenn man »Partei ergriffen« hat.

Ich hatte mich schon damit abgefunden, mein Zelt irgendwo am Feldrand aufschlagen zu müssen, als ein Schild das Hotel *Titikaka* ankündigt. Bereits der Voranzeiger verrät, dass es sich

Die Regierung ist »enteignet«. Über den Straßen weht das Banner der Indios.

eher um eine Nobelherberge handelt. Ein Sprung aus der Armut in den Luxus – ich sollte mich schämen. Erstaunte Freude über den Gast – den einzigen, wie ich später sehen sollte. Man winkt mich samt Rad ins Foyer. Hier im *Titikaka* sieht man die Situation auf der Straße anders. Kein Verkehr, keine Gäste – keine Gäste, keine Einnahmen. Man fragt mich, warum ich die Bandera am Rad trage. Warum wohl, Señores? Ich könnte viel erzählen, aber manchmal ist Schweigen besser.

Später gehe ich über den hoteleigenen Bootsanleger hinaus aufs Wasser. Der Titicacasee zum Anfassen. Wie anders ist er doch als im Bildband! Kristallklar sein Wasser. Man sieht bis auf den Grund, die versunkene Pflanzenwelt, jeden Fisch. Totorabüschel[2] neigen sich im Wind, in den langen Halmen wirkt noch die Bewegung der Wellen. Zur Rechten dehnt sich dichte Schilfzone, gegenüber ansteigende Hänge, »grüne Wogen« über blauen. Im Hintergrund ragen die weißen Bergriesen der Cordillera Real. Sie scheinen auf den See herabzublicken. Ich sitze auf dem Steg und lasse mich von dieser Landschaft gefangen nehmen. Der leise Wellenschlag zu meinen Füßen klingt wie verhaltener Applaus für diese Natur. Doch im Bewusstsein habe ich noch die Revolte der Campesinos, Bolivien im Ausnahmezustand. Wo bin ich? Der Rückblick auf die Ereignisse des Tages lässt mich an dem schönen Bild vor mir zweifeln. Ist alles nur Kulisse, »gemalt« in eine trügerische Stille? Am Himmel verharren noch ein paar Wolken, die richtige Voraussetzung für einen »romantischen« Sonnenuntergang. Doch gelingt der Sonne kein rotbauschiger Abschied, sie sinkt farblos.

Frost, von den Bergen auf die Ebene herabgeschickt, lässt alles erstarren. Tagen voller Licht folgen auf dem Altiplano Nächte wie aus Blei. Kälte »erdrückt« alles Leben, bis der erste Sonnenstrahl die Last wieder von ihm nimmt. Gedanken am Ende eines ungewöhnlichen Tages.

Beim Frühstück im Hotel gibt es Drei-Mann-Service für einen Gast. Ich hatte, sehr zur Verwunderung der Bedienung, keinen Kaffee, sondern »Mate de Coca« bestellt. Sie würde noch mehr staunen, könnte sie meine Gedanken lesen, als man mir den Tee serviert. »Mama Koka, du magst Durst stillen, Hunger verdrängen, Kälte erträglich machen, aber du bist leider kein Heilmittel gegen die Armut. Die Campesinos draußen werden dich weiter kauen; du wirst ihnen mit sanftem Rausch das Elend ein wenig vernebeln; doch wirklich helfen wirst du ihnen nicht. Mama Koka, du bist wie die Flucht ins Gebet!«

So als sei mir das alltägliche Gewohnheit, zücke ich das Plastikgeld. Die kleine schwarze Maschine kopiert es. »Ihre Signatur, Señor!« Servicegewohnt legt man mir den Kugelschreiber zurecht. Wie einfach doch das Leben ist, nennt man sich »Kind einer Wohlstandsgesellschaft«. Während ich auf diese Art lässig bezahle, fällt mir die Bemerkung einer Marktfrau in La Paz ein. Sie hatte mich gefragt, aus welchem Land ich komme, und wollte, als ich es ihr sagte, wissen, was »das Flugzeug« gekostet hat. Ich nannte, bewusst tiefstapelnd, den Ticketpreis in Dollar. Die Frau schaute mich einen Moment stumm an, dann meinte sie: »Niemand in Bolivien weiß, was so viel Geld ist!«

Wohlstandskind! Manchmal muss man es dir auf den Kopf zusagen, damit du es begreifst.

Im Foyer steht das Rad hinter übergroßer Glasfassade wie ein exotisches Gewächs in einem Treibhaus. Das Hotel *Titikaka*: Ich wünsche ihm Gäste, denn sie bedeuten Arbeitsplätze. Auch wenn viel von dem Geld, das sie einbringen, an wenigen »oben« hängen bleiben mag.

»Danke für das Türaufhalten!« Einige Schritte nur und die Wirklichkeit des Landes packt mich wieder. Die erste Blockade, eine zweite. Es ist wie am Vortag. Das Banner am Rad wird zum »Schlüssel« für die Hindernisse. Vor einer Kurve werde ich gestoppt. Männer warnen mich: »Vorsicht, Señor!« Ich sehe das Problem. Ein Stück weiter ist man gerade dabei, Eukalyptus zu fällen. Die Bäume werden quer über die Fahrbahn stürzen. Doch um die großen Stämme zu Fall zu bringen, bedarf es noch vieler Axthiebe. Ich bitte die Indios um Fotoerlaubnis. Eine erhobene Hand deutet Zustimmung an. Dann kommt doch die Frage: »Warum, Señor?« Beifälliges Nicken, als ich meinen Wunsch mit »Zur Dokumentation« begründe.

Nur ein paar hundert Meter komme ich problemlos voran. Als die Straße bergan zieht, sehe ich schon von unten die Sitzblockade nahe der Kuppe, aus Männern und Frauen bestehend. Noch habe ich die Stelle nicht erreicht, als Bewegung in die Menschen kommt. Die Leute stehen auf. Das lebende Hindernis wird zur fugenlosen Mauer. Das kenne ich schon. Eine korpulente

Frau tritt vor, »empfängt« mich sozusagen. Noch ehe sie etwas sagt, lässt ihr ausgestreckter Arm Ungutes ahnen. Dann legt sie los: »Verschwinden! Umkehren! Umkehren …!« Die Indiofrau spricht nicht zu mir, sie »spuckt« mir die Befehle entgegen, verstärkt noch durch eine wilde Gestik. Schon als sich die Phalanx formiert hatte, ahnte ich etwas dergleichen. Dieser überaus rüde Empfang überrascht mich trotzdem. Meine Schritte sind auf den letzten Metern kleiner geworden. Die Gedanken rotieren. Eine solche Situation lässt keine Zeit zum Zögern. Nein, ich werde nicht auf die Bandera verweisen, nicht mein Tagebuch vorzeigen. Diese Frau ist völlig überdreht. Ihre Spucke fliegt mir fast ins Gesicht, so sehr ereifert sie sich: »Umkehren! Umkehren! Diese Straße gehört uns! Die Regierung ist enteignet! Umkehren!« Ich habe nicht Psychologie studiert, doch das Leben ist ein besserer Lehrmeister. Hier hat Wut klaren Verstand ausgelöscht. Aber wenn sich die anderen nicht auch gegen mich stellen (wonach es nicht aussieht), könnte ich diese »Bosheit in bunter Wolle« aushebeln. Stumm beobachten die anderen Indios die sich anbahnende Konfrontation. Dies ist ein »Duell«: hier jemand aus ihren Reihen, dort der Fremde.

Still stehe ich der Frau gegenüber. Was brächte es schon, dieser Wütenden ins Wort zu fallen! Sturm braucht Freiraum zum Austoben. Am Ende geht selbst einem Orkan die Luft aus. Ich gebe der Indiofrau diese Zeit – durch Zurückschweigen. Solange sich die anderen neutral verhalten, kann ich das Duell nur gewinnen. »Kein Weiter! Zurück!« Wildes Armefuchteln. Ich schaue der Frau stumm ins Gesicht. Auch den Blick fixieren kann zur Waffe werden. Beides beginnt zu wirken. Der Fremde reagiert nicht. Er denkt nicht daran kehrtzumachen. Keinen Zentimeter nimmt er sein Rad zurück. Ihr werden Luft und Worte knapp. Sie dreht sich zur Seite, schimpft über die Schulter weiter, wie ein Hund, der glaubt, noch beim Rückzug nachbellen zu müssen.

Das Duell ist gewonnen! Nun werde ich die Männer ansprechen, um den Durchlass zu regeln. Die Frau fährt herum. Sie hatte meine Bewegung völlig falsch gedeutet. »Weg!«, schreit sie mich an. »Keine Dokumente! Keine Stempel! Die Straße gehört uns!« Jetzt reicht es mir! Jetzt gibt es kein Zurückschweigen mehr, nur noch frontale Worte, mag sich die Situation auch gegen mich wenden. Ich ziele mit dem Zeigefinger auf das Gesicht der Frau: »Señora! Ich bin nicht Mitglied Ihrer Regierung! Ich bin kein Polizist, kein Militär! Ich bin nicht verantwortlich für die Probleme der Campesinos! Ich bin Gast in diesem Land; und ich erwarte Gastfreundschaft! Wenn Sie das nicht akzeptieren, dann akzeptieren Sie dies und lassen mich passieren!« Bei diesen Worten greife ich nach dem Kettchen an meinem Hals. An ihm hängt ein silbernes Kreuz. Die Blicke aller Umstehenden sind auf mich gerichtet. Der Frau hat es die Sprache verschlagen. Ich formuliere noch einmal überdeutlich: »Respektieren Sie das Kreuz und lassen Sie mich passieren!« Die Worte haben eine unglaubliche Wirkung. Fast mit einem Sprung tritt ein Indio an die Frau heran und stößt sie vor die Brust, dass sie taumelt. Dann wendet er sich an mich: »Kommen Sie, Señor!« Ohne dass es eines Wortes von ihm bedarf, öffnet sich eine Gasse. Die Menge bildet ein Spalier des Schweigens. Er führt mich hindurch und entlässt mich auf der anderen Seite mit den Worten: »Señor, Ihre Reise ist gefährlich! Sie wollen weiter; es ist Ihr Risiko!« Ich schiebe das Rad über die Kuppe. Nur kein Blick zurück! Umdrehen ist Angst. Niemand hinter mir soll wissen, dass ich den Helden nur gespielt hatte.

Beim Hotel *Titikaka* war ich nur an einen Ausläufer des Sees gestoßen, an die »Laguna Huinaymarca«. Bis zum eigentlichen See ist es noch eine Tagesetappe; aber nach dem eben Erlebten bin ich unsicher. Dieser Weg könnte dauern. Es folgt die Belohnung für das Bergan-Schieben, eine weit geschwungene, lange Abfahrt. Das Rad schnurrt auf Seeniveau zurück. Vor mir liegt der Ort »San Pablo de Tequina«, am Hafen eine Menschenmenge. Als ich sie sehe, sträubt sich mein Inneres. Stotterbremse. »Strategische« Gedanken. Das Tagebuch vorzeigen oder wieder das Kreuz? Ich spüre, meine »Fahrt zwischen Barrikaden« beginnt an den Nerven zu kratzen.

Alles sollte anders kommen. Das Rad ist noch nicht ausgerollt, da eilen einige der Indios auf mich zu. Man überhäuft mich mit Fragen: »Señor, wieso ...? Gibt es keine Blockaden? Was ist in den anderen Pueblos?« Auch das hatte ich schon einmal erlebt. Der Einzige, der diese Straße noch befährt, wird zum Informationsträger. Auch hier, in San Pablo de Tiquina, fehlt es an telefonischen Kontakten zu den anderen Provinzen. Freudiges Fäusteballen, als ich berichte, was ich gesehen habe. »Wohin möchte der Señor? Nach Copacabana?« Natürlich! Wer diese Route befährt, dessen Ziel ist der alte Wallfahrtsort. Aber es gibt ein Problem. Dorthin ist ein Stückchen See zu überqueren und der Fährverkehr ist wegen der Unruhen eingestellt. Ein Junge wird losgeschickt. Er soll jemand holen, der mich ans andere Ufer bringt. Unterdessen begleitet mich ein Trupp zum Anleger. Noch auf dem Weg dorthin holt uns der Fährmann ein. Ein halbes Dutzend Hände packt zu. Das Rad wird in ein Boot hinabgereicht. An seinem blauen Holz blinkt der Schriftzug »Lucero«. Wirklich ein »Morgenstern« in dieser Situation. Ablegen und lostuckern. Vom Ufer wird nachgewinkt. Als wir die andere Seite erreichen und ich die Überfahrt bezahlen möchte, schüttelt der Indio den Kopf. Ich verstehe. Er hatte wohl die Bandera am Rad gesehen. Ich nötige ihn, doch ein paar Bolivianos anzunehmen. Gastfreundschaft ist eine Sache, der Preis für Treibstoff eine andere.

Am Ufer staunt man. Aus dem Boot steigt ein Fremder. Wieder rühren sich Hände, die helfen. Ein Polizist kommt hinzu:

Die kleine Marie muss Lamas hüten und für die Mutter Wolle zwirnen. In die Schule geht sie nur »a veces« (manchmal).

»Señor, Ihren Pass!« Er schlägt nur die erste Seite auf; das »Republica Federal de Alemania« scheint ihm guter Leumund genug. Mit den Worten: »Hatten Sie Probleme?«, reicht er mir das Dokument zurück. Ich staple tief: »Nein!« »Dann eine gute Reise!« Durch ein Feuerwerk fragender Blicke schiebe ich das Rad weiter. An diesem Ufer liegt die andere Hälfte von Tiquina. Vor mir wartet nun die nächste Halbinsel. Welche Erlebnisse wird sie mir bringen?

Wieder ist alles anders als erwartet. Schon die Natur verblüfft. Der Titicacasee liegt in dreitausendachthundert Meter Höhe. Bisher hatte ich es nur mit mäßigen Steigungen zu tun gehabt.

Doch dieses Stück Altiplano verdient die Bezeichnung »plano« ganz und gar nicht. Dieser Teil gleicht eher einem halb im See versunkenen Bergstock. Das Schieben nimmt kein Ende. Die Lunge pfeift. Schön wäre es, könnte ich Ballast abwerfen, aber ich benötige alles in meinen Packtaschen, um autark zu sein. Der »topografischen Überraschung« folgt eine zweite. Erst einmal aus dem Ort, begegne ich keinem Menschen mehr. Nur selten ist eine Hütte zu sehen, und wo keine Campesinos, da auch kein Aufstand, keine Barrikaden. Ich bin erleichtert. Und endlich auf Höhe, kann ich die Natur genießen. Pelikan-Tintenblau, Erinnerungen an Schulheftkleckse: Wie anders sollte man die Farbe des Sees beschreiben! Mal liegt er links, mal rechts unterhalb der Straße. Es ist, als wechselte man immer wieder die Fahrtrichtung. Die verschlungene Uferform und der Verlauf der Trasse sorgen für diese Täuschung. Zwischen dem Blau des Wassers und dem des Himmels glänzt das Weiß der Berge. Auf allen Landkarten Boliviens müsste man diese Strecke mit dem Prädikat »Besonders schön!« kennzeichnen.

Etwa fünfzig Kilometer sind es noch bis in die Stadt Copacabana. Ohne Hindernisse geht das Kilometerzählen schneller. In wenigen Stunden wäre ich am Ziel. Die Straße habe ich ganz für mich allein. Nur eine einzige Begegnung gibt es. Ich sehe das Mädchen den Berghang heraufkommen. Es treibt einige Lamas vor sich her. Als es mich bemerkt, »vergisst« es die Tiere. Der bärtige Fremde macht ihm sichtlich Angst. Doch oft wirken bei Kindern ein Gruß und das Nennen des eigenen Namens Vertrauen erweckend. Es gelingt. Mit zaghaften Schritten kommt das Mädchen näher. Nun sehe ich, dass es lange Wollfäden hinter sich herzieht. Während dieses Kind Lamas hütet, zwirnt es. »So früh an Arbeit gewöhnt«, denke ich bei dem Anblick, »wird es wohl kaum zur Schule gehen.« Ich frage: »Wie heißt du?« Keine Antwort. Ein weiterer Versuch: »Wie alt bist du? Gehst du zur

Schule?« Nun taut das Mädchen auf: »Marie … a veces!« Dieses »manchmal« bezieht sich wohl auf den Besuch der Schule. »Kind, ich sehe deine Zukunft! Sie heißt, Lamas hüten und ihre Wolle verarbeiten. Wenn du wüsstest, wie chancenlos du ohne richtige Schulbildung bist!« Ich sage es nicht laut, denke mir die Worte nur. Als ich artig um ein Foto bitte, nickt das Mädchen. Ich begründe meinen Wunsch auch. Dieses Bild möchte ich zu Hause zeigen. Das Indiomädchen »Marie«, etwa neun Jahre alt – Lamas hütend, gezwirnte Wolle im Schlepp. So etwas gehörte auch Kindern gezeigt (besser deren Eltern), die daheim bereits in Spielzeug »ersticken« und nur das »Fordern« kennen.

»Jeder Berg hat ein Dahinter!«, tröstete mich einmal eine Frau in den schottischen Highlands. Dort vorne wartet es auf mich. Was für eine Abfahrt! Endgültig geht es hinab zum Titicacasee. Ich greife hart in die Bremsen. Zu nächtlicher Stunde wäre es wohl das Aus der Tour gewesen, denn ich habe kein Licht am Rad. Lampe, Dynamo oder Batterien sind auf solchen Reisen nur Ballast. Vor mir winkt bereits Copacabana, doch plötzlich endet die Straße in einer Geröllhalde. Die Campesinos hatten hier »ganze Arbeit« geleistet und zur Abriegelung der Stadt einen Berghang gesprengt. Selbst die Panzer des Militärs kämen nicht durch. Da hilft nur absatteln, die Gepäckstücke vorwegtragen und das Rad nachholen. Statt fahren nur noch klettern. Durch Staub und über grobes Pflaster geht es weiter. Der Polizeiposten am Stadtrand ist nicht besetzt. Warum auch? Kaum eine Maus käme durch dieses Hindernis; und wer rechnet schon mit einem Radler?

Am See aus Göttertränen

Der Titicacasee, das höchst gelegene »Meer« der Erde: fast neuntausend Quadratkilometer intensives Blau. Nüchtern betrachtet, wird er von den Schmelzwassern der Andenberge gespeist; doch die Götter könnten ihn, wie in der Mythologie, auch heute noch mit ihren Tränen füllen, weil sie über ein verlorenes Paradies trauern müssten. Für die Indios ist mit ihm das Werden der Schöpfung verbunden. An seinen Ufern keimte die Kultur von Tiahuanaku, die Geschichte der Inka hatte hier ihren Ursprung. Verehrung über Jahrtausende. Mit den Spaniern kamen Mord, Frevel und Zerstörung. Nur Totes überlebte. Steine sind die stummen Zeugen.

Mit dem Erreichen von Copacabana kann ich die Spur in die Geschichte wieder aufnehmen – buchstäblich nach dem Überklettern von Barrikaden. Ccoppa-kcaguana, »Weg der Sterne, der zum Haus unseres Vaters Gott führt«, so lautet der Name der Stadt, übersetzt aus einer alten Chronik. Doch was hier eher christlich klingt, hatten frühere Kulturen längst vorweggenommen. »Intiwantana«, ein hoch über der Stadt gelegenes Observatorium aus der Prä-Inkazeit, belegt, dass man schon lange vor dem Verkünden von Bibeltexten »den Himmel kannte«. An anderer Stelle liegt »Intinkala«. Die steinernen Sitze, mit großer Präzision aus dem Fels gehauen, verraten Inkahand. Milliarden Mal mag der Obsidianmeißel geklungen haben, bis ein »Asiento«

gefertigt war. Aus ihm erklang ein einziges Wort des Hohen Inka, und über Leben und Tod war entschieden. Auch Opfer aus Priesterhand mögen hier den Gestirnen dargeboten worden sein. Schriftliche Zeugen fehlen. Die Menschen, die es der Nachwelt hätten überliefern können, sind verschollen, untergegangen in der Brutalität der Geschichte. Doch »Sternstunden« gab es hier nicht nur für Hohe Priester. Auch auf mich wartet eine solche in »Ccoppa-kcagua«.

Viele kennen den Titicacasee nur aus der Kreuzworträtselfrage: »See in den Anden?«. Tausende aber möchten ihn auch in natura sehen. Sein Ruf hallt durch Reiseführer, sein Blau lockt aus Bildbänden. Getreu meinem Grundsatz »Bade nie in der Menge!« bin ich den Touristen um Monate voraus; denn was Reiseführer als »die beste Zeit« für einen Andenbesuch empfehlen, kann nicht für einen Individualisten gelten. Deshalb sind meine Erlebnisse »uneinholbar«.

Kein Wunder also, dass Copacabana derzeit fast gänzlich touristenfreie Zone ist. Hinzu kommen die Folgen des Aufstandes. Kein Bus kann Neugierige bringen; alle Straßen sind blockiert. Hotels, die bereits geöffnet hatten, schließen wieder. An den Türen das Schild »Cerrado!« Die wenigen Touristen, die bereits eingetroffen waren, müssen im Kreis gehen. Kein Bus, kein Boot, kein Taxi, das sie weiterbrächte. Wer kräftig genug ist und eine höhentrainierte Lunge hat, mag seinen Koffer hinüber nach Peru tragen. Bis zum Grenzposten sind es nur etwa zehn Kilometer, aber das reichte, um »lange Arme« zu bekommen. Der Titicacasee ist fast ohne Touristen! Wenn das keine Sternstunde ist.

Ich habe mich im *Gloria* einquartiert und fühlte mich gleich bei Ankunft wie »in die Arme genommen«. Der herzliche Empfang hatte mehrere Gründe: Ich bin der einzige Gast, außerdem der Erste, der hier je mit einem Fahrrad die Stufen heraufkam (und dann von der Rezeption damit direkt in sein Zimmer fahren konnte), zudem ein Ausländer mit der Fahne der Indios und mit Erlebnissen »von der Straße«. Kurz: kein Tourist nach Schema.

Ein erster Gang durch die Stadt. Das Leben scheint normal. Nichts lässt auf die Situation im Land schließen. Buntes Markttreiben, Hämmern und Schweißen in den kleinen Werkstätten, Gläubige auf dem Weg zur Basilika. Dann zeigt sich doch ein Indiz für »Probleme«: ein langer Demonstrationszug von Indiofrauen. Die Zeit, wo Protestieren nur Männersache war, ist vorbei.

In der Stadt gibt es fast ein Dutzend Touristenbüros. Die meisten haben geschlossen. Ich möchte den See nicht nur vom Ufer aus erleben; seine Inseln sind »schwimmende Geschichte«. Doch wo ich auch frage, winkt man ab: »Keine Touristen, keine Boote!« Das eine bedingt das andere. Abends im Hotel gibt es eine Überraschung. Gäste sind angekommen, zwei Engländer. Ihrem leichten Rucksackgepäck verdanken sie es, dass sie den Weg aus Peru bis hierher geschafft haben. Sie berichten von Blockaden auf der Piste und von »viel« Militär. Da wartete ja später auch auf mich noch ein Stück hindernisreiches Bolivien! Die beiden möchten so schnell wie möglich weiter nach La Paz. Ich muss ihnen diese Aussicht nehmen. Es könnte sein, dass sie hier lange warten und ihre Rucksäcke zurücktragen müssten – zurück nach Peru.

Ich war nicht als Pilger nach Copacabana gekommen; deshalb ist die »Schwarze Madonna« in der Basilika kein Muss für mich. Als ich an dem großen Kirchenbau vorbeigehe, sehe ich die Bettler vor dem Portal. Frömmigkeit gibt freizügiger. Die Armut weiß das. Ich biege ab, Richtung »Cerro Calvario«. Die »Plaza 2 de Febrero«, die »Ballivian«, die »Michel Perez«: Landesgeschichte auf Straßenschildern. Die Fassaden, die ich passiere, haben bessere Zeiten gesehen. Nur widerwillig macht mir eine

Sau Platz. Schmatzend-grunzender Unmut. Sie hat einen Abfalleimer umgeworfen und ist fündig geworden, hat »Schwein gehabt« im wahrsten Sinne des Wortes. Weshalb ich mir den Kalvarienberg zum Ziel nehme? Beobachtungen lassen sich überall einfangen; zudem ahne ich, dass hier in den Anden selbst in einem Wallfahrtsort der anerzogene Glaube nicht frei von überliefertem Indioglauben ist. So mag auf der Spitze des Berges nicht nur für Christen die Distanz »zum Himmel« kürzer sein, sondern auch für so manchen Indio der geistige Weg zu seinen alten Gottheiten.

An den ersten Stufen des Kreuzweges stand einst ein mächtiger Baum. Übrig ist noch seine große Stammscheibe: ein »Zifferblatt«, ihre Wachstumsringe die »Zeiger«. Die Natur misst die Zeit. Teile des Wurzelwerkes liegen blank. Es hatte das Gestein umflossen, umkrallt, als diente es dem Baum nicht zur Verankerung in der Erde, sondern eher als Stütze. Es war ein Riese auf krampfigen Füßen, ja auf Krücken. Ich verharre einen Moment, stelle mir den Baum vor, dessen Kronenäste sich noch jetzt in den nackten Wurzeln gleichsam widerspiegeln. Gedanken, schwankend zwischen Staunen und Ehrfurcht vor dem kleinen Samenkorn, dem dieser Riese entwuchs.

Es ist kein besonderer Tag, kein kirchlicher Festtag. So sind nur wenige Gläubige unterwegs. Vor mir geht ein junges Paar. Es hält nicht an den Kreuzstationen, um zu beten, sondern träumt sich die Stufen empor. Liebe lächelt, Liebe umarmt sich. Ich habe mitgezählt: die fünfte Station. Vor ihr steht eine alte Frau. Jetzt bückt sie sich, hebt etwas auf und legt es am Fuß des Kreuzes ab. Schwerfällig geht sie weiter. Als ich die Stelle erreiche, sehe ich, die »Gabe« war ein kleiner Stein. Vielleicht steht er für Worte, vielleicht »betont« er eine Bitte.

Dieser Kalvarienberg bringt auch junge Menschen aus der Puste. Steil ist der Anstieg, steil die Wendel der Steinstufen. Für die alte Indiofrau ist offenbar jeder Meter Buße. Sie muss schlecht sehen, denn ihre Schritte wirken tastend. Und arm ist sie, sehr arm: der Wollrock in Auflösung begriffen, die Strickjacke der Größe nach einmal im Besitz einer anderen. Die Füße hatten wohl nie im Leben Schuhe gesehen. Wegen des Höhenunterschiedes der Stufen blicke ich direkt auf ihre Beine, die wie verwittertes Holz wirken. Auch die Füße scheinen nicht die eines Menschen, sondern ebenfalls »Holz« zu sein. Verkrüppelt wie sie sind, müssten sie eigentlich starr und unbeweglich sein. Und doch, wenn die Frau einen Fuß aufsetzt, dann »umfließt« er den Stein, nimmt seine Form an, »krallt« sich an ihm fest. Eine Assoziation flammt auf: das Wurzelwerk am Beginn des Kreuzweges. Nun bleibt die Frau stehen. Die Bewegungslosigkeit macht ihre Füße zu wirklichen Wurzeln. Fleisch über verkrümmten Knochen wird zu Holz, Horn zu Borke. Ich muss wegschauen. Der Anblick berührt nicht nur, er ist unerträglich. Ich nehme zwei Stufen auf einmal, ein paar schnellere Schritte, und ich bin an der Alten vorbei. Weiter oben wartet eine dritte Begegnung. Ich sehe den Mann noch nicht, höre ihn aber. Als er in einer Kehre über mir auftaucht, erkenne ich, warum er so »laut« ist. Er spricht wohl mit seinem Gott. Dabei gestikuliert er, als stünde dieser leibhaftig vor ihm. Solche Gläubigkeit stört man nicht. Ich bleibe auf Distanz, bis der Indio das kleine Gipfelplateau erreicht hat.

Mich hatte keine kirchliche Lehre auf den Berg gelockt, sondern profanes Interesse. Ein Kalvarienberg in altem Inkaland, täglich von Indios bestiegen, *musste* sich von dem unterscheiden, was wir unter einem heiligen Berg verstehen. Auf dem Gipfel finden sich Bildnisse, Kreuze, Verehrungswürdiges. Doch das ist für mich nicht das Wichtigste. Weiter hinten liegt ein freier Platz, Steinnischen säumen ihn. Ich nehme mir Zeit für meine Neugierde. Kerzenstummel sind zu sehen, Näpfchen, der Wind blättert in Bittzetteln, gehalten von kleinen Steinen. Auseinander gefallenes Zeitungspapier gibt frei, was es einmal umhüllte. Da liegen sie, die »Opfergaben«: Samen, Kräuter, Holz… Vieles könnte vom Stand Margaritas in der Calle Linares in La Paz stammen. Doch diese Dinge sind kein Hexenwerk. Sie stehen für den festen Glauben daran, dass Hilfe, so wie sie die Kirche verspricht, von so manchem Indio eher aus anderen Händen erwartet wird.

Hinter mir erklingen Stimmen. Es ist das junge Paar. Beide lächeln, sie haben mich wieder erkannt. Sie knien vor einer der Nischen nieder und beginnen zu hantieren. Das Mädchen legt Pflanzenbüschel aus. Einen Augenblick zögere ich; dann entschließe ich mich zu fragen: »Señores, para qué…?« »Es para suerte!«, erklärt mir der Bursche das Ritual. Das Mädchen holt weitere Gegenstände aus der kleinen Wolltasche. Es hatte ebenfalls bei einer »Margarita« eingekauft. Ich schließe mich dem »Wunsch nach Glück« für die beiden an. Aus meinem Radgepäck könnte ich sogar ein »para suerte« beisteuern.

Der Kalvarienberg von Copacabana. Befragt man Reiseführer über den »Cerro Calvario«, wird man etwa auf folgende Empfehlung stoßen: »Nach dem Aufstieg fantastischer Blick über den Titicacasee – besonders in den Abendstunden!« So begeistern Guides jene, die »anders« reisen.

Der Kreuzweg belebt sich. Immer mehr Indios kommen. Zeit für den Abstieg. Wieder am Fuß des Berges, wähle ich den Weg am Ufer entlang zurück. Zwei Frauen waschen im See Vliese. Mit Holzknüppeln »prügeln« sie die Schafsbälge sauber. Ein kleines Schlitzohr möchte mir ein Tretboot vermieten, das ihm gar nicht gehört. »Señor! Fünf Minuten zehn Bolivianos!« Ich frage den Geschäftstüchtigen, wie er heißt und wie alt er ist. »Iban! Neun!«, kommt es keck zurück. Ein forsches »Claro!«, als ich wissen möchte, ob er zur Schule geht. Das werden wir prüfen! »Wie viel Dollar, Iban, sind zehn Bolivianos?« Ich hatte es geahnt. Für kleine Schlitzohren ist das noch höhere Mathematik. »Du bist zu teuer!«, scherze ich und gehe weiter. Nun wird es hinter der kleinen Stirn arbeiten. Sollte er später von einem größeren Jungen erfahren, dass zehn Bolivianos mehr als ein Dollar sind, wird er dem nächsten das Boot sicher billiger anbieten.

An der Rezeption empfängt mich das gewohnte Lächeln. Irgendwie verstehen wir uns, Ramiro und ich. »Wo war der Señor? Ah, auf dem Calvario! Und morgen?« »Ich werde zu den Inseln fahren!« So bestimmt klingt meine Antwort, dass er stutzt. Dann lacht er und ahmt die Kurbelbewegungen eines Pedals nach. »Mit dem ›bici‹?« »Richtig, mit dem bicicleta! Hier gibt es keine Boote dorthin, so werde ich nach Yampupata fahren und dort einen Fischer fragen!« Ramiro staunt. Er sagt etwas von »inteligente«. Für mich war es nur logisch. Ein Blick auf die Karte genügte. Das Pueblo liegt an der Küste, etwa zwanzig Kilometer von Copacabana entfernt. Ein Dorf, ein Ufer, da war der nächste Fischer nicht weit. Und die Straße? Es ist wohl eher ein Feldweg, da wäre ich vor Blockaden sicher.

Am nächsten Morgen geht es in Holperfahrt aus der Stadt – mit allem Gepäck. Was für ein Pflaster! Man sollte es eher ganz entfernen. Ramiro hatte ich versprochen wiederzukommen. Vielleicht noch heute, wenn es mit einem Boot nicht klappte, vielleicht auch erst in ein paar Tagen. Schon jetzt ist mir das Zimmer Nummer einhundertelf wieder sicher: freundschaftlich reservierter Seeblick mit »freier Fahrradzufahrt«. Der Weg senkt sich hinab in flaches Schwemmland. Kein Hochbuckelpflaster deckt ihn mehr, dafür Sand. Zu beiden Seiten der Piste leuchtet sattes Grün, sonnenverwöhnte Felder und Wiesen, ganzjährig gewässert vom See. Bereits auf der Fahrt nach Copacabana war mir der Wechsel aufgefallen. Je näher ich dem Titicacasee kam, desto üppiger wurde die Natur. Die ansonsten eher karge Hochebene veränderte sich mit jedem Kilometer. Sie wurde grün, es blühte, Bäume lösten niedriges Buschwerk ab.

Trotzdem bin ich überrascht, als der Weg nun in einen richtigen Wald führt. Das Blätterdach der Eukalyptus schlägt über mir zusammen. Später, von einer Bergflanke herab, schweift der freie Blick über den See. Blauer geht es nicht! Das ist Bolivien wie auf der Bildpostkarte. Ein Indio kommt mir entgegen, bergab kann auch Alter schnell sein. Die Verblüffung, hier einen Fremden zu treffen, bremst ihn. Dann reagiert er. Beide Hände mir entgegenstreckend – und richtig Fahrt aufnehmend – kommt er auf mich zu: »Señor! Qué pais?« Die herzliche Begrüßung wird zum Dauerschütteln der Hände. Kaum habe ich geantwortet, sehe ich an seinem Gesicht, wie dumm es war, »Alemania!« zu sagen. Denn gleich wird er wissen wollen, wo das liegt. Ich werde mich globaler fassen müssen: »Europa!«, oder einfach nur: »Weit weg!« O nein! Nur knapp kann ich mir das Lachen verbeißen. Der Indio konfrontiert mich mit einer Frage, die man nicht einmal Marco Polo vor mehr als neunhundert Jahren am Hof des Mongolenherrschers Kubilai gestellt hätte. Erkundigt er sich doch: »Señor, scheint in *Ihrem* Land auch die Sonne?« Bei diesen Worten zeigt er zum Himmel: »El sol!« Was antwortet man auf so viel Unwissenheit? Mit möglichst ernster Miene gebe ich Auskunft: »Natürlich scheint bei uns die Sonne!« Mag für den Indio offen bleiben, ob es dieselbe ist, die jetzt über uns steht, oder ob wir eine eigene haben. Nochmals Dauerschütteln mit beiden Händen in übergroßer Freude darüber, dass er einen Fremden getroffen hat, der auch »unter einer Sonne« lebt. So amüsant ist diese Begegnung, dass sie mir sofort eine Notiz im Tagebuch wert ist. Später sehe ich, der Mann kam wohl aus dem

Pueblo »Titicachi«. Wer so sonnenverwöhnt wohnt, der wünscht offenbar auch anderen Menschen diese Lichtfülle.

Ich sollte mich auf dem Weg nach Yampupata nicht nur über diesen Indio wundern. Da wartete noch mehr zum Lächeln. Zum Staunen war auch die Natur: erst Eukalyptuswald, dann ein Berghang ganz in Blau, Lupinenblüte, am Wegrand Cosmeen und Mädchenauge, auf Feldern flammende Reihen Gladiolen. Die Sonne ließ ihr Rot »Feuer fangen«. In schwirrendem Flug kommen Kolibris vorbei, schillernde Gaukler auf Nektarsuche. Sind das noch die Anden? Ich befinde mich in viertausend Meter Höhe; nur eine Natur, die seit ihrer Schöpfung von den Göttern verwöhnt wurde, kann sich so zeigen. Ein paar Häuser liegen vor mir, relativ ansehnlich. Ich hatte schon Einfacheres auf dieser Reise gesehen. Trotzdem ist auch dies hier noch Armut im Schutz von Lehmziegeln, Bolivien ohne Schminke. Am Weg sitzt auf einem Brett vor seinem Haus ein Indio. Er löffelt seine Suppe. »Bon provecho, Señor!« Ich muss es noch einmal lauter sagen, er hatte das »Guten Appetit!« wohl nicht gehört. Hohes Alter verstopft Menschen die Ohren. Jetzt kommt eine Reaktion, er schwenkt den Löffel wie einen Golfschläger. Mit der Jugend dagegen klappt die Verständigung spontan. »Was macht ihr hier?«, spreche ich wenig später eine Gruppe Mädchen an, die in Reih und Glied in einem Bach stehen, der die Piste kreuzt. Erst müssen sie zu Ende staunen über den so plötzlich aufgetauchten Fremden, dann kommt die Antwort: »Die Lehrerin hat uns zum Füßewaschen weggeschickt!« Mit dem Daumen zeigen sie nach hinten: »Unsere Schule!« Die Szene mit der »Sonnenfrage« hatte ich nicht fotografieren können, aber eine Schulklasse, von ihrer Lehrerin zum Füßewaschen verdonnert – ein solches Foto möchte ich mir nicht entgehen lassen.

Zwanzig Kilometer nur waren es bisher, aber sie können lang

werden, wenn man über Erlebnisse nur so stolpert. Dort vorne wartet schon das nächste.

Der Indio steht mitten auf der Piste. Sein weinroter Poncho leuchtet in der Sonne. So wie er mir entgegenschaut, überlegt er sich wohl bereits die Fragen, die er mir stellen will. Etwa nach Mond und Sternen am Nachthimmel über »Alemania«? Es kommt ganz anders. »Möchte der Señor sehen, wie man ein ›Balsa‹ baut?«, spricht er mich an. »Ich kann dem Señor auch demonstrieren, wie man ...!« Das Angebot mit dem Balsa machte durchaus Sinn, denn auf der zum See hin abschüssigen Wiese liegt ein angefangenes Schilfboot, doch den anderen Satz hatte ich nicht verstanden. Ich muss zurückfragen. Der Indio sieht mein ratloses Gesicht. Er macht mit einem Arm über dem Kopf kreisende Bewegungen und streckt sich dann. Jetzt begreife ich: »Steinschleuder«. Besser hätte es gar nicht kommen können. Es bot sich hier die Möglichkeit zuzuschauen, wie man eines der hier einst typischen Boote baut (sie sind fast ausgestorben), und dann noch eine Vorführung jenes Wurfgeräts, wie es schon die Inka für ihre Verteidigung nutzten. Aber ich begehe einen Fehler. Ich muss ein Boot auf die Inseln finden, das ist mir im Augenblick wichtiger, zumal ich ja denselben Weg zurückkommen würde. Dann ließe sich die Demonstration nachholen. So verspreche ich dem Indio: »Al volver!« Er zeigt auf sein Haus, ich soll es mir merken. Kein Problem! Linke Wegseite, rechts davor ein Baum, im Garten ein halb fertiges Gewächshaus. »Ich brauche Plastik für das Dach! Der Señor könnte mir helfen!«, tönt es plötzlich neben mir. Aha, ich verstehe! Balsabau und Steinschleudern gegen Bolivianos, oder Plastikfolie gegen Fotos, so könnte man es auch nennen. Doch warum nicht? Es wäre ein fairer Handel. Beide profitieren davon. Das Gewächshaus des Indios bekäme eine Schutzhülle und ich Motive, die man nicht alle Tage findet. So bekräftige ich mein Versprechen: »Auf dem Rückweg!«

Nun ist sie doch zu Ende, meine Erlebnispiste. Dort vorne liegt Yampupata. Das Pueblo beginnt mit einem Kiosk. Der Verkäufer, ein Junge, sitzt davor auf der Erde – kein Kunde in Sicht. Oder doch? Mein Wunsch nach einer Flasche Limonade bringt ihn auf die Beine. Es ist eher ein Zweckkauf. »Hier in Yampupata leben doch Fischer? Ich brauche ein Boot auf die ›Isla del Sol‹!«, bringe ich mein Anliegen vor. Der Junge reagiert geradezu erfreut. »Mein Onkel …!« Schnell leere ich die Flasche, und schon sind wir gemeinsam auf dem Weg zu seinem »Tio«.

Manchmal habe ich das Gefühl, als fehlten bei den Indios die mittleren Jahrgänge. Entweder begegne ich Jugend oder Alter. Letzterem stehe ich nun gegenüber. Es dauert kaum zwei Minuten, und die Sache ist ausgehandelt. Der Fischer besitzt nur ein sehr kleines Boot, ohne Motor; so muss er die lange Strecke hinüber zur Insel rudern. An Bord hat er eine seltsame Fracht – mein Fahrrad.

Wie lange sind wir nun schon »auf See«? Der Alte tut mir Leid. Er muss sich gegen den Wellenschlag stemmen, das kostet zusätzlich Kraft. Ich wundere mich, mit welch schlafwandlerischer Sicherheit der Indio navigiert. Er rudert mit geschlossenen Augen. Als wir ablegten, orientierte er sich an den vorspringenden Felsen der Halbinsel. Seither hält er den eingeschlagenen Kurs. Unsere Bootsfahrt ist wie Blindflug in der Fliegerei. Und er »trifft« die Insel tatsächlich. Am Klang des sich verändernden Wellenschlags hat er bemerkt, dass wir kurz vor dem Ufer sind. Nur eine kleine Korrektur ist notwendig: die »Punktladung eines Piloten nach erkannter Windabdrift«.

Für größere Boote gibt es am Südzipfel der Isla del Sol einen Anleger, nicht jedoch für Nussschalen wie die unsere. So heißt es abspringen auf glitschigen Fels. Aber mit dem Fahrrad-Herausheben und dem Gepäck klappt es nicht. Es geht nicht anders: Ich muss die Wanderstiefel ausziehen und ins Wasser steigen, dann alles Huckepack nehmen. Gerne möchte sich der Indio auch für die Rückfahrt verdingen; die Anstrengung schreckt ihn nicht, nach den eben verdienten Bolivianos locken die künftigen. Doch ich kann mich jetzt noch nicht festlegen. So bleibt es bei einem »endgültigen« Händedruck.

Als ich ans Ufer wate, betrete ich eine Insel, deren Erde gleichsam getränkt ist mit Glaube und Geschichte. Isla del Sol, Sonneninsel. Auf ihr hatte die Schöpfung geschlummert, bevor sie ins Leben trat. In der »Chamaypascha«, der Zeit der großen Flut und Dunkelheit, harrte hier die Sonne, bis sie sich endlich aus einem Felsen erhob und zum ersten Mal am Himmel emporstieg. Ja, »Viracocha«, der Schöpfergott selbst, wurde hier geboren. Er war es auch, der dem See die ersten Inka entsteigen ließ. Denn vorher hatten die Menschen auf der Erde wie die Tiere gelebt; er konnte diesen Anblick nicht länger ertragen. So schickte er ihnen zwei seiner Kinder, den Sohn »Manco Kapac« und dessen Schwester »Mama Ocllo«. Sie sollten den Menschen Vorbild sein. Ein Stück Inka-Mythologie und Geschichte dieses Volkes liegt unmittelbar vor mir. Über dem Ufer erhebt sich »Pilkuqaima«, ein verfallener Palast, »ruiniert« durch das leidvolle Geschehen, das die Spanier ins Land brachten.

Vor mir liegt nun aber auch ein Stück harte Muskelarbeit; denn die Schönheit der Sonneninsel ist nur deshalb erhalten geblieben, weil das, was wir Fortschritt nennen, sie bisher nicht erreicht hat. Es gibt keine Straßen auf ihr und damit keinen Verkehr, ja nicht einmal Strommasten. Die Laternen und Kerzen, welche zu nächtlicher Stunde in den Häusern der Inselbewohner brennen, mögen in der Dunkelheit wie Sternenlichter wirken, die der See reflektiert. So mühe ich mich über steile Steinstufen und einen schmalen Trampelpfad hinauf, in stetem Wechsel zwischen Voraustragen des Rades und Nachholen des Gepäcks. Kein

Die Sonneninsel macht mir das Betrachten nicht leicht. Mit dem Rad auf der Schulter klettere ich über Eselspfade.

Berg könnte schwerer zu erschieben sein. Die Isla del Sol macht es ihrem Besucher nicht leicht. Als ich mich zwischen Steinen hindurchzwängen muss, fließt Blut. Ich schlucke das Unglück. Die Belohnung, die auf mich wartet, macht das Heftpflaster hundert Mal wett; denn ich erlebe nicht nur ein von den Göttern mit Schönheit beschenktes Stück Erde, ich erlebe es auch als einziger Gast. Die Unruhen auf dem Festland halten mir jegliche »Konkurrenz« fern. Welche Sternstunde!

Die ersten Indios begegnen mir. Sie kommen aus dem Staunen nicht heraus. Ein Fremder mit einem Fahrrad auf der Schulter, vielleicht überhaupt dem ersten »bici« auf der Insel! Später erlaubt das Terrain vorsichtiges Fahren – in Eselspuren. Bei welcher der alten Gottheiten soll ich mich dafür bedanken? Die mit Felsblöcken abgestützten Saumpfade, über die ich balancierte, wurden schon zur Zeit der Inka begangen. Ich gehe in den Fußspuren von Pilgern, deren Ziel der Sonnentempel war. Diese Insel gehörte zu den heiligsten Stätten des großen Reiches. Sicher könnte ich auf einer der alten Feldterrassen mein Zelt aufbauen, doch wo es Menschen gibt, sondere ich mich ungern ab. Man reist nicht in ein Land, man »besucht« es; und zu einem Besuch gehört das Händeschütteln. Ich werde in eines der Dörfer gehen.

Eng umgrenzte Orte gibt es auf der Insel nicht. Die Kommunen, in die sie sich aufteilt, haben zwar Namen, aber ihre Häuser scheinen eher willkürlich von den Wellen des Sees an Land gespült oder mit »unbestimmter Landung« vom Himmel gefallen zu sein. Eine der so verstreut liegenden Siedlungen nennt sich »Ch'alla«. Nach meinen Informationen gibt es dort eine Herberge. Während des Abstiegs in das Pueblo entschuldige ich mich bei meinem Rad wie ein Indianer bei dem Baum, den er fällen muss, weil er dessen Holz benötigt. »Sorry, Velo! Es geht nicht anders! Wir müssen dort hinunter!« Steinstufe für Steinstufe. Ich versuche das Rad anzuheben, um es zu entlasten. Das Jammern der Speichen klingt kaum leiser. Endlich unten, bin ich wieder auf »Null«, was hier heißt: auf dreitausendachthundertzehn Meter. Wo kein Felsufer die Insel säumt, da ist Sand, so reichlich, dass ich mit dem Rad darin stecken bleibe: die kleine Bucht von »Ch'alla«.

Die Herberge! Wer sucht, der findet. Empfangen werde ich von zwei kleinen Mädchen. Wie sie mir sagen, sind die Eltern auf dem Feld. Wenn ich so plötzlich auftauchte, hatte ich es schon häufig erlebt, dass Kinder vor mir flüchteten. Männer mit Bart kennt man in abgelegenen Andendörfern nicht. Aber schon die Blicke der beiden Mädchen zeigten mir: Hier herrscht keine Angst. Jetzt, wo ich vor ihnen stehe, streckt sich das größere und zieht mich am Bart, als wolle es prüfen, ob er echt ist. Einen Augenblick bin ich sprachlos über so viel Mut; dann revanchiere ich mich. Ich zupfe es an einem seiner langen Zöpfe: »Auch echt!« Dieses gegenseitige Bart- und Zopfziehen war wie ein Händedruck unter Erwachsenen. Es hieß »Freundschaft!« Fehlten nur noch die Namen. Ich nenne den meinen. »Zaida! Zaida Mani Mamani!«, kommt es zurück. Die Jüngere erschubst sich ihren Platz vor mir: »Estela Mamani!« Das nenne ich angeborenes Selbstbewusstsein!

Als ich das Haus erreichte, waren die Mädchen gerade dabei, mit einem Stock Figuren in den Sand zu kratzen. Freundschaften füllt man aus. So mache ich, da ich auf die Eltern warten muss, den beiden ein Angebot: »Soll ich euch etwas zeichnen?« In vier kleinen Indioaugen blinkt erwartungsvolle Skepsis. Ich beginne mit den Umrissen eines Fisches und lasse die beiden raten. Das Spiel erinnert an jenes Bilderbuchlesen mit dem kleinen Mijail, der so gut Zielpinkeln konnte. Es folgen Vogel, Schaf, Esel, Ente, Schwein, Schmetterling... Mein Arm wird bereits lahm, aber die beiden bekommen nicht genug. Sie stellen inzwischen auch schon Ansprüche: »Alles vom Himmel!« Also Flugzeug, Wolke, Regenbogen... Es ist wie früher in der Schule. Die volle Tafel wird sauber gewischt, dann wird weitergeschrieben. Neue Ideen tauchen auf. »›Hund‹ hatten wir schon!«, korrigiere ich Estela; doch dann trickse ich. Ich zeichne die Umrisse eines Dackels, fett überfüttert von seiner Besitzerin und mit Ohren, die am Boden schleifen. Erstaunlich, Estela erkennt in der »Wurst mit Beinen« zwar einen »Perro«, aber sie kritisiert: »Der hat kein Auge!« Wie konnte ich! Indiohunde – und seien sie noch so fett – haben keine Schlappohren, die die Augen verdecken. Nun bekommt der deutsche Dackel auch ein Auge, etwas deplatziert zwar, doch Estela ist zufrieden.

Kein Wort auf der Welt ist so international wie jenes aus den vier Buchstaben M-A-M-A. Zaida ruft es erfreut. Sie hat die Mutter entdeckt. Die Frau nähert sich aus einiger Entfernung. Sie geht vornübergebeugt, als trüge sie etwas Schweres auf dem Rücken. Die beiden Mädchen laufen ihr entgegen. Ich sehe, wie sie mit »Händen und Füßen« auf sie einreden. Dort wird gerade mein Steckbrief vermittelt. Noch bevor die Frau das Haus erreicht, weiß sie über den Fremden Bescheid, wohl auch, dass er aus einem Land kommt, in dem die Hunde die Augen »auf« den Ohren haben. Sie wirft die Last, einen Sack »Papas«, ab und reicht mir die Hand: »Willkommen, Señor!« Ihr Gesicht ist ein einziges Lächeln. Es musste von der Art, wie mich die Kinder ihr vorgestellt hatten, bewirkt worden sein. Sie entschuldigt sich wegen ihres Ausbleibens und verspricht mir, sogleich mit dem Kochen zu beginnen, ich sei doch sicher hungrig. Da kehrt man müde von der Kartoffelernte zurück, doch einen Gast versorgen ist höchstes Gebot! Auch der Vater kommt jetzt. Noch einmal Händeschütteln. Der Indio sieht meinen interessierten Blick. Das Gerät, welches er an die Hauswand gelehnt hat, ist woanders ein Museumsstück, ein »Andenpflug«, ein Stück Inka-Geschichte, eine »Taclla«. Es ist ein langer, angespitzter Holzstab mit einer durch Lederbänder gehaltenen Fußstütze. Man benutzte die »Taclla«, um Löcher für das Saatgut in die Erde zu stechen. Heute, nach mehr als einem halben Jahrtausend, gibt es nur einen kleinen Unterschied zu der alten Form. An der Spitze des Holzes sitzt jetzt ein schmales Stück Eisen. Der Indio greift nach dem Gerät: »Möchte der Señor sehen…!« Er demonstriert mir den Gebrauch des Andenpfluges. Auf Reisen wird man häufig zum Schüler.

Ein Gast logiert in »Ch'alla«, der einzige auf der Insel. Für ihn wird der Tisch weiß gedeckt, der Stuhl, ein Stück Baumstamm, sauber gewischt. Ein Streichholz flammt auf, eine Kerze wird entzündet – nicht der Romantik wegen. Es gibt hier keine Strom-

Señor Mani demonstriert mir den Gebrauch des Andenpfluges.

masten, kein elektrisches Licht. Auf der Sonneninsel lebt man wie zurzeit der Inka. Das Essen beginnt mit einer »Sopa de quinoa« – auch das eine Tradition aus der Inkazeit. Es war die Arroganz der Europäer, die aus dem einst heiligen Korn das »Brot der Armen« machte. Wenn ich den alten Spaniern doch noch sagen könnte, wie »reich« ich mich fühle, es mit Indios an einem Tisch zu teilen! Auf eine Kerze, um den Weg ins Bett zu finden, verzichte ich. Auch wenn der beißend helle Lichtstrahl meiner Taschenlampe Stilbruch ist, haben sichere Schritte doch Vorrang.

Wer hier in »Ch'alla« schlafen möchte, der stellt keine Ansprüche. Selbst auf einen Wasserhahn ließe sich verzichten. Der See liegt vor der Tür. Aber in einigen Jahren werden die Manis vielleicht eine »moderne« Unterkunft anbieten können. Man baut schon für zukünftige Gäste, mit viel Zeit – und wenig Geld. Jeder Gast, der schon jetzt kommt, hilft mit.

Bereits gestern war mir beim Anblick der Kraxelstege klar geworden, dass diese Insel kein Parcours für ein Velo ist. Auf der Sonneninsel sind feste Wanderschuhe gefragt. Ich marschiere los. Mag sich mein Rad bei den Manis ausruhen. Wegweiser gibt es keine, echtes Sich-Verlaufen wäre auf einem Eiland wie diesem aber nicht möglich. Man nimmt einfach die Sonne als Kompass. Was hat sich geändert auf der »Isla del Sol« seit dem letzten Inka? In einer Bucht liegen ein paar »moderne« Boote. Hie und da sieht man Wellblech, etwas Farbe. Solche Zugeständnisse an die Zeit muss man machen. Aber die Stimmung, die über der Insel liegt, ist sicher wie früher. Ich komme mir vor wie in einer anderen Welt. Der See spiegelt das Sonnenlicht. Altes Gemäuer reflektiert Ruhe. Am Hang unter mir bewegt sich »bunte Wolle«. Die Frauen sammeln etwas, vielleicht Kräuter. Die Natur ringsum gibt sich üppig, als lägen See und Insel im Tiefland. Selbst sonst eher nackter Fels wird hier farbig verwöhnt. Kein Inka-Schöpfer legt sich selbst in eine schmucklose Wiege. Der große Viracocha übertrifft sich selbst.

Unvermutet ändert sich aber das Bild. Die Natur zieht den Felsen den bunten Umhang weg. Sand rieselt. Stein zerfällt in die Elemente, die er einmal war. Unter meinen Füßen knirscht es. Noch höher hinauf geht das Gelände in dürre Steppe über. Harter Fels schimmert durchs schüttere Gras. Ich bin auf dem Weg zum Sitz des Hohen Inka, nach »Chinkana«, jenem Mauerlabyrinth, in dem die Opfergaben für »Inti«, den Sonnengott, aufbewahrt worden sein sollen. Von der großen Kultstätte selbst ist nur noch eine Steinplatte erhalten. Denkt man an den Sonnentempel in Cusco mit seiner riesigen goldenen

Scheibe, seinem Garten, in dem die Tiere und Pflanzen des Inkareiches in purem Gold nachgebildet waren (und das alles zertrümmert, eingeschmolzen, geraubt von den Spaniern!), so kann man sich vorstellen, dass die Inka auch hier die Sonne mit deren »Tränen« – denn so bezeichneten sie Gold – verehrten. Nichts davon ist geblieben. Aber die Geschichte dieses Ortes wirkt nach. Und Stimmung braucht keine Lauscher. Woher sollten sie auch kommen? Es fahren keine Boote mehr zur Isla del Sol, keine, die Touristen brächten. So ist die Sonne nur für mich den Felsen entstiegen. Als Gottheit ist es ihr gelungen, das Wasser des Sees in flüssiges Silber zu verwandeln. In Wirklichkeit ist es nur Gegenlicht, es sei denn, man träumt sich in das Bild hinein.

Problemlos war mir der Sprung auf die Insel geglückt. Wie sollte es mit der Rückfahrt werden? In dem Häuserhäuflein Ch'alla kann ich nichts erreichen. So gehe ich, Rad und Gepäck bei den Manis zurücklassend, in das weiter nördlich gelegene Pueblo »Ch'allapampa«. Dort platze ich mitten in eine Dorfversammlung. Ich beende das Staunen über mein Auftauchen mit ein paar erklärenden Worten, dann bringe ich das Anliegen vor: »Señores, ich brauche ein Boot zurück nach Yampaputa!« Prompt kommen die Angebote. Das Verhandeln beginnt. Mein Wunsch ist etwas kompliziert. Zuerst möchte ich mit dem Boot Rad und Gepäck in Ch'alla abholen, dann hätte ich noch gerne den Umweg über die »Isla de la Luna«; denn wer die Sonne besucht hat, sollte auch den Mond nicht auslassen. Jemand, der sich für so etwas ganz allein ein Boot mieten kann, muss »Dollares« besitzen. So interpretiere ich das erste Angebot. Zwar gelingt es mir, den Preis mit dem Hinweis zu stutzen, dass ich kein »reicher Amerikaner« sei, doch das neue Angebot ist mir noch immer zu hoch. Man sieht mein unzufriedenes Gesicht und versucht, mir

Der »heilige Stein« auf der Sonneninsel erinnert daran, dass »Inti«, so die Inka-Mythologie, hier zum ersten Mal an den Himmel aufstieg.

den »Tarif« zu erklären: »Señor, heute ist ein Sonntag; da fährt kein Fischer mit dem Boot hinaus!« Wenn jemand so mit mir handeln möchte, dann wechsle ich schon mal meine Nationalität, werde zum Juden, zum Schotten. »Gut«, sage ich, »ich habe es nicht eilig. Ich schlafe in Ch'alla. Vielleicht fährt morgen von dort ein Boot!« Der Trick zeigt Wirkung. Die Männer sehen die Dollares ins Nachbar-Pueblo wegschwimmen. Fort ist der Sonntagszuschlag. Jetzt »stimmt« der Preis.

Vier Leute machen sich auf den Weg. Drei tragen einen Bootsmotor heran, der andere einen Kanister Treibstoff. Ein paar Handgriffe, und schon legen wir ab. Den Unterschied zum Rudern höre ich am Wasserrauschen. Japanische Outborder-PS lassen das Boot galoppieren. Per Muskelkraft wäre die Distanz auch schwerlich zu schaffen gewesen.

Die Anlandung am Strand von Ch'alla gleicht der am Südzipfel der Insel. Wieder der Sprung ins flache Wasser. Erst muss ich das Rad holen, dann das Gepäck. Señora Mani und die beiden Töchter sind zu Hause. Der Gast geht. Händeschütteln. Wird er wiederkommen, Bilder in den Sand malen? Käme ich wirklich einmal zurück, das Bartziehen und Zopfzupfen erübrigten sich. Noch etwas Wichtiges: »Zaida! Estela! Schreibt mir eure Namen in mein Tagebuch! Könnt ihr?« »ZAI, ZAIDAMA, ZAIDA MANI MAMANI«, erst der dritte Anlauf klappt. Die jüngere Estela ist fixer. Sie hat wohl in der Schule besser aufgepasst. Aber wie die beiden beim Schreiben ihre Nasen in mein Tagebuch drücken! So jung, und schon so kurzsichtig! Doch Brillen für die Kinder? Wer sollte die bezahlen? Da müssten wohl noch viele Gäste zu den Manis kommen. Alles an Bord? Das Boot wird in tieferes Wasser zurückgeschoben, ich klettere hinein, der Motor wird heruntergeschwenkt. Wellenrauschen, Zurückwinken zum Land. Es gilt nicht nur Señora Mani, Zaida und Estela, es gilt auch der Insel. »›Isla del Sol‹, man erhalte dir deine Schönheit!«

Mein Fährmann muss mit dem Boot weit ausholen, um von der zerklüfteten Küste freizukommen. Er schlägt einen großen Bogen nach Südosten. Nun zeigt der Bug auf die »Isla de la Luna«, die Insel des Mondes. Der erste Anblick trügt. Nähert man sich ihr aus dieser Richtung, ragt sie als nackter, rotgelber Fels auf. Erst im seitlichen Profil sieht man, wie grün sie ist. Sternstunden decken sich nicht mit irdischen. Die meine währt nun schon, seit ich Copacabana erreicht habe. Wie auf der Sonneninsel, so bin ich auch hier der einzige Fremde. Der Fischer war selbst längere Zeit nicht auf der Isla de la Luna gewesen; deshalb steigen wir gemeinsam hinauf. Erneut betrete ich einen Ort der Mythologie. Wo mag die Stelle gelegen haben, von der der Mond zu seiner ersten Bahn um die Erde aufstieg? Tagsüber glänzte hier sein Bildnis aus Silber. Eine Gottheit, die goldene, ließ eine andere, die silberne, erstrahlen, oder »Inti« erleuchtete seine »Braut«, wie manche Inka glaubten. Das Abbild hier war wohl ebenso ein Opfer der Gier geworden wie die goldene Sonnenscheibe von Cusco. In den Schmelztiegeln der Spanier zerfloss eine ganze Kultur.

Noch als Ruine ist der Mondtempel eindrucksvoll. Hier lebten jene auserwählten Geschöpfe, die sich »Jungfrauen der Sonne« nannten. Dies ist kein Widerspruch zum »Mondtempel«, denn ihre Aufgabe war es, dem Hohen Inka zu dienen, und er, der Göttliche, vertrat die Sonne. Erst beim zweiten Blick sind die Tempelreste als Werk von Inkahand zu erkennen. Die Fassade wirkt, als hätten sich die Inka maurischer Baumeister bedient. Mein Begleiter zeigt auf die Anlage: »Schade! Nur noch Ruinen!« Gerne würde ich zurückfragen: »Señor, was halten Sie von den Erzählungen über Sonne und Mond?«

Das war Inkageschichte zum Anfassen, Mythologie als Stimmungsbild. Belächeln würden das nur die, die keinen Sinn mehr für Märchen hatten. Ein zweiter Abschied. Der Bug des Bootes zeigt nach Westen, später erfolgt Kursänderung auf Süd. Wir gleiten in einen kleinen Hafen: Yampupata. Für mich ist es wirklich wie das Ende eines Märchens.

Lange Sternstunden, kurze Erdentage. Ich bin spät dran und sollte mich beeilen. Wie baut man ein Balsa, wie schleuderten die Inka mit der »Honda« Steine? Gleich würde ich es wissen. Das Haus erkenne ich sofort wieder. Doch dann gibt es eine bittere Enttäuschung. »Mama ist auf dem Feld und Papa bei einer Demonstration in Copacabana!«, erklärt mir eine der Töchter. Alles Warten hilft nicht. Als das Licht zum Fotografieren nicht mehr reicht, gebe ich auf. Hätte ich doch …!

Geht hier die Sonne unter, reicht sie der Nacht sozusagen die

Hand und zieht sie über den Horizont empor. Denn die Dämmerungsphase ist kurz. Auf der Piste Yampupata–Copacabana *fährt* man nicht bei Dunkelheit, man stolpert nur vorwärts. Ein Auto kommt mir entgegen. An dem wilden Schwenken des Scheinwerferkegels ist zu sehen, über welche Unebenheiten es sich quält. Ich mache dem Fahrzeug Platz. Es ist ein »Colectivo«[3]. Auf der Ladefläche drängen sich Gestalten. Die Demonstration ist wohl zu Ende; die Indios werden wieder in ihre Pueblos gebracht. Auch der, auf den ich vergeblich wartete, wird darunter sein.

Der Weg ist wirklich zum Knöchelbrechen. Ich bin froh, als ich endlich aus dem Wald herauskomme und vor mir die Lichter Copacabanas sehe. Noch etwas Sandtreten, dann habe ich es geschafft.

Im *Gloria* erschallt ein lautes »Hola! Der Señor Ciclista ist zurück! Wie war es auf den Inseln?« Was soll ich antworten? Sternstundig? Gegenüber der Rezeption läuft ein Fernseher. Ich frage Ramiro: »Gibt es Neuigkeiten?« Er schüttelt den Kopf, bildet zwei Fäuste und reibt sich die Fingerknöchel aneinander. Ich habe verstanden. Eine Faust bedeutet die Campesinos, die andere die Regierung. Auf dem Bildschirm spricht gerade ein Vertreter der Indios. Er »steinigt« die Regierung mit Worten. Ich habe die Armut gesehen, die Rückständigkeit im Land, und auch zugehört, wenn die Rede von den Gehältern war, die man sich in den Amtsstuben genehmigte. Deshalb kann ich nicht anders, als hier den Indios zuzurufen: »Prügelt sie! Jagt sie aus ihren bequemen Sesseln! Zieht ihnen die Schuhe aus, damit sie wie ihr barfuß gehen müssen, damit ihr Weg ins Exil ein ›steiniger‹ wird, so wie es der eure schon seit eurer Geburt ist!« Man braucht mich nicht zum Revolutionär zu machen. Manchmal bin ich einer.

Es ist so weit: Abschied von Copacabana. Ein »Good luck!« für die beiden Engländer, ein »Muchas gracias!« für Ramiro. Als ich die Stadt verlasse, weht hinten am Rad wieder die Bandera. Noch befinde ich mich in einem »blockierten« Land. Aber ich werde das bunte Tuch bis ans Ende der Reise tragen.

Bereits am Stadtrand beginnen wieder die Blockaden. Stummes »Stopp!« eines quer gelegten Telegrafenmasten. Es folgt ein zweiter, ein dritter, dann Erdhaufen, Steine. Nach einigen Kilometern Hindernisumschieben droht eine lebende Barriere: Indiofrauen. Es ist die erste Blockade, die nur aus Frauen besteht. Ich schiebe das Rad ganz nahe heran, neige es etwas und deute auf die Bandera. Schon macht man mir Platz. Es bedarf nicht einmal der Bitte, passieren zu dürfen. Artig bedanke ich mich. Ein Stück Stoff ist der Schlüssel zu den Menschen! Er muss nur die »richtigen Farben« haben. Hinter der Kurve tauchen Uniformen auf. Mit jedem Kilometer werden es mehr. Wieder eine Absperrung, die diesmal nicht von den Campesinos stammen konnte. Dafür fehlten diesen die notwendigen Maschinen. Altarsteingroße Felsblöcke sind auf der Straße so angeordnet, dass allenfalls ein Motorrad mit hartem Zickzackkurs sie passieren könnte, nicht jedoch Autos. Das ist eindeutig eine militärische Abriegelung. Fürchtete man, dass die Campesinos durch Sympathisanten aus Peru Verstärkung bekamen? Irgendeine Uniform mit Lametta gibt Handzeichen: »Durchlassen!« Das gilt mir. Die letzten Meter Bolivien liegen vor mir. Massenhaft Olivgrün: Uniformen. »Wie wäre es mit ein bisschen mehr Platz, meine Herren, ich bin doch keine Spargelstange!« Auf meine Frage, wo ich den Ausreisestempel erhalte, »antworten« nur ein paar Daumen. Wortlos nimmt man das Dokument entgegen, stempelt es ab, wortlos reicht man es zurück. »Bin ich in einer Versammlung Stummer? Lasst euch befördern für eure Arroganz!« Ein paar Schritte sind es bis zu dem

Steinbogen, der die Straße überspannt. Hier *noch* Bolivien, dort *schon* Peru.

Mein Tagebuch ist prallvoll. Wie hatte es angefangen? Mit der dunklen Mündung eines Revolverlaufes. Was für ein Reisebeginn! Viel wichtiger jedoch sind die Menschen in diesem Land. »Ich wünsche dir, Bolivien, dass du eine Führung findest, die sich deiner und nicht ihrer selbst annimmt. Damit es ›Schuhe für alle‹ gibt und nicht nur Lederstiefel für die Lieblinge der Macht!«

In der Passkontrolle auf peruanischer Seite begegnet mir nur eine einzige Uniform, eine Señorita. Die junge Frau prüft das ausgefüllte Einreiseformular. Bei der Frage: »Profesión?« (Beruf) hatte ich »Escritor« (Schriftsteller) eingetragen. Auf der Straße, vom Fenster aus geradezu provozierend sichtbar, steht mein Velo. Ein Schriftsteller auf einem Fahrrad? Die Zollbeamtin schaut zu dem seltsamen Gefährt hinaus, dann mir ins Gesicht, als könne sie beides nur schwer zusammenbringen. »Was schreiben Sie?« Ich antworte eher unverbindlich: »Über Länder!« Irgendwie juckt es mich hinzuzufügen: »Die Wahrheit!« Doch so direkte Worte provozieren manche Uniform. »Lass mich doch erst einmal ins Land«, denke ich, »was dann ins neue Tagebuch kommt, das liegt an dir, Peru!« Na endlich! Sie drückt mir den Einreisestempel in den Pass: »Dirección General …«, ergänzt ihn mit der handschriftlichen Notiz »90« und reicht mir das Dokument mit den Worten zurück: »Über Peru gibt es viel zu schreiben; genügt Ihnen eine Genehmigung für drei Monate?« Und ob! Da könnte ich ja bis nach Lima zu Fuß gehen.

Manchmal trügt der erste Eindruck, manchmal nimmt er die Wahrheit vorweg. Es scheint, als wäre das Land im Vergleich zu Bolivien weiter entwickelt und nicht so arm. Am Steinbogen, der die Grenze markiert, beginnt eine ordentliche Asphaltstraße. Die

Häuser sind aus gebrannten Ziegeln, mit fester Dachdeckung. Keine Adobe, kein Gras. Selbst zu abseits gelegenen Gehöften führen Stromleitungen. Ich notiere aber auch anderes. Viele Menschen erwidern meinen Gruß nicht. So etwas war mir in Bolivien nicht passiert. Als ich in dem grenznahen Ort Yunguro Geld wechsle, ertönen Pfiffe. Auch das kannte ich bisher nicht. Peru ist wohl in vielerlei Hinsicht anders. Die gut ausgebaute Straße empfinde ich als Geschenk. Sie verläuft fast tischeben. Schnell addieren sich die Kilometer. Ein Abschnitt berührt fast den See. Das Uferprofil zeigt, wie wütend das Wasser werden kann. Nur ungestümer Wellenschlag vermag solche Kiesbänke aufzuwerfen. Gegenüber liegt sumpfiges Land. Alles Grün schwimmt. Hier sehe ich die ersten Zeichen von Armut: Häuser aus Lehmziegeln, Schmutz, Verfall. Kinder kommen auf die Straße zugelaufen. Unter den kleinen Füßen spritzt das Wasser. Die Schnelleren feuern durch Handzeichen die anderen an. Schon formiert sich vor mir ein lebendes Hindernis. Ich muss abbremsen, damit ich keines der Kinder anfahre. Wer Peru kennt und behauptet, es sei ein relativ sicheres Reiseland, der lügt. Man lese nur die Warnungen des Auswärtigen Amtes. Nach dem Geldwechsel in Yunguro hatte ich vorgesorgt. Sobald ich wieder auf freier Strecke war, waren die Scheine – bis auf einen kleinen Rest – in Verstecke am Körper und am Rad gewandert, eine Vorsichtsmaßnahme, die mir in Bolivien nie notwendig erschienen war. Auch trage ich jetzt zum ersten Mal mein Finnenmesser griffbereit. Bei Waffengewalt mag so etwas nichts nützen, aber »lästige Situationen« hilft es bereinigen. Vor einer solchen stehe ich im Moment.

Nackte Füße, strähnige Haare, Bekleidung, die allesamt in den Reißwolf gehörte. Mehr als ein Dutzend kleiner Hände fordert »Plata«. Einige betteln um »Pan«. Ich hatte im Hotel ausgiebig gefrühstückt und deshalb in Yunguro nicht eingekauft; so kann ich der Bitte um Brot nicht nachkommen. Geld, als Alternative, ist jedoch tabu. Man soll zu dieser Art des Bettelns nicht erziehen. Die Schar vor mir besteht aus etwa Sechs- bis Zehnjährigen. Nur ein Junge ist älter; er mag achtzehn sein. Eben hatte ich ihn noch gesehen; jetzt ist er verschwunden. Plötzlich ein harter Ruck von hinten am Rad! Nur dessen Masse mit dem Gewicht des Gepäcks macht, dass es nicht umfällt und mich mitreißt. Ich fahre herum: »Junge, bist du wahnsinnig? Siehst du nicht, dass du die Reservemäntel nicht klauen kannst! Die sind doch gesichert!« Aber jetzt passiert etwas noch nie Erlebtes. Der Kerl lässt nicht los. Er zerrt weiter, in der Absicht, mich zu Fall zu bringen. Aber nicht ich falle, sondern das Rad. Mit einem Beinschwung ganz absteigend, lasse ich es los und ziehe das Messer. Kaum sieht er die Klinge, beginnt er zurückzuweichen. Ich »zeige« dem jungen Gauner den blanken Stahl: »Hast du verstanden?« Die anderen Kinder waren auseinander gespritzt, als hätte ich eine Handgranate gezündet; doch ich weiß genau, was gleich folgen wird. Solche Angst schwindet, wenn sie erst einmal auf einen Rücken blickt. Ich stecke das Messer weg, steige auf, fahre weiter. Ich hatte es ja gewusst: Schon überholen mich die ersten Steine. »Schlecht gezielt, ihr Rotznasen!« Ich sollte einen der vorbeifliegenden Kiesel aufheben und mitnehmen, als Andenken an meinen ersten Tag in Peru.

Die Landschaft ändert sich auf den nächsten Kilometern nur wenig, oder doch? Denn schon der kleine Wechsel bewirkt Entscheidendes. Er ist wohl auch die Erklärung für das eben Erlebte. Hier hatte der See den Menschen fruchtbares Schwemmland geschenkt, und überall sind Schafe, Lamas, dazwischen kleinere Felder zu sehen. Weiter zurück jedoch gab es nur Erde, entwertet durch Staunässe. An solchen Orten wohnen meist die »Schwächeren«, abgedrängt von den »Stärkeren«. Es ist jene harte Überlebensregel, die auf allen Kontinenten gilt. Mir fällt ein Bild aus den Vereinigten Staaten ein. Über Felder, die fette Ernten bringen, rollen die Mähdrescher der weißen Farmer. Den Indianern ist nur die steinige Steppe geblieben. Man besuche einmal das Reservat der Navajo! Diese Konkurrenz von Stark und Schwach findet man auch innerhalb eines Volkes. Hier in dieser Gegend, wie auch ein Stück weiter zurück, leben Indios.

Während das Rad fast mühelos die Kilometer aufspult, schaue ich und speichere die Szenen im Kopf. Frauen senken an langen Stricken Eimer in Erdbrunnen. Esel werden beladen, Schilf fächerförmig zum Trocknen ausgelegt. Das »Totora« des Sees eignet sich für vieles: für Dächer, für Zäune, für Schlafmatten, man kann Hüte daraus flechten, Körbe, Schüsseln …, man kann es sogar essen, wie ich später noch lernen sollte. Vom Straßenrand ein Angebot: »Señor! Papas?« Eine Hand winkt: »Herkommen!« Ich bin erstaunt, die Frau hatte sogar zuerst gegrüßt. Ihr Junge ist gerade dabei, ein Erdfeuer einzurichten. Leider würde es noch eine ganze Weile dauern, bis man die ersten Kartoffeln – außen schwarzkohlig, aber innen lecker gegart – aus der Glut holen könnte. Mit dem Argument, dass ich noch viele Kilometer vor mir habe, bedanke ich mich für das Angebot und radle weiter.

Wieder schauen. Ein Esel kehrt hoch mit Schilf beladen vom See zurück – allein. Das Tier kennt den Weg. Von wegen: »Dumm wie …!« Zwei Jungen sind damit beschäftigt, am Straßenrand Seile zu drehen. Als sie mich kommen sehen, ergreifen sie die Flucht. Für manche bin ich eben der Kinderschreck. Das Arbeitsgerät konnten sie nicht mitnehmen, es scheint fest verankert. Ich halte. Das *muss* einfach aufs Bild. Die »Maschine« besteht aus den Resten mehrerer Fahrräder. Not macht erfinderisch.

Die Straße entfernt sich vom See, zieht bergan. Für den Kartoffel- und Getreideanbau eignet sich das flache Schwemmland nicht. Nur Sumpfpflanzen mögen »nasse« Füße. Auf den Hanglagen dagegen gedeihen »Papas« und »Quinoa« prächtig. Es ist Erntezeit. Überall typische Szenen: das Halmereißen, das Halb-Schneiden mit der »Hoz«, einer grobgezahnten Sichel, das Herausdrehen der Quinoastängel, das Bündeln, das Setzen der Puppen – kunstvoll bedacht mit einer Art Strohhut. Gerade bereitet man am Fuß des Hanges das Dreschen von Quinoa vor. Ich setze mich an den Straßenrand und schaue zu. Große Tücher werden ausgelegt, Mädchen und Frauen tragen armweise die Stängel heran, die von den Männern geordnet werden. Während einer von ihnen einen Bund mit beiden Händen fest an den Boden drückt, schwingt der andere das Dreschholz. »Plop! Plop! Plop!«, klingt es zur Straße herauf. Die Quinoa bezieht Prügel. Sind die Stängel durch die Schläge gebrochen, »springen« sie nicht mehr. Jetzt greift auch der andere Indio zu einem Knüppel. »Plop-Plop! Plop-Plop!«, tönt es nun im Doppeltakt. Sonst trennt »el viento« beim Sieben die Spreu vom Korn; doch heute ist es windstill. Aber die Leute wissen sich zu helfen. Die Frauen »machen« den Wind, indem sie kräftig mit Ruten wedeln. Zum Schluss streichen sie flüchtig über das Korn, als kämmten sie die letzten Schalen aus. Diese Beobachtungen ergeben sich ganz nebenbei. Man braucht nur zu schauen.

Habe ich das Land gewechselt? Das Foto, das ich schieße, könnte ich später unter dem Titel »Irland« verkaufen. Der Unterschied fiele kaum auf. Eben war ich noch in Peru, wie man es kennt, jetzt in einer Landschaft mit brusthohen Steinmauern, Geviert an Geviert. Kurz: Es ist wie die »Grüne Insel«, genauer noch: das irische Galway. Selbst das »Zubehör« stimmt: kleine Häuser aus Naturstein, Schafe, manchmal ein Esel. Just lovely Ireland! Dann gibt es doch einen Stilbruch. Über eine der Mauern ragt der Kopf eines Lamas. Ich bin wieder in Peru!

Mir ist nicht nach Zeltaufbauen am Straßenrand. Zu viel Verkehr ist hier, zu viele Menschen und damit zu viele Fragezeichen.

Ernte ist Handarbeit, und die ganze Familie ist im Einsatz.

Vielleicht erreiche ich noch vor Sonnenuntergang die Stadt Llave. Es wird knapp. Beim letzten Lichtschimmer biege ich von der Hauptstraße ab.

»Llave, wie trist du bist, wenn die Schatten in deinen Gassen liegen!« Die Unterkunft, die ich finde, hat keinen Namen. Wegen ihrer grauen Fassade nenne ich sie scherzhaft »El Hotel Gris«. Alles »passt«: das Innenleben, mein Bett, das Klo, die Waschgelegenheit. Aber Schwamm darüber. Vier Wände und eine abgeschlossene Tür zählen. Hunger kann im Magen knurren, aber auch schon in den Kniekehlen stecken. Ich hatte den ganzen Tag über nichts gegessen, nur getrunken. Wer im »El Gris« wohnt, der ist nicht wählerisch; doch ein wenig Berechnung ist schon dabei, als ich mich für ein Restaurant entscheide, das sich wohl nur deshalb so nennt, weil es mit dieser Bezeichnung Gäste »locken« möchte. Wer hier sonst isst, der hat noch nie einen großen Geldschein gesehen. Der Wirt gerät richtig aus dem Häuschen, als er mich sieht. »Sei nicht so nervös«, empfehle ich ihm stumm, »du wirst den Stoff deiner Hose durchscheuern, wenn du weiter so die Hände daran reibst.« Außer mir ist kein anderer Gast da. Der hoch gestellte Fernseher plärrt für »volle Stube«. »Por favor …« Der Wirt hat meine Geste verstanden; er schaltet das Gerät auf »erträglich«. Nochmals reibt er sich die Hände – über den Fingerknöcheln. »Was möchte der Señor? Suppe …, Reis …, Fleisch?« Ich antworte einfach mit »Ja!«, bestelle damit quasi die ganze Speisekarte.

Als ich noch nach einem Bier frage, hebt er entschuldigend die Hände: »Señor, leider keins im Haus …, es ist auch verboten! Wir haben Wahl!« Ich verstehe. Das Wählen soll ohne Randale vonstatten gehen. Die Plakate waren mir nicht entgangen. Das große Stechen hieß: Fujimori, der amtierende Präsident, gegen Toledo, den Vertreter der Indios und damit »des Volkes«. Wegen seiner Abstammung nennt man den Präsidenten »El Chino« (obwohl er japanischer und nicht chinesischer Abstammung ist). Alle wissen, dass »El Chino« korrupt ist. Warum er trotzdem noch regiert? Ein Dreieck der Macht stützt ihn: Militär, Polizei, Geheimdienst. Deren Chef, der verrufene »Montesinos«, ist Fujimoris Handlanger. Ich werde diesem politischen Sumpf einige Tagebuchseiten reservieren. Also, es gibt kein Bier in Llave, trinken wir eben Wasser! Der Wirt macht eine geheimnisvolle Geste: »Señor, bitte …!« Ich soll den Platz wechseln, mich in die linke Fensterecke setzen. Dann verlässt er sein »Restaurant«. Jetzt gehört der ganze Laden mir. Zu klauen gäbe es sicher nichts; die Kasse wird leer sein. Trotzdem: »Danke für das Vertrauen!« Nach einigen Minuten kommt er zurück – mit »geschwellter« Brust. Ich ahne etwas. Wie durch Zauberhand wandert eine Flasche Cerveza auf meinen Tisch. Der Wirt wird obenherum wieder etwas flacher. Ich lasse die Flasche in den Schatten meines Stuhles weiterwandern. Es wäre schlimm, gefährdete ich ihn durch diesen Sonderservice. Hatte er das Bier doch verbotenerweise für mich besorgt. Während ich aufs Essen warte, provoziert mich das Fernsehprogramm. Ich möchte es am liebsten »ausschießen«. Es ist billigster US-Verschnitt. Unentwegt lächeln Blondinen Reklame. Keine Spur von der Wirklichkeit des Landes. Wo ist Peru, wo sein Volk? Die Natur hat den Indios tiefschwarzes Haar geschenkt, über bronzefarbener Haut. Auf dem Bildschirm dagegen wechseln sich die Wasserstoffsuperoxydbleichgesichter ab. Gerade lächelt eine der getrimmten Schönheiten in die Zuschauerrunde, geht und kommt sogleich kastanienblond zurück. Jetzt ist *er* an der Reihe. Der Vertreter des spanischen Blutadels schwärmt: »*So* gefällst du mir sehr!« Man reiche mir eine Pistole, ich schieße der Perücke auf der Mattscheibe einen Scheitel.

Das Essen ist fertig! Es befreit mich vom weiteren Hinschauen. Während ich den Bauch beruhige, lehnt der Wirt an der Wand und »denkt«. Vielleicht bin ich es, der seine Gedanken bewegt. »Doch wie wäre es«, lästere ich beim Kauen, »wenn du dächtest und nebenbei die Zinken deiner Gabeln geradebiegen würdest. Man muss ja beim Aufspießen zielen, so krumm sind sie!« Trotzdem: dickes Lob für das Essen. Er, seine Frau oder beide könnten für ein »richtiges« Restaurant kochen. Dafür – und für das zugemogelte Bier – wird es einen extra Sol geben.

Die Nacht hat sich gnädig über Llave gelegt. Im »El Gris« schließt sich hinter mir ein Eisengatter, erst dann die Tür. Keine Angst, man wird mich nicht samt dem Bett stehlen! Ein Blecheimer voll Wasser aus einem alten Ölfass war die »Toilettenspülung«. Nochmals, Schwamm drüber! »Buenas noches, liebes Llave!«

Lärm weckt mich. Leben wimmelt in allen Winkeln. Jetzt bei Tageslicht sieht die Stadt ganz passabel aus. Gelbe Berge türmen sich an den Bürgersteigen: Bananen. Säcke werden aufgeknotet. Hände rascheln im graugrünen Inhalt; Rufe preisen ihn an: »Koka! Kooka!« Frisches Brot duftet, Suppen dampfen aus großen Alutöpfen. Überall Bücken, Arrangieren, Warenauslegen. Für die Kleinkinder in den Wickeltüchern auf dem Rücken der Indiofrauen sind diese Bewegungen früher Lebensrhythmus. Tricicles, Dreiräder, schwächlich mit einem kleinen Motor angetrieben, manche auch nur mit Muskelkraft, scheinen sich ein Rennen zu liefern. Modell »Rinok« gegen »Perasso«, troddelbehangen, Jesusbilder, Adler, Tigerköpfe mit überlangen Reißzähnen am Blech. Luft, aus kleinen, schwarzen Gummibällen gepresst, lässt Hupen stöhnen: »Plaaatz daaa!« Schnarrendes Batteriequaken antwortet: »Weg! Weg!« Nein, das ist kein Rennen, nur normaler Verkehr. Llave gegen acht Uhr morgens. Ein Indio spricht mich an: »Was schreibt der Señor?« Ich antworte: »Tagebuch!« »Warum ›diario‹«, möchte er wissen. Ich gebe ihm die gewünschten Auskünfte. Sofort trägt er sein Wissen zum nächsten Stand. Jetzt treffen mich noch mehr Blicke.

Ich bin wieder auf Strecke. »Straße, wie lang bist du noch?« Konkret stelle ich die Frage nicht. Gegen das endlose Asphaltband antretend, hatte ich mich nur bis Lima weitergedacht. Die Wahlreklame häuft sich. Felsen, Mauern, sogar Wegweiser (was sie unleserlich macht) müssen dafür herhalten. Eine dubiose Allianz, »Peru 2000«, wirbt für Fujimori. Später wird man ihr nachweisen, dass sie eine Million Unterschriften gefälscht hatte, um die Zulassung zur Wahl zu erreichen, gilt es doch mit allen Mitteln, die »Stimme des Volkes«, Toledo, niederzuhalten. Andere Plakate versprechen: »PERÚ, PAIS CON FUTURO!« Die Menschen hier sehen das wohl anders. Mit Kalkanstrichen, Totenköpfen und schwarzen Kreuzen haben sie die suggerierte »bessere Zukunft« übermalt. Eben habe ich einen der Wahlsprüche fotografiert – nicht unbemerkt, wie ich gleich merken sollte. Handzeichen stoppen mich. »Señor, por qué …?« Ja, warum diese Sprüche aufnehmen, die die Indios belügen? Ich versuche es zu erklären. Einer der Männer antwortet gespielt überzeugt: »*Ich* habe ›El Chino‹ gewählt.« Die anderen lachen. Was so viel heißen soll wie: »Klar, dass wir alle für Toledo sind!« Diese Indios wissen noch nicht, dass ihre abgegebenen Stimmen auf dem Kehrichthaufen landen werden. Der Betrug hatte schon vor der Wahl begonnen, als Fujimori mit Hilfe seiner Vasallen die Verfassung zu seinen Gunsten ändern ließ. Als Richter widersprachen, enthob er sie des Amtes. Seither ist Peru ohne Verfassungsgericht.

Und was in diesen Tagen im Land läuft, das sollte ich in vollem Umfang erst später erfahren. Das Militär unterweist Pueblobewohner in den Bergen, wie man »richtig« wählt, oder droht ihnen gleich mit Gefängnis, wenn sie gedenken sollten, »falsch« anzukreuzen. Den Armen wird mit dem Entzug der Lebensmittelhilfe gedroht, falls sie nicht für Fujimori stimmen. Lastwagen mit gefälschten Wahlzetteln tauchen auf. Wahlakten finden sich in Mülleimern. Von der Regierung Beauftragte gehen auf Stimmenkauf: dreißig Soles, etwa zehn US-Dollar, für jeden abgetretenen Wahlschein. Dem Chef der internationalen Beobachtergruppe wird der Zugang zum zentralen Wahlcomputer verwehrt; als dieser das Endergebnis ausspuckt, gibt es eine halbe Million mehr abgegebene Stimmen als Wahlberechtigte. Fujimori siegt! Peru im Scheinwerferlicht der Wahrheit. Von all dem wissen die Indios noch nichts. Sie glauben an den Sieg Toledos und lassen diesen bereits hochleben. Welch tragischer Irrtum.

Ich hatte in Llave nicht gefrühstückt und warte auf eine Gelegenheit, es nachzuholen. Dort vorne kommt sie. Ein Schild verspricht: »DESAYUNO!« Doch dafür ist es inzwischen zu spät. Es wird eher ein vorgezogenes Mittagessen. Der Raum hat die Kälte der Nacht gespeichert. Die Propangasflamme streikt. Es dauert mit der versprochenen Suppe. Aber wie ich nun sehe, hat sich das Warten gelohnt. Vor mir steht eine Schüssel mit viel Nudeln, viel Huhn, in der Mitte – gleich einer gelben Insel – eine große Kartoffel. »Aufgefüllt« radle ich weiter.

In der Landschaft wechseln jetzt stetig die Kulissen: mal ein Stückchen Galway, mal Altiplano pur. Die Berge, eben noch den fernen Horizont bildend, rücken näher heran, erreichen gar den Straßenrand. Doch schon ziehen sie sich wieder zurück. Weit voraus dehnt sich die Häuserflut einer großen Stadt. Das ist Puno, mein Etappenziel. Die sechzig Kilometer bis hierher hatte ich halb verträumt.

»Campesinos! Compañeros! Amigos! Hermanos!« Fäuste, Fahnen! Ich bekomme eine Gänsehaut. Aufstand in Bolivien, Aufstand in Peru? Ich lasse den Menschenzug passieren. Hinter mir tönt es weiter: »Campesinos! Compañeros …!« Auf der Plaza Kübelwagen, Uniformen. Am Ende der Fußgängerzone verdichten sie sich zur »blauen Masse«. Ich frage einen Passanten: »Señor, was ist hier los?« Die Antwort des Mannes klingt beruhigend: »Nur Wahl!« Die Indios skandieren also für Toledo, ein wenig wie Revolutionäre zwar, aber es ist nur der Ausdruck reiner Sympathie. Niemand sagt ihnen: »Euer Fäusteballen nützt euch nichts mehr! Die Wahl ist gelaufen! Der, der euch vertritt, wurde längst Opfer des Betruges!«

Ich werde mich in Puno ein paar Tage einnisten. Als Erstes ist der Besuch der Nekropole von »Sillustani« geplant, später erneute Erlebnissuche auf Inseln im See.

Sillustani. Es begann mit dem Stamm der »Pukara«. Dann folgten die »Colla«, schließlich die Inka. Dreitausendfünfhundert Jahre »Friedhofsgeschichte« im Zeitraffer. Von Puno fährt täglich ein Touristenbus zu der Stätte. Die Grabtürme auf einer

Halbinsel im Umayosee locken viele Neugierige an. Aber für was habe ich ein Fahrrad unter dem Hintern? Ohne Gepäck rollt ein Velo noch in viertausend Meter Höhe fast wie von selbst. Was ist da schon ein Abstecher von siebzig Kilometern! In der Tasche meiner Windjacke wartet – griffbereit wie immer – mein Tagebuch. Es wunderte mich, bräuchte ich es nicht.

Am nördlichen Stadtrand von Puno legt sich der Straße ein Berg in den Weg. Die Planer hatten mit der Trasse nicht aufs nasse Schwemmland ausweichen können, also heißt es schieben. Auf halbem Weg liegt ein grob gesetztes, hüfthohes Steinrund. Ein paar Schafe hätten darin Platz. Doch die von Stangen getragene Plastikfolie darüber signalisiert: Es ist kein Pferch, sondern ein Verkaufsstand. Die Besitzerin, eine alte Indiofrau, ist ganz in Schwarz. Das Warenangebot lässt sich mit einem Blick erfassen: Getränke, Bonbons, eine Hand voll Feuerzeuge, Kleinkram. Die Frau dürfte die Waren unten in Puno auf dem Markt gekauft haben und bietet sie hier Vorbeifahrenden mit geringem Aufschlag an. Alter hat Zeit. Es wird schon ein Kunde kommen. Aber ich frage mich bei dem Anblick: Wer soll hier an der Steigung halten? Die einen sind froh, dass ihr Auto den Berg schafft, die anderen sehen im Vorblick die Stadt und wissen, dass sie dort »richtig« einkaufen können. Also, Mütterchen, was machst du hier auf so verlorenem Posten?

Obwohl ich Trinkwasser am Rad habe, kaufe ich ihr aus Mitleid eine Flasche Limonade ab. Sie sucht nach einem Öffner, als besäße sie wirklich einen. Schon gut! Eine vorspringende Steinkante tut es auch. Der Anblick dieser »Tienda« provoziert geradezu Fragen. »Señora«, spreche ich die Frau an, »davon kann man doch nicht leben!« Die Frau scheint sich die Antwort zu überlegen. Dann weicht sie aus: »Ich besitze zehn Schafe!« »Wenigstens etwas!«, denke ich, »Schafe kann man scheren, die Wolle verkaufen. Manche lassen sich melken, das reicht vielleicht für

Käse; und zur Not kann man sie schlachten!« Von den tiefer gelegenen Häusern kommt ein Junge den Hang heraufgekraxelt. Nur weil ich neugierig bin, was er möchte, lasse ich mir mit dem Leeren der Flasche Zeit. Erst fällt ein verdutzter Blick auf mich, dann wird die Bestellung hervorgekeucht: »Ca-ramelos!« Zwischen den Fingern dreht der Junge eine Münze, zehn Centavos. Bonbons für umgerechnet sechs Pfennig. Ich wünsche der alten Frau, dass es mit dem Geschäftemachen so weitergeht. Bis zum Abend mag sie so vielleicht auf einen Reinverdienst von ein paar Sol kommen. Genug für ein Essen. Doch fragen wir nicht nach dem Stundenlohn! Weiter heißt es bergan schieben. Es dauert, bis die Straße ihren Buckel macht. Aber kein Baum wächst in den Himmel, erst recht keine Steigung. Willig rollt das Rad auf Seeniveau zurück. Für mich gibt es zur Belohnung eine Streicheleinheit vom Fahrtwind.

Wasser und Brot! Die beiden Worte stehen eher für schmale Gefängniskost. Ich habe es nicht nötig, davon zu leben, trotzdem gehören sie in mein Gepäck. Das hat Gründe. Wasser ist ein Durstlöscher, der keinen neuen Durst erzeugt. Der »bunten« Getränkeindustrie mag eine solche Einstellung missfallen. Für Tourenradler ist Wasser zudem ein Mehrzweckmedium. Manchmal gilt es Staub oder Sand aus den Augen zu spülen, Löcher in Fahrradschläuchen findet man mit seiner Hilfe leichter, und je nach Region trifft man auch mal auf Menschen, die mit dem Daumen über geöffnetem Mund andeuten: »Brauche Wasser!« Ähnlich ist es mit Brot, mit trocken Brot. Schreibtischtäter können da kaum mitreden; aber wer den ganzen Tag an frischer Luft körperlich gefordert wurde, der weiß, wie simples Brot schmecken kann, und gleich Wasser lässt es sich auch für andere Zwecke verwenden. Mit Brot kann man lästige Hunde überlisten, hungrigen auf andere Art »das Maul stopfen«. Viel wichtiger noch: Man kann es in bettelnde Hände legen, große wie kleine – gerade hier in den Anden, wo »Pan« noch einen anderen Klang hat als bei uns. Das alles lässt sich frei von jedem Samaritertum sehen. Man braucht nur die Relation zu betrachten. Zweitausend Mark für ein Flugticket, umgerechnet acht Pfennig für ein verschenktes »Pan«. Deshalb habe ich also, wann immer möglich, »Wasser und Brot« dabei. Auch heute klemmt dieser Vielzweck-Reiseproviant unter dem Spanngurt. Man kann nie wissen.

Um zu der alten Nekropole zu gelangen, muss ich von der Hauptstraße abbiegen. Die Landschaft, die ich durchradle, könnte man in Öl gemalt »Pastorale« nennen! Szenen, wie bereits in Bolivien erlebt. Weites Grün, seine Ränder als Berghänge hoch gezogen. Darüber der Farbwechsel ins »Himmelblau«. In der Ebene überall Schafe, Lamas. Auf den Feldern wie immer bewegliche »bunte Wolle« – Quinoa und Kartoffeln werden geerntet. Ein Stück voraus, nur wenige Schritte neben der Straße, eine Hirtin. Ihre Herde ist aufgelöst in weiße, braune »Vliese«, wie zum Trocknen in der Sonne ausgelegt. Vielleicht werde ich sie nicht nur grüßen, sondern halten und mit »Qué buen dia!« ein Gespräch versuchen. Es käme auf die Reaktion an. Denn »ein schöner Tag« ist es wirklich.

Ich werde langsamer, grüße. Erstaunlich, die Indiofrau erwidert meinen Gruß nicht nur; während sie mit einer Hand die Wollspindel weiter tanzen lässt, hebt sie die andere. Die Bewegung ist fast ein Zuwinken. Ich ziehe die Bremsen an und halte. Eine Indigena, die so freundlich reagiert, das sollte man wirklich für ein Gespräch nutzen. Also dann: »Qué…!« Die Hirtin kommt ein paar Schritte näher, lächelt die Antwort. Unablässig tanzt die Spindel am Faden, den die Finger führen. Kurz blickt sie in das Gesicht des Fremden, noch immer lächelnd. Dann, als spräche sie zu der Wolle und nicht zu mir, kommt die Frage: »Kann ich ein Brot haben?« Ich bin baff. Sie hatte die Plastiktüte auf dem Gepäckträger »durchschaut«. Um ihr eines der kleinen Brote zu geben, muss ich ganz absteigen, aber schon die so direkt vorgebrachte Bitte ist zum Aus-dem-Sattel-Holen. Ich erhalte ein Lächeln als »Gracias!«, als ich es ihr reiche; schon ist das »Pan« in den Falten ihres Rockes verschwunden. Eine Überraschung, so sagt man, kommt selten allein. Ohne dass sie zu lächeln aufhört, sagt sie, halb zur Wolle, halb zu mir: »Kann ich noch ein Brot bekommen?« Da schaust! Diese Frau erobert sich durch ihr Lächeln das Leben. Wieder knote ich die Tüte auf. Aber warum soll eigentlich immer nur ich geben? Machen wir doch ein kleines Geschäft: zweites Brot gegen Foto; und so schlage ich es vor. Ihr »Ja! Ja!« fällt quasi in die Rockfalten, dorthin, wo jetzt auch das andere »Pan« verschwindet. Dann wiederholt sie ihre Zustimmung, mir direkt ins Gesicht lachend: »Ja! Ja!« Ich hole die Kamera hervor. Im Sucher habe ich ein Motiv, auf das so mancher Andenreisender vergeblich wartet: Sandalen aus Autoreifen, gelber Rock, weinroter Wollpullover, ein Indiogesicht wie für einen Ethnographen, darüber der viel zu kleine Melonenhut, der gar nicht anders kann, als die schwarze Haarfülle wieder freizugeben, dazu die tanzende Spindel, und alles eingerahmt vom blauen Himmel. Noch während ich mich bedanke, läuft die Hirtin plötzlich weg. Ich begreife nicht. In einiger Entfernung bleibt sie stehen, dreht sich nach mir um und winkt: »Kommen!« Dann eilt sie weiter. Noch zögere ich. Wieder hält sie an; ihr Winken wird zum Locken: »Folgen! Folgen!« Mit seltsam nach außen schwingenden Beinen läuft sie den Hügel hinauf. Es scheint, als solle für mich das Erlebnis weitergehen.

Ich schiebe das Rad querfeldein. Vor mir fliegen, jetzt schon ziemlich entfernt, Beine unter geblähter Wolle. Nun ist die Frau hinter dem Hügel verschwunden. Weil das Rad auf dem steinigen Untergrund bockt, lege ich es hin und gehe ohne weiter. Wer sollte es hier stehlen? Auf der Kuppe angekommen, erfasse ich mit einem Blick alles. Vor mir liegt ein kleines Kartoffelfeld. An seinem Rand sitzen ein Mann und eine Frau, wohl die Eltern der Hirtin. Gerade zaubert sie das Brot wieder aus ihren Rockfalten hervor und gibt es den beiden. Sie hatte also nicht für sich, sondern für ihre Eltern gebettelt. Ein Brot für die Mutter, ein Brot für den Vater. Noch einmal Winken in meine Richtung: »Kommen!« Ich atme tief durch und gehe weiter. Mal sehn, was dort vorn auf mich wartet.

Zaida und Estela hatten ihre Mutter über den Fremden, der Tiere zeichnen konnte, aufgeklärt. Ähnliches mag jetzt am Rande des Kartoffelfeldes geschehen. Als ich es erreiche, bedeutet mir eine Hand: »Platz nehmen!« Ich begreife, die Eltern sprechen kein Spanisch, wohl Quechua oder Aymará. Hier muss ich passen. Die Mutter lächelt übers runzlige Gesicht »Willkommen!«. Ich gehe in die Hocke, stelle mich mit einfachen Worten vor. Das ist fast schon Routine. Die Hirtin übersetzt. Noch ein Lächeln, ein zweites »Willkommen!«, jetzt vom Vater. Dann erfolgt die Geste der Gastfreundschaft: eine Hand voll Kartoffeln, warm aus dem Erdfeuer. Meine Hände werden zur »Schale«: »Gracias!« Der Vater beugt sich vor: »Señor …!« Die kleine Holzschüssel, die er mir reicht, enthält eine gelbgraue Soße. Als ich die Farbe sehe, fürchte ich um meinen Magen. Doch könnte er es mir übel nehmen, wenn ich ablehne. Wie soll ich da herauskommen, ohne diese Menschen zu verprellen? Ich versuche es mit Diplomatie. Bei uns gehört zu Kartoffeln »Salz«: »En nuestro pais se come …!« Wieder dolmetscht die Tochter. Schon greift die Mutter unter die Decke, auf der man sitzt. Sie zieht eine kleine blaue Plastiktüte hervor, hebt sie mir entgegen: »Kachi!« Ich verstehe: Salz! Behutsam teilt die Frau Tüte und Inhalt; dann reicht sie mir die eine Hälfte wie ein Geschenk. Salz für den Gast. Ich fühle mich in diesem Augenblick wirklich beschenkt. Warum läuft dort hinten auf dem Hügel keine Kamera? Der Gedanke kommt mir nur so. Ich werde das Erlebnis mit Worten festhalten müssen. Erstaunte Blicke treffen mich, als ich die Kartoffeln mit den Fingern schäle. Ich mache das wohl gar zu penibel. Indios leben eben »naturnaher«. Es bleibt nicht bei dieser Kostprobe; eine zweite »Schüssel« voll folgt. Als ich mich für die Gastfreundschaft bedanke und verabschieden möchte, erhalte ich eine dritte Hand voll: »Für die Reise!« Auf diese Art doppelt beschenkt, gehe ich zu meinem Rad zurück. Von dem Salz besitze ich noch heute. Geschenktes Salz bringt Glück, im Gegensatz zu dem, das man aus Unachtsamkeit verschüttet. Man sieht, ich bin abergläubisch wie ein Indio.

Man darf eben nicht im Touristenbus nach Sillustani fahren, sondern mit dem Rad, und muss auf dem Gepäckträger »Wasser und Brot« dabei haben!

Es sind die »Chullpas«, die hohen Grabtürme, die die Nekropole schon von weitem verraten. Das Volk der Colla hatte diese Begräbnisform gewählt: Tote in Türmen »gestapelt«. Die Steine für die Bauten brach man an der Kante des Plateaus. Später setzten die Inka diese Tradition fort. Zu den runden, bis zehn Meter hohen Grabtürmen kamen nun auch rechteckige. Die fugenlose Setzung der mächtigen Quader verrät die Kunst der Baumeister. Aus europäischer Sicht gab es damals ein Amerika, in dem »degenerierte Indianer mit Hunden, die nicht bellen konnten, ungenießbaren Kühen und impotenten Kamelen verkehrten«. Ja, man rückte die Indios sogar in größere Nähe zu den Affen als den Menschen. Dabei ist Sillustani nur *ein* Beispiel dafür, dass sich Europa, vorweg Spanien, bei den Nachkommen entschuldigen müsste. Wie konnten jene »Affenartigen«, die erst durch päpstlichen Erlass zu »richtigen Menschen« erklärt wurden, die Felsblöcke, ohne im Besitz von Eisenwerkzeug zu sein, dem Berg

»entnehmen«, sie so unglaublich maßgenau bearbeiten und den Winkel der Steine berechnen sowie ihre Rundung, um jene »kopfstehend-konischen« Türme zu errichten? Unser heutiges Staunen darüber ist kein Ersatz für die Schmach, die man ihnen antat.

Ich sitze auf einem der halb fertig liegen gebliebenen Quader und führe Tagebuch. Es gilt, die Eindrücke dieses Ausflugs einzutragen, vor allen Dingen das Erlebnis mit der Hirtin und ihren Eltern. Auf der Rückfahrt nach Puno bewundere ich noch einmal das »Gemälde« Pastorale, jetzt im milden Licht der späten Nachmittagssonne. Mein eigener Schatten überholt mich. Wie hatte ich doch zu der Hirtin gesagt? »Was für ein schöner Tag!« Auf der Abfahrt über der Stadt wartet nun kein Verkaufsstand mehr. Die alte Indio hatte die Plastikplane mit nach Hause genommen. Zurückgeblieben war ein richtiger Pferch. Jetzt könnte sie für die Nacht ihre Schafe hineintreiben.

Die »Isla del Sol« und »Isla de la Luna« waren nur zwei von vielen Möglichkeiten, den Titicacasee jenseits seiner Ufer kennen zu lernen. Mich zieht es wieder hinaus aufs Wasser, um Erlebnisse zu suchen. Mein etwas vermessener Wunsch lautet diesmal: der Besuch einer Insel, auf der noch kein Tourist war. Vielleicht gibt es diesen »weißen Fleck« auf der Landkarte Perus. Und schon bei meinem ersten Versuch bin ich »fast« erfolgreich.

Frühmorgens finde ich mich an der Hafenmole ein, von welcher die Boote zu den Inseln ablegen. Sofort werde ich bestürmt: »Uros? Taquile? Amanti?« Dann wieder: »Uros? Uros?« Als ich ablehne, erlischt sofort das Interesse an dem Fremden, der sich nicht ködern lässt. Die Insel »Taquile« ja, aber nicht heute. Erst einmal suche ich »Neuland«.

Dass hier das Angebot »Uros« so häufig ertönt, hat seine Gründe. Die Touristen möchten die »schwimmenden Inseln« sehen. Reiseführer und Agenturen erzählen viel darüber. Die »Uros«, ein Stamm, der sich den Inka erfolgreich widersetzen konnte, weil er den See zum Verbündeten hatte, sind längst ausgestorben. Sie lebten auf Inseln aus jenem Totora-Schilf, das noch heute viele Quadratkilometer der Flachwasserzone bedeckt. Leicht wie Balsa, trägt es Mensch und Habe. Nachfahren der Uros hatten diese Lebensweise übernommen. Ihre Schilfinseln wurden als Attraktion entdeckt, Touristen brachten »Einnahmen«, bis Hochwasser und Sturmsee zu solchen Schäden führten, dass viele Bewohner nun doch lieber festen Boden unter den Füßen bevorzugten. Sie siedelten an Land.

Für eher touristische Zwecke wurden nun neue Inseln gebaut, denn auf die schöne Einnahmequelle wollte man nicht verzichten. Ist auf den neuen Inseln heute ein Boot mit »Turistas« in Sicht, werden die Waren (die vielfach vom Land stammen) ausgelegt. Die Indiofrauen nehmen ihre Position ein: Verkauf in »Reih und Glied«. Die Ankommenden sehen, wie die »Uros« kochen (in dem gezeigten Tonherd hat nie ein Feuer gebrannt!), von welchem Geschirr sie essen (grün glasiert, Dekor »Fisch«). Kinder bieten geschäftstüchtig Postkarten an (Motiv: »Islas de los Uros«). Ja, ein Leser der Frankfurter Allgemeinen berichtete, dass die Kleinen inzwischen zur Begrüßung der Touristen (je nach Physiognomie) japanische oder deutsche Liedchen singen – darunter »Alle meine Entchen«. Genau das suchte ich nicht!

Im Hafen ist stets Betrieb. Boote landen an, legen ab. Menschen kommen und gehen. Ich peile eine Gruppe näher an, von der ich den Eindruck habe, dass sie sich hier auskennt. Denn nur Fragen brächte mich weiter. Kopfschütteln, Schulterzucken, als ich nach einer »Insel ohne Touristen« frage. Der x-te Versuch ist wieder erfolglos. Ein Mann, der etwas abseits steht, hat mitgehört. Er tritt hinzu und erkundigt sich: »Was sucht der Señor?« Ich wiederhole meinen Wunsch. Seine Antwort ist die erste heiße Spur: »Sprechen Sie mit ›Santiago‹!« Doch wer ist dieser »Santiago«, wo finde ich ihn? Puno hat mehr als einhunderttausend Einwohner. Ein zweiter Tipp von dem Mann: »Fragen Sie hier im Hafen; er ist oft hier!« Die erhaltene Information ist schon die halbe Reise. Aber da ich auch mit dem Namen »Santiago« weiter erfolglos bleibe, nehme ich mir vor, die Suche morgen fortzusetzen.

Für heute heißt es Warteschleifen in der Stadt drehen. Es ist Markt – wie jeden Tag. Indiomärkte sind bunt und quirlig. Die Stände werden momentan noch bestückt. Seifenstapel wachsen in die Höhe, Fruchtpyramiden, Schuhtürme. Altes Werkzeug wird ausgelegt, oft bereits schrottreif, Leinentücher von großen Weidenkörben weggezogen. Frischer Brotduft verbreitet sich. Als eine Indiofrau an kleinen, braunen Päckchen riecht, die sie zu Kreisen ordnet, frage ich: »Señora, was ist da drin?« Die Antwort habe ich mir gut gemerkt: »Sonntagskaffee!« Also Kaffee in Streichholzschachtelgröße verpackt, für Menschen, die sich so etwas nur sonntags leisten können! Inzwischen haben auch die Friseure geöffnet. Für ihre »Zeltsalons« nutzen sie eine alte Mauer als Rückwand. An dieser hängen – als Handzeichnung – die »Modellfrisuren«! Haarschneiden in acht Varianten. Eine junge Stimme spricht mich »von unten« an: »Señor! Wiegen? Zehn Centavos!« Nicht das Angebot zur Gewichtskontrolle auf der alten Badezimmerwaage interessiert mich, sondern das Kind, das es mir macht: »Wie heißt du? Wie alt bist du?« »Diego! Acht!«, kommt die Antwort. »Und warum bist du nicht in der Schule?« Der Junge lässt die drei Münzen, die er schon eingenommen hat, in der »Kasse« kreisen. Dann stülpt er sie aus dem Karton in die Hand und spielt »Zählen«. Das mit der Schule hatte er gewollt überhört. Auf Plakaten am Straßenrand ist zu lesen, dass der Schulbesuch in Peru frei ist. Ebenso stimmt es aber auch, dass viele Eltern nicht einmal das Geld für Hefte haben. Also schickt man die Kinder lieber »arbeiten«. Überall im Land gibt es »Diegos«.

Es wird so eng in den Marktstraßen, dass man Platzangst bekommen kann. Vor der Kathedrale ist um diese Zeit mehr Luft zum Atmen. Doch ohne Angebote geht es auch hier nicht. »Nein, ich brauche keine Papiertaschentücher! Danke! Auch keine Zuckerwatte, nein danke! Für was Rasierklingen, Señor? Sehen Sie nicht, dass ich einen Bart trage?« Aber heute scheint *ein* Thema alles andere auszustechen: die Nachrichten von der Wahl. Der Betrug muss von der regierungstreuen Presse dem Volk noch »verkauft« werden. Wieder kommt ein Angebot. Dieser Kleine wird klebrig. Er möchte partout meine Schuhe putzen. Als ich ablehne, bückt er sich, macht die »Fingerprobe«: »Schmutzig, Señor!« »Fidel«, verrät er mir seinen Namen. Als alle Überredungskünste nichts bringen, kommt eine andere Masche: Man habe ihm die Schuhcreme gestohlen; er bräuchte Geld für neue. Wie zum Beweis öffnet er den Deckel seines Sitzhockers: »Leer, Señor! Sehen Sie, leer!« »Und womit putzt du die Schuhe?«, will ich von ihm wissen. Er betrachtet sich seine geschwärzten Hände. Da klebt sie, die »geklaute« Creme. So von mir erwischt, will er sich wohl an mir rächen. Laut, dass alle Umstehenden es hören, sagt er: »Señor! Sie sind ein sehr schlechter Mensch!« Blicke treffen mich. Peinlich, verdammt peinlich, dieses »Hombre muy mal«. Noch dazu aus dem Mund eines Kindes.

Genug Stadt. Ich werde ins Hotel zurückgehen und mein Fahrrad holen. Mobil, wie ich damit bin, könnte ich rund um Puno noch etwas auf Erlebnissuche gehen. Als ich die »Banco del Trabajo« passiere, fällt mein Blick auf eine Art Blumenbeet. Es war wohl nie fertig geworden. Man hatte es an den Stufen zum Eingang aus Beton gegossen, dann halb mit Erde gefüllt, aber nie bepflanzt. Das Beet hat die Größe eines Menschen. Das war es wohl, was dem Mann so zugesagt hatte, der jetzt darin schläft.

Wie in einem offenen Sarg liegt er da; es fehlt nur noch der Deckel. »So früh und schon so müde, armer Indio?« Oder sollte man »lebensmüde« sagen? Vor der Tür der Bank patrouilliert Polizei. In ihren blank gewienerten Schuhen spiegelt sich die Sonne. Gegen die Bügelfalte der Hose sollte kein Hund laufen; er könnte sich den Kopf spalten, ab dem Gürtel »glänzt« es metallen, in der Haltung kommt das Wissen zum Ausdruck, welche Macht eine Uniform verleiht. Nur das ist es, was mich stört. Wirklich nur das.

Das sind eben die Vorteile eines Fahrrades. Schon bin ich bei den letzten Häusern. Ich hatte eine beliebige Straße gewählt, aber, wie ich nun sehe, die »verkehrte«. Blaue Kübelwagen! Uniformen springen ab! Kompaniemäßiges Antreten. Irgendein höherer Rang hält eine kurze Ansprache. Dann halbe Drehung – Laufschritt. Weitere Fahrzeuge kommen; die Szene wiederholt sich. Nicht nur ich, auch andere bleiben stehen und schauen. Ein Mann deutet auf den Berghang weiter rechts und erklärt allen: »Campesinos! Sie demonstrieren für mehr Land!« Jetzt sehe ich die bunte Zeltstadt. Die Kleinbauern haben den Berg besetzt. Gleich wird ihnen der Staat »die Antwort« auf ihr Verlangen geben. Im Schutz einer Hausecke schieße ich ein Foto und verdrücke mich. Solche »Beweise« können mehr als den Film kosten. Unter einem Fujimori wird Wahrheit schnell zu Verrat.

Mir ist nicht nach noch mehr Uniformen, so mache ich kehrt und fahre hinunter zum Wasser. Der Weg dorthin ist schwierig. Erst schiebe ich entlang der Bahntrasse, dann bleibe ich fast in einer sumpfigen Wiese stecken. Schließlich stehe ich doch vor dem, was mich schon aus der Distanz angezogen hatte: einem alten Schiff. Offenbar handelt es sich um das Gelände einer aufgegebenen Werft. Viel herumliegender Rost belegt, dass hier schon lange nicht mehr gearbeitet wird. So staune ich nicht schlecht, als sich zwischen dem Schrott doch etwas bewegt. Auch das noch! Eine Uniform! Der Mann trägt Khaki, also ist er wenigstens kein Polizist. In meiner Erklärungsnot, was ich hier suche, zeige ich auf das Schiff: »Señor, ich wollte ein Foto davon machen!« Die Antwort kommt wie aus dem Mund eines Museumsführers: »Das ist die *Goya*! Sie ist über vierzig Jahre alt. Früher transportierte sie Fracht und Passagiere – nach Bolivien. Ich bewache das hier!« Seine weite Handbewegung zieht einen Kreis um all die Eisentrümmer im Gras und schließt die *Goya* mit ein. Ich muss lächeln. Irgendwie erinnert mich der Posten an den Soldaten am russischen Zarenhof, der auf Befehl Katharinas der Großen ein Schneeglöckchen bewachen musste, das die Kaiserin im Rasen entdeckt hatte. Längst, so ist überliefert, gab es kein Schneeglöckchen, keine Zarin mehr, aber niemand hob den Befehl auf. So blieb es bei der »Bewachung«. Täglich stand auf dem Rasen ein Soldat. Am liebsten möchte ich den Mann vor mir fragen: »Und wer hat Ihnen befohlen, dass Sie diesen Schrott hier und die alte *Goya* bewachen?«

Den Rest des Tages spiele ich auf »Normal«. Fußgängerzone Puno. Touristenmeile. Animation mit Speisekarten. Das Türöffnen gehört zum Service. Ich komme mir wie armamputiert vor. »Wie wäre es mit Forelle, frisch aus dem See, und einem Gläschen Wein? Du hast es dir doch ehrlich verdient!« Das Selbstgespräch wird zur Bestellung. Der Ober dienert beflissen – nicht vor mir, sondern vor dem Geld, das er in meiner Tasche wähnt. Ich gehe in solche Restaurants nicht, um zu »dinieren«. Für mich ist das »Erlebnis-Programm«. Man sieht, man hört, man registriert. Man lächelt über eine Art zu reisen, in einem Land, dem die meisten, die hier an den Tischen sitzen, nie richtig nahe kommen werden. Die Forelle, das zeigt ein späterer Vergleich in dem Pueblo »Santa Lucia«, ist dreifach überteuert. Der Wein, aus dem Nachbarland Chile, wurde wohl andersherum um die Erde geflogen, entsprechend ist der Preis. Aber über all das ärgere ich mich nicht, nehme es nur zur Kenntnis. Das eigentliche Problem ist: Draußen, im Betonblumenbeet vor der »Bank für Arbeit«, liegt ein Indio, der keine hat, auf dem Berghang südlich der Stadt rückt der Staat gegen Campesinos vor, die Hirtin, die mich um Brot für ihre Eltern anbettelte, trug Sandalen aus alten Autoreifen, der achtjährige Diego beginnt ein Arbeitsleben als Wieger ... Es wunderte mich nicht, kaute ich auf der Forelle wie auf einem Stück zähem Fleisch. Für den, der Augen im Kopf hat, ist es so eine Sache mit dem »Dinieren«.

Am nächsten Morgen nehme ich wieder den langen Weg hinunter zum Hafen. Es gilt, »Santiago« ausfindig zu machen. Die Männer, mit denen ich gestern sprach, erkennen mich sofort wieder. Dann geht alles sehr schnell. Man führt einen jungen Burschen zu mir: »Señor! Das ist Santiago!« Offensichtlich hatte man ihm bereits von mir und meinem Wunsch erzählt. Ein Handschlag, wir nennen unsere Vornamen und bleiben beim »Du«. Santiago möchte von mir wissen, weshalb ich eine andere als die bekannten Inseln besuchen möchte. Die Antwort fällt mir leicht: »Ich will nicht sehen, was man den Touristen vorführt, sondern die Wirklichkeit!« Er fragt zurück: »Kennst du Armut?« Ich hätte viele Beispiele parat; stattdessen ziehe ich das Tagebuch mit den Aufzeichnungen aus Bolivien hervor und lasse ihn die Eintragungen der Campesinos lesen (da meine Tagebücher für mich sehr wertvoll sind, trage ich sie stets am Körper). An seinem Gesicht sieht man: Die Worte wirken auf ihn. Stumm reicht er mir das Büchlein zurück. Eine Minute nachdenkliches Schweigen; dann macht er sein Angebot: »Ich werde dich nach ›Capi Cruz‹ bringen. Du solltest Lebensmittel mitnehmen. Die Menschen dort brauchen Brot und Obst. Ich werde dir auch die Touristeninseln zeigen, damit du den Unterschied siehst!« Wir handeln den Preis für die lange Bootsfahrt aus (jenes Capi Cruz soll weit draußen im See liegen), und während Santiago Treibstoff für das Boot besorgt, kaufe ich nach seinen Empfehlungen: Äpfel, Orangen, Brot … Später sollte ich mir Vorwürfe machen, dass ich so »geizig« war. Zwar bekommt man für umgerechnet fünf Mark mehrere Tüten voll Ware, doch was ist dieser Betrag schon für ein »Wohlstandskind«! Santiago macht das Boot startklar, stakt es zum Einsteigen in Position. Ein Stück »Terra incognita« wartet auf mich.

Die grüne Algenflut vor Puno ist die »Antwort« des Sees auf das, was ihm die Stadt an Abfällen und Abwässern zumutet. Den Inka war der See heilig. Die Gegenwart ist diesbezüglich vergesslich. Halb links, auf einer felsigen Landzunge, protzt die weiße Fassade eines Hotels. Santiago kommentiert es ohne hinzuschauen: »Für reiche Touristen!« Kleine Boote wechseln vor uns vom Festland hinüber zu einer lang gestreckten, flachen Insel. Ich brauche keine Fragen zu stellen, Santiago ahnt meine Neugierde. »Quinoa- und Kartoffelfelder. Die Leute fahren zur Ernte. Auch Kühe bringen sie mit den Booten. Die Insel ist fruchtbar!« Er klärt mich auf wie ein guter Reiseleiter. Als wir schwimmende Nester von Wasservögeln passieren, drosselt er den Motor: »Möchtest du fotografieren?« »Kompliment, Santiago, wieder Gedanken erraten!«

Die Abflussrohre Punos liegen nun schon weit zurück. Das Wasser wird klarer. Jetzt gilt es, den Netzen der Fischer auszuweichen. Mit kleinen Stöcken und Flaschen ist ihre Position markiert. Santiago steuert eines der Fischerboote an. Was er mit der Familie auf dem Boot spricht, verstehe ich nicht. Später erklärt er mir: »Das war Aymará!« Ich erfahre von ihm, dass diese Familie während der Zeit des Fanges auf dem Boot lebt. Mit »Kind und Kegel« auf einer solchen Nussschale! Schlafen, Kochen –

zwischen all dem Fanggerät. Da ist Genügsamkeit gefragt. Als ich Santiago auf die Schilfboote anspreche, die man in Büchern und auf Postkarten abgebildet sieht, schüttelt er den Kopf: »Vorbei! Für Touristen!« Tatsächlich begegnet uns während der langen Fahrt nur ein einziges »echtes« Balsa. Die Zeit, wo man auf dem Titicacasee ein »Nansan«, ein »Jiskas« oder »Chatchas«[4] sehen konnte, ist vorbei. Holz und Polyester haben Schilf als Baumaterial für Boote verdrängt. Santiago zeigt voraus: »Las Islas de los Uros!« Dort schwimmen sie also, die mit Pflöcken im Seegrund verankerten »Vorführinseln«. Wir legen bei einer von ihnen an. Sofort eilen Kinder herbei, allen voran ein kleines Mädchen mit einem Stapel Postkarten in den Händen. Mein Begleiter sagt etwas zu ihnen, und sie bleiben wie angewurzelt stehen. Ich kann mir seine Worte denken: »Lasst den Señor in Ruhe!« Die Insel mag eine Kantenlänge von fünfzig Metern haben. Sie ist ein wahres »Ausstellungsstück«, Sauberkeit bis zum letzten Schilfhalm. Nicht einmal Rauchspuren vom Kochen sind an den Hütten zu sehen. Über zwei Dächern blinken Sonnenkollektoren. Modern geworden sind sie, die »Uros«. »Schau dir alles an; wir haben Zeit!«, meint Santiago und beginnt, sich mit den Frauen zu unterhalten. Diese sitzen in Gruppen vor den Hütten und plaudern. Ein Dutzend Verkaufsstellen ist eingerichtet; die Waren sind noch mit Tüchern abgedeckt. Als in der Ferne ein großes, weißes Boot auftaucht, wird es auf der Insel lebendig. Die ersten Touristen aus Puno! Die Frauen verteilen sich, nehmen hinter den Waren Platz, ziehen die Tücher weg. Lautes Reden, Lachen. Gleich wird der Sol rollen. Santiago hat sich wieder zu mir gesellt. Von einer rückwärtigen Position beobachten wir beide, was nun geschieht.

Einige der Touristen können es nicht erwarten, bis das Boot richtig angelegt hat. Sie springen ab. Erst fotografieren? Oder gleich das Warenangebot? Die Kinder, die ihnen etwas verkaufen möchten, kommen mit ihren kleinen Schritten gar nicht mit, so schnell strömt die Schar auf die Insel. Santiago steht stumm neben mir. Wir lesen gegenseitig unsere Gedanken. Ich schieße ein Foto von dem Geschehen. Es wird den Titel bekommen: »Ausschwärmen«. Inzwischen haben zwei Indios Balsas herangestakt. Noch ein Foto: »Entern«? Ich verzichte darauf. Schon sind alle Plätze vergeben. Ich habe nichts gegen das Erlebnis einer Fahrt im Schilfboot auf dem Titicacasee. Aber warum diese Hektik? Warum so laut? Warum kein »Gracias!« für den Indio, der behilflich ist?

Kaum eine Viertelstunde dauert es; dann kehrt wieder Ruhe ein. Das Boot hat abgelegt; bald wird das nächste kommen. Die Frauen wissen es; denn sie decken die Waren erst gar nicht wieder zu. Sie zählen Geld, plaudern, warten. Nun vermittelt mir Santiago ein Foto. Er spricht mit einer alten Indiofrau, die abseits sitzt. Sie wird mir, so sagt er, demonstrieren, wie man früher Quinoa mahlte: Man legt eine Hand voll Körner auf einen großen, hohlwangigen Stein. Der Mahlstein selbst hat die Form einer Mondsichel. Man wiegt den Stein hin und her, und nur wenige Minuten dauert es, und gelbes Korn wird zu weißem Mehl. »Danke, Señora!« Auch wenn die Frauen alle miteinander reden, so weiß ich doch, dass man mich beobachtet. Dieser Fremde mit Bart und Schlapphut ist ein seltsamer Besucher; und Santiago wird ihnen erzählt haben, dass er auf dem Weg nach Capi Cruz ist. Plötzlich ergibt sich ein Blickkontakt. Hatte ich richtig gesehen? Die Frau »lockt« mich mit dem Zeigefinger. Irgendwie tut sie es verschämt, denn sie drückt ihre Hand dabei an die Brust. Natürlich, eine Indiofrau kann doch einen »Extranjero«[5] nicht so einfach zu sich rufen; was sagten da die anderen! Ich gehe zu ihr hinüber, und um nicht »von oben herab« mit ihr zu sprechen, gehe ich in die Hocke. »Was ist, Señora?« Neben der Frau sitzt ein kleiner Junge. Sie hat einen Arm um ihn gelegt. »Das ist Fernando«, stellt sie mir ihren Sohn vor, »ich habe kein Bild von ihm. Bitte machen Sie ein Foto und schicken Sie es mir!« Ja, man kann mich noch verblüffen; und verblüfft bin ich in diesem Augenblick. Eine solche Bitte aus dem Mund einer Indigena? Man könnte stolz darauf sein. Im Sucher erscheint das Motiv »Mutter und Kind«. Nun Tagebuch und Schreiber hervorgeholt. Das Eintragen überlasse ich der Frau. »Dokumente« sollten authentisch sein; und so habe ich es »schwarz auf weiß«:

»Isla los Uros Tupiré
Cristina Elde Suaña Coila
y su hijo Fernando«

Schicken könnte ich das Foto an die »›Misión de la Titicaca‹, Cassila 312, Puno.«

Man kann die »Schwimmenden Inseln« auch anders erleben, als Reiseführer es vorgeben. Man muss nur ein paar Schritte zur Seite treten, um den Pfad der Masse zu verlassen.

Wir steuern wieder hinaus aufs offene Meer. Es ist jetzt so klar, dass man den Grund sehen kann. Santiago zieht mit den Fingern einer Hand »Furchen« im Wasser: »Wie Kristall!« Beim Verlassen von Puno hatte er auf die »grüne Brühe« gedeutet und die Nase gerümpft: »Pollution!« Der Titicacasee *mit* und *ohne* Menschen. Ein Colectivo begegnet uns. Randvoll mit Ballen- und bunter Menschenfracht, liegt es so tief im Wasser, dass die Bugwelle eines anderen Bootes es in Schwierigkeiten bringen könnte. Santiago weicht ihm deshalb aus. Als es passiert, meint er: »Von der Insel Amanti!« Er kennt den See. Überhaupt ist der junge Bursche ein »Volltreffer«. Neben Spanisch spricht er die beiden Indiosprachen Aymará und Quechua. Gleich sollte ich ihn wieder als Dolmetscher benötigen. Voraus wächst ein grüner

Streifen langsam zur »Wand« empor: Totoraschilf, die Insel Capi Cruz. Dachfirste von Hütten werden sichtbar, gelbes Schilf über grünem. Rauch verweht. Santiago drosselt die Geschwindigkeit, schwenkt den Motor hoch. Das Wasser ist so flach, dass wir mit der Schraube den Grund aufwirbeln würden. Die mitgeführte Stange kommt zum Einsatz, und Santiago stakt. Das Totora wird bis zu drei Meter hoch; kein Urwald könnte dichter sein. Santiago war selbst längere Zeit nicht hier draußen und findet keinen Durchschlupf. Jede Bucht ist eine »grüne Sackgasse«. Wir müssen wieder auf Distanz gehen. Mein »Bootsführer« stellt sich auf die Verkleidung des Buges, formt die Hände zum Sprachrohr und ruft etwas in Richtung des aus dem Schilf aufsteigenden Rauches. Man muss ihn gehört haben; denn über dem Grün wird ein Kopf sichtbar. Später sehe ich, ein Pfahl mit ein paar Leitersprossen dient auf der Insel als Ausguck. Santiago verständigt sich mit Hilfe seines »Sprachrohrs«. Von der anderen Seite wird zurückgewunken: »Verstanden!« Als ich von ihm erfahre, was er gerufen hat, komme ich mir vor wie auf einer Entdeckungsreise: »Schickt ein Boot! Ein Fremder bringt euch Brot und Früchte!« Das Warten dauert. Dann zeigt sich Bewegung im Schilf. Ein kleines Boot wird sichtbar, von einem Kind mit einer Stange vorwärtsgestoßen. Als es uns sieht, vergisst es seinen Auftrag und verharrt. Es mag der Schreck über den Fremden mit Bart sein. Santiago stakt unser Boot näher heran und wirft ihm aus dem gekauften Vorrat eine Orange zu. Das »Geschenk« zeigt Wirkung. Das Kind wendet und deutet uns an: »Folgen!«

Wir winkeln um »grüne Kanten« wie um Häuserecken. Wer sich hier nicht auskennt, kann sich in dem Schilflabyrinth verirren. Plötzlich freie Sicht: der »Hafen« von Capi Cruz! Nun heißt es umsteigen in den kleinen Kahn des Kindes. Er wird für uns zum »Sprungbrett«; denn was ich als »Hafen« bezeichnete, ist nicht einmal ein Anleger. Verrottete Balsas dienen als Laufsteg.

Ein irrationaler Anblick: Säulenkakteen über einem Meer aus Salz.
In den Hochanden Boliviens zeigen erst die Sechstausender weiße Flanken.

Weithin sichtbar überragt der Illimani den Altiplano.

Linke Seite: Die Quinoa hat einen 5000-jährigen Stammbaum. Den Inka war sie heilig, heute ist sie das »Brot der Armen«.

Die Erbauer der Kultstätte von Tihuanaku wussten um optische Effekte.

Heimkehr vom Fang.

Rechte Seite: Sie bettelte um Brot für ihre Eltern und beschenkte mich mit einem schönen Erlebnis.

Die »schwimmenden Inseln« sind das bevorzugte touristische Ziel im Titicacasee.

Ein Balsa zu staken, dazu gehört frühe Balance-Übung.

Geschafft! Ein Lastenträger hat nach über fünfhundert Stufen den Dorfeingang erreicht.

Bei einer solchen Begegnung in der Wüste möchte man fragen: »Wohin mit so kleinen Trippelschritten?«

Die Oase Huaca Chica war einst ein heiliger Ort.

Tausende Felsterrassen machten den Colca-Canyon schon zur Zeit der Inka zu einer Kornkammer des großen Reiches.

Bettelnde Hände gehören zum Straßenbild Limas.

Gegen das Absinken muss man anrennen, was mit vollen Plastiktüten und schwerer Kameratasche ein nass-glitschiger Akt ist. Das Wasser ist brakig. Seinen Geruch deute ich richtig: Kloake. Santiago hatte mich vorbereitet. Wir teilten die Lebensmittel in den Tüten gleichmäßig auf. Drei Familien werden wir besuchen. Jede von ihnen sollte etwas bekommen.

Meine ersten Schritte auf Capi Cruz. Was ich sehe, lässt mich tief durchatmen und schweigen. Nur der Begriff »Schock« ist hier das richtige Wort. Warum hatte mich Santiago nicht mehr aufgeklärt? Er sprach lediglich von »Armut«. Ich hatte mir etwas Ähnliches vorgestellt, was ich in den Anden bereits kennen gelernt hatte. Stattdessen stehe ich hier vor Hütten aus Schilf und Plastikfetzen. Was an Gebrauchsgütern herumliegt, könnte als »Müll« missdeutet werden. Überall wimmelt es von Leben und Kindern. Da mein Begleiter die Leute über mich aufklärt, hält sich ihr Schreck in Grenzen. Die mitgebrachten, vollen Tüten versprechen eine Überraschung. Erste freundliche Gesten, ein Lächeln: »Willkommen!« Ich muss noch meine Starre überwinden. Wie soll ich mich hier richtig verhalten? Nur keine »Care-Pakete« verteilen, nur nicht den »reichen Onkel aus Amerika« spielen!

Santiago deutet mir an, wem ich die Lebensmittel übergeben soll. Ich gehe vor der Mutter auf die Knie: »Bitte, Señora, für die Kinder!« Schauen, Schweigen. Das Obst wandert von Hand zu Hand, verschwindet dann wieder in der Plastiktüte. Die Frau hebt ein »Pan«, zeigt es den anderen. Für Santiago gibt es nichts zu übersetzen. Ich »sehe« die Worte. Ich »fühle« sie. Am besten wegsehen: So eine Szene geht unter die Haut.

Der Abstand zu den Nachbarfamilien mag kaum zwanzig Meter betragen. Jede Familie wohnt in einer kleinen Schilfnische. Capi Cruz wächst gleich einer Koralleninsel langsam aus dem See empor – auf einer Unterlage aus verrottetem Totora. Wo das

Verborgen in einem Labyrinth aus Schilf – die Hütten der Indios von Capi Cruz.

Schilf bereits zu »Torf« geworden ist, versuchen es die Menschen mit dem Anbau von Kartoffeln. Nun stehen wir vor einem solchen »Feld«. Seine Größe: fünfzig Zentimeter breit, keine zwei Meter lang. Santiagos Handbewegungen lassen erraten, was er zu einer der Frauen sagt: »Zeig dem Fremden deine ›Papas‹!« Sie beginnt mit den Händen zu graben, fördert eine Frucht zu Tage und hält sie mir entgegen. Die Kartoffel hat die Größe einer Murmel. »Woher auch«, denke ich bei dem Anblick, »soll hier im ›Torf‹ und bei dieser Bodennässe die Kraft zum Wachsen kommen?« Schon hat die Frau die Frucht wieder »beerdigt«. Ich gehe weiter zu einem ausgebreiteten Tuch. Fische sind darauf zum Trocknen ausgelegt. Kein einziger ist auch nur fingerspannenlang. Sie wirken wie die Flossen von »richtigen« Fischen. Wie lebt man von daumennagelgroßen Kartoffeln und »Gräten mit wenig Fleisch«? Santiago sieht mein Gesicht; er ergänzt meine Gedanken: »Und Schilf, manchmal Algen!«

Zum Nachfragen komme ich gar nicht. Schon verhandelt er mit einer anderen Indiofrau. Er winkt mich heran: »Sie wird dir zeigen, wie man es macht!« Die Frau braucht nur hinter sich zu greifen, um einen Schilfhalm aus dem Grund zu drehen. Sie bricht die knollige Wurzel ab, demonstriert »essen«. Santiago ergänzt: »Man muss es zuvor kochen!« Dann führt sie den Schilfhalm zum Mund und beißt hinein. Langsam isst sie sich den blassen Stängel entlang, bis der grüne Teil kommt. Zum Schluss drückt sie sich eines der langen, schmalen Blätter an die Stirn. Was soll das bedeuten? Santiago ist leider schon weiter gegangen. Ich muss mich in den Arm kneifen. Ist das alles Wirklichkeit, was ich hier sehe? Ist das Peru, das Land, von dem zahllose Bildbände in bunten Farben schwelgen?

Mein Führer hat schon die nächste Überraschung organisiert. Ein »Kirchgang« wartet auf mich. Neben mir stehen drei Generationen: Mutter, Tochter, Enkel. Dann stehen wir vor ihr, vor der »Iglesia de la Capi Cruz«. Die Kirche ist kleiner als bei uns zu Hause ein Kinderzimmer. Immerhin, jemand hatte ein Wellblechdach gespendet. Alles andere, selbst die »vorgestellte« Tür, ist aus Schilf. Innen ein kleiner Tisch mit einer Heiligenfigur, eine Trommel, ein paar Papierschlangen als Dekoration. Wie mögen hier die Gebete der Menschen lauten – nach dem, was ich gesehen habe? »Lass es ein gesundes Kind werden, Señor[6]! Gib uns Fisch, Señor! Erbarme Dich unser, Señor…« Der Wind wird ihnen im Schilf antworten. Wunder gibt es nur dort, wo manche den Himmel vermuten, nicht aber auf Erden, nicht auf Capi Cruz! Im Schilf geboren werden, im Schilf leben, im Schilf sterben. Der Zyklus der Armut. Santiago nennt mir später den Namen der Kirche. Es ist *Sankt Martin*. Schon den nächsten Sturm überlebt sie vielleicht nicht.

Über Schilf, durch Schilf geht es weiter. Ich blicke in einen verbeulten Kochtopf. Santiagos Kommentar lautet: »Steinschleudersuppe!« Was immer er damit meint, in dem Topf kochen Kartoffelschalen, wirklich nur die Schalen. Als Brennmaterial dient Totora. Damit die Insel nicht Feuer fängt, sind Steine untergelegt. Sollte das Schilf doch zu brennen anfangen: an Löschwasser mangelt es nicht.

Wir sind bei der dritten Familie angekommen. Die erste erlebte Szene wiederholt sich. Freude und Dankbarkeit werden durch Blicke ausgedrückt. Ich versuche die Kinder zu zählen, verliere aber den Überblick. Als Santiago mir sagt, dass der große Junge etwas Spanisch spricht, frage ich diesen, ob er auch schreiben kann. Er nickt. Nun bitte ich ihn, mir alle Namen der Familie aufzuschreiben. Wieder einmal wird mein Tagebuch zum Dokument. Und so liest sich ein »Familienleben« auf der Insel Capi Cruz:

»José Mamani Quispe
Carmela Pacompia Jallahui
sus hijos
Ruben Mamani Pacompia
Elsa Vilca Vilca
Yakelin Mamani Vilca 2
Cesar Mamani Pacompia
Irma Coila Lujano
Dora Mamani Pacompia
Alan Mamani Pacompia 14
Abraham Mamani Pacompia 8
Yonatan Mamani Pacompia 5
Osnisa Mamani
Oshin Mamani Pacompia«

Ich brauche die Namensliste gar nicht durchzuzählen. Ein Blick genügt, es sind mindestens zehn Kinder. Wegen der Zahlen, die der Junge hinter einige der Namen geschrieben hatte, bin ich unsicher. Ist es vielleicht das Alter? Auf meine Nachfrage nickt der Junge und zeigt auf sich. »Ich bin Alan, vierzehn!« »Und die anderen?«, hake ich nach. »Weiß ich nicht.« Alan kennt nicht einmal das Alter aller seiner Geschwister. Als er schrieb, war mir etwas aufgefallen. Bevor der Junge den letzten Namen notierte, unterhielt er sich mit seiner Mutter. Irgendwie hatte ich den Eindruck, als folge er letztlich ihrer Aufforderung. Santiago, der mitgehört und natürlich alles verstanden hatte, klärt mich nun auf: »Das Mädchen ›Oshin‹ haben die Leute vor ein paar Tagen im Schilf gefunden. Es wurde von seinen Eltern ausgesetzt!« Jetzt schäme ich mich noch mehr, dass ich fast mit leeren Händen gekommen bin. Aber ich konnte doch nicht ahnen, dass mich im Rücken der Touristen-Inseln eine solch harte Wirklichkeit erwartete! Armut in ihrer ganzen Bandbreite, so drückend, dass sie bereits grausam ist. Ein kleines Kind (jene Oshin mag etwa drei Jahre alt sein) wird im Schilf »abgestellt«, die Mutter geht weg. Die Körperhaltung des Mädchens deutet auf eine Deformierung der Gelenke, es leidet an einem Hautausschlag, die Fehlstellung der Pupillen ist so schlimm, dass es immer auf seine Nase schaut. Dieses Kind ist ein einziger Schrei nach Hilfe. Angenommen wurde es von einer Familie, die bereits zehn Kinder besitzt. So etwas macht stumm.

Auf der Rückfahrt schweigen wir uns an, Santiago und ich. Es gibt nichts zu sagen, dafür innerlich viel zu verarbeiten. Mein Begleiter weiß das. *Deshalb* vermeidet er ein Gespräch. Mag sein, dass er die Eindrücke auch nachwirken lassen will. Unser Händedruck zum Abschied ist ein sehr nachdenklicher.

Capi Cruz. Wer suchte da zum Ausgleich nicht ein »schönes« Erlebnis? In meinem Kopf hatte ich bereits den Namen »Taquile« gespeichert, die Insel der »strickenden Männer«. Mein zeitlicher Vorsprung gegenüber dem Saison-Tourismus könnte mir auch hier helfen, Tagebuchseiten zu füllen. Außerdem möchte ich der Insel nicht nur die übliche Stippvisite abstatten; mein Plan ist, bei einer Indiofamilie zu übernachten.

Es ist nicht schwer, am Anleger in Puno ein Boot zu finden, das Taquile anläuft. Meine Einschätzung war richtig. An Bord sind nur drei »Touristen«, darunter »Sivan«, eine junge Israelin. Bis zum Beginn des Studiums gilt es noch schnell die Chance zu nutzen: Peru, die Erfüllung eines Wunschtraumes. Aber auch für sie ist Taquile nur kurzer »Fotostopp«. Vielleicht wird sie später den Wegweiser auf der Insel entdecken: »Jerusalem 12 269 Kilometer«. Für jemand, der von dort kommt, sicher ein originelles Motiv.

Mein Taquile beginnt anders: Mehr als fünfhundert steile Steinstufen führen hinauf auf die Insel (da merkt selbst ein trainierter Tourenradler die viertausend Meter Höhe), dann trage ich mich ins Gästebuch ein. Wie ich sehe, bin ich der einhunderteinundfünfzigste Gast. Der Indio, der es mir vorlegt, vermittelt mir auch eine Unterkunft. Ich werde bei der Familie »Fausto Machaca Cruz« wohnen. Es heißt ein wenig warten, bis mich jemand abholt. Noch hat der Tourismus auf der Insel kaum Spuren hinterlassen. Kein elektrisches Licht, kein Wasserhahn, aus dem es warm sprudelt. Schon das schreckt Verwöhnte ab. Auch bei meinen Gastgebern ist noch alles im Werden. Sie möchten Besucher gerne »anders« empfangen, als die Umstände es bisher erlauben. Im Hof stehen zwei Holztische, warten noch auf einen Anstrich. Sie sind für das »Esszimmer« bestimmt, das man über eine waghalsige Treppenleiter erreicht. Stufen und Bohlen schwingen, ein Geländer fehlt. Hier sollte man immer nüchtern nach Hause kommen. Später wird das Ganze die stolze Bezeichnung »Restaurant« und den klangvollen Namen »SUMAC T'IKA« bekommen. »Das heißt ›Schöne Blume‹!«, erklärt mir Fausto. Doch bis jetzt gibt es nur zwei Stühle, einen zum Sitzen, einen, um davon zu essen. Als wir den kleinen Rundgang machen, »beschweren« sich die Dielen bei jedem unserer Schritte. Ich habe das Gefühl, dass nicht nur sie federn, sondern auch die Lehmziegelwände, die die ganze Konstruktion tragen. Nebenan warten drei einfache Betten auf Gäste. Ein Stapel Wolldecken zeigt: Nachts wird es kalt. Kerzenstummel in den kleinen Fensternischen versprechen Romantik, Sternenlicht blinkt statt elektrischem. Fausto zeigt mir das »Wichtige«: Wasser zum Waschen gibt es im Hof, das Klo, dezent abgesetzt, ist ein dreiseitig lehmummauertes Stück Natur, die vierte Seite ist offen – für neugierige Kinderaugen: »Müssen Fremde auch?« Noch einmal der Hof. Die Oma ist beim Kartoffelsortieren, der jüngste Enkel möchte ihr dabei helfen – tapsig, wie kleine Kinder noch sind. Dem größeren Schwesterchen scheint der Fremde nicht geheuer zu sein. Es verdrückt sich und wirft an der Hausecke noch einen scheuen Blick zurück. Ich habe Augen im Kopf und alles »verstanden«. Wie seine Mutter, so trägt auch das Mädchen Sandalen aus Autoreifen. Die Füße des kleinen Jungen dagegen sind noch nackt. Nicht dass es auch dafür nicht ein Stück Gummi gäbe, aber so kleine Füße brauchen noch »Lebenserfahrung«. Sie müssen lernen, dass man sich an Steinen schmerzhaft stoßen kann, dass solche, die nahe einer Feuerstelle liegen, heiß sind, dass Dornen stechen, Scherben schneiden. Hat sich das Köpfchen das alles gemerkt, wird der Junge auch ein paar Schuhe bekommen – vielleicht die des Schwesterchens, weil es inzwischen herausgewachsen ist, vielleicht eigene, Marke »Good Year«, »Firestone« oder … einfach so. Gedanken, nur durch einen »Blick auf Füße«.

Nach dem Rundgang mit Fausto bin ich mir sicher, dass hier niemals ein »Oh-how-beautiful-oh-how-nice!« erklingen wird. Ich aber fühle mich wohl – so nahe am Volk.

Als die Spanier die kunstvollen Terrassen sahen, durch die die Inka selbst steile Berghänge in fruchtbare Felder verwandelt hatten, nannten sie diese Konstruktionen »Andenes«. Die Bezeichnung finden wir noch heute im Namen des großen Gebirgszuges wieder, der den Kontinent durchzieht: Anden. Auch Taquile hat ein typisch »andenes« Gesicht. Jede Schräge, jeder Winkel ist genutzt. Überall finden sich – durch Steinmauern abgestützt – schmale Felder und Grasstreifen. Hier ein Band Quinoa, dort ein paar Reihen »Papas«, drüben eine Kuh. Pfade und Trittsteine erschließen diese Welt aus kleinen Geländestufen. Aller Feldbau ist Handarbeit, jede Ernte Rückenlast. Wer genau hinschaut, kann es sehen: So steil sind manche Anstiege, dass die Frauen ihre Schuhe ausziehen, weil sie sich mit den Zehen besser festkrallen können.

Nach dem ersten Gang über die Insel nehme ich die fünfhundert Stufen, die ich vom Anleger heraufgekommen war, noch einmal unter die Absätze. Schon jetzt weiß ich, der Rückweg wird selbst auferlegte Buße sein. Aber über diese Steinleiter kommen alle Waren herauf. Nur den Grundbedarf können die Menschen durch ihre Arbeit selbst decken. So ist manches Boot, das hier festmacht, eher ein »Lastkahn«. Ich werde Zeuge. Das letzte hat Zucker und Reis gebracht. Auf den Säcken steht das Gewicht: fünfundzwanzig Kilogramm. Die Männer, die nach mir aus dem Dorf herabgekommen sind, spritzen sich aus dem See eine Hand voll Wasser ins Gesicht, dann schultert jeder von ihnen einen Sack. Zurück geht es damit, mehr als ein halbes Tausend Stufen, hinauf auf über viertausend Meter. Man kann auf ihre Rückkehr warten, so flink sind sie. Eine Hand voll Wasser ins Gesicht ge-

In den Gassen von Taquile trifft man Männer mit Kokabeuteln und Strickzeug.

spritzt – dann der nächste Sack. Diese Indios müssen eine unglaubliche Kondition haben. Ich beobachte noch ein wenig, versuche, am Ufer entlangzugehen, mache ein paar Fotos. Nun kommt die »Buße«, *ohne* fünfundzwanzig Kilogramm auf dem Rücken. Mitten im Anstieg erlebe ich eine Begegnung, die sich in meinem Tagebuch wieder findet. Der Mann war von einem der Felder gekommen und ruht sich auf den Steinstufen aus. Den Gruß beantwortet er durch stummes Handheben. Fast bin ich schon an ihm vorbei, als er mich anspricht: »Señor, wie spät ist es?« Ich muss passen. Gleiches wollte auch ich schon häufig von anderen Menschen wissen, denn auf Reisen trage ich keine Uhr; ich lebe »zeitlos«. »No tengo …!« Ich »zeige« beide Handflächen:

»Tut mir Leid!« Im Weitergehen höre ich hinter mir, fast wie ein Nachrufen: »Es ist fünf!« Erstaunt drehe ich mich um. Der Mann zeigt Richtung Sonne: »El sol!« So ist es, wenn man »mit der Natur« lebt. Die Frage nach der Uhrzeit hatte der Indio wohl nur zur Vergewisserung gestellt. Dabei konnte er sich auf seine »Sonnenuhr« im Kopf durchaus verlassen.

Bei Fausto wartet das Essen auf mich. Was kommt auf den Stuhl, der als Tisch dient? Eine »Sopa de Quinoa«, verdickt mit Kartoffeln und angereichert mit etwas Fleisch, dazu »Tortilla Taquilleño« und zum Trinken »Mate de Coca«. Die Tortillas sind eine Art Brotersatz. Auf der Insel gibt es kaum Feuerholz. Backte man auch noch mit dem Wenigen, das zur Verfügung steht, wäre bald der letzte Baum gefällt, der letzte Busch gerodet. Später sieht Fausto mich mit meiner Taschenlampe herumgeistern. Er ist völlig verblüfft: Nicht einmal handlang das kleine, gelbe Ding, aber der Strahl »trifft« noch in über hundert Meter Entfernung. »Potente! Potente!«, lobt er die Lampe und resigniert sogleich: »So etwas gibt es bei uns nicht!« Allzu gerne möchte er sie mir abtauschen, gegen Wollsachen. Doch am Ende muss er einsehen, ich kann sie ihm nicht geben. Auf meiner langen Reise wartet noch so manche »Stunde ohne Licht« auf mich.

Bereits gestern sah ich die ersten strickenden Männer. Ein wenig komisch ist der Anblick schon, wenn Männer mit Wollknäuel und Stricknadel auf Stufen sitzen oder fleißig Maschen schlingend auf Pfaden wandeln. Am liebsten fertigen sie anscheinend Mützen, als gäbe es noch viele frierende Ohren auf Taquile. Wie über sich selbst lächelnd, erlauben sie mir Fotos. Es sind diese Motive, die die Touristen hierherlocken. Für heute habe ich mir die andere Seite der Insel vorgenommen. Doch schon bald werde ich aufgehalten; später sollte mein Zeitplan ganz durcheinander geraten. So gebückt, wie der Bursche, der vom Ufer heraufkommt, den Sack trägt, muss dieser sehr schwer sein. Dabei ist er nicht einmal halb gefüllt. Ein Mädchen, ich vermute, seine Schwester, begleitet ihn. Eben nutzt er eine kleine Mauer, um sich kurz auszuruhen. Jetzt, wo er weitergeht, muss ihm das Mädchen helfen, die Last wieder richtig auf den Rücken zu bekommen. Das sieht ja aus, als wäre der Sack mit Erz gefüllt! Als die beiden wieder anhalten und ich sie erreiche, frage ich. Die Antwort erklärt das Gewicht: »Sand, nasser Sand!« Die beiden möchten damit ihr Haus verschönern. Sand, Wasser und Lehm, mit einem Brett auf der Wand verrieben, ergibt hier das, was wir »Putz« nennen. Ich hatte richtig gehört: »Unser Haus!« Peinlich, peinlich! Die beiden sind nicht (welch Irrtum von mir) Bruder und Schwester, sondern Mann und Frau. Der Junge erklärt es und sagt zu meiner Verblüffung: »Das sieht man doch!« Ich sehe gar nichts, verstehe aber, dass ich wohl noch viel lernen muss. Hundert weitere Lebensjahre reichten nicht, um auch nur das Wichtigste über andere Völker zu erfahren. So höre ich wie ein Schüler zu. Bei den Unverheirateten auf Taquile ist die Farbe der Wollschärpe weiß und nicht rot (wie die des jungen Ehemannes). Gleiches gilt für die Hauptfarbe der Mütze. Außerdem wird ihr Zipfel dann mehr links getragen. Er schlenkert mit dem Kopf, dass der Mützenzipfel fliegt: »Verheiratet, ledig, verheiratet ...!« Seine Frau lacht hinter vorgehaltener Hand über den lustigen »Unterricht«, den ich da bekomme. Ist es nicht schön, für so etwas »aufgehalten« zu werden?

Ich hätte es mir nicht träumen lassen, auf Taquile eine Beschäftigung als »Fremdarbeiter« zu finden. Wie so häufig beginnt alles mit einem Gruß. Meine Devise ist: Lieber hundert Mal ein »Buenas dias!« zu viel, als ein einziges Mal zu wenig. Wenige Minuten nach der Begegnung mit dem jungen Paar komme ich an einem Wiesenstreifen vorbei. Eine Familie beginnt dort gerade mit der Adobe-Fertigung. Die Rasensoden, unter de-

Taquile. Kinderaugen stellen stumme Fragen an den Fremden.

nen die begehrte lehmige Erde liegt, sind schon beseitigt. Eine flache Mulde ist ausgehoben; Wassertonnen stehen bereit. Ich kannte das Verfahren. Meinen Gruß beantwortet man durch Zunicken. Einer der Männer hebt die Hand. Es folgt ein sicher scherzhaft gemeintes »Möchte der Señor helfen?« Ich überlege nicht einmal, antworte prompt: »Warum nicht!«, und klettere über die niedrige Steinmauer. Alle erstarren. Der Fremde hatte die Worte missverstanden. Sie waren nicht ernst gemeint. Ich nenne meinen Vornamen und artikuliere noch einmal ganz deutlich: »Quiero ayudar!« Ich möchte helfen! Der Starre folgt Ungläubigkeit. Da hilft nur »aktiv« werden. Ich frage nach einer »pala«, einer Schaufel. Man begreift: Der Fremde meint es ernst. Es dauert nur Minuten, und ich bin in den Arbeitsablauf integriert. Der Lehmberg wächst, aber auch der Haufen mit den aussortierten Steinen. Einige Brocken sind so schwer, dass wir sie zu dritt zur Seite wälzen müssen. Zwei Frauen, wohl Mutter und Tochter, gehen, um Gras zu holen. Sie sammeln nur die festen, trockenen Samenstängel. Es dauert, bis die beiden mit ausreichend Material zurückkommen. Nun wird auch der alte Mann, der bis jetzt im Schatten eines Busches saß, in die Arbeit mit einbezogen. Auf einem Stück Baumstamm hackt er die Stängel in handlange Stücke. Was für eine schöne Szene: Ein kaum dreijähriger Junge hilft ihm dabei, indem er sie »unter das Beil« führt. Großvater, Eltern, Kinder, Enkel – vier Generationen bei der Adobe-Herstellung. Ich kann nicht anders: »Darf ich ein Foto machen?« Bereitwilliges Nicken, das Angebot mit der Hand: »Bitte, Señor!«

Weiter Steine wälzen, Lehm stechen, Aufhäufen. Aus den bereitstehenden Tonnen wird jetzt Wasser zugefügt und das Ganze gewendet, als wolle man einen Brotteig mischen. Gesprochen wird kaum, nur manchmal ein paar Worte im Inseldialekt. Ihren Sinn erkenne ich an den Reaktionen: »Mehr Wasser!« »Das Gras!« Die zerkleinerten Halme werden eingestreut. Wieder wird »Brotteig« gemischt. Das Vorbereiten der braunen Masse dauert. Doch dann ist der erste Schub fertig. Der Platz für die Ablagerung der Adobe wurde schon ausgewählt. Dort stehen zwei Holzformen bereit. Mich wundert, dass die Leute nichts essen, nur Wasser trinken sie. Lediglich der kleine Junge knabbert irgendetwas. Mir dagegen knurrt bereits der Magen; aber nur sich keine Blöße geben! Man klärt mich auf: »Sechs ›palas‹ (Schaufeln) ergeben zwei Adobe!« In diesem Rhythmus ist die Schubkarre zu füllen. Zunächst müssen die Holzformen in Wasser getaucht werden, damit der Lehmkloß später leicht herausgleitet. Drei Schaufeln voll, zielgenaues Füllen; einer der Männer, er ist barfuß, tritt die Masse fest, damit keine Hohlräume

Unsere Adobe-Produktion nimmt Formen an.

bleiben. Der Rest ist Handarbeit: genaues Einebnen, randseitiges Glattstreichen. Nun ein Ruck an der Form. Mit leicht saugendem Geräusch löst sie sich. Fertig ist der erste Adobe, fast so etwas wie der »Grundstein« für das neue Haus. Mehr als sechshundert Lehmziegel, so hatte man mir gesagt, würden benötigt. Da wartete eine ordentliche Portion Arbeit auf uns. Jetzt, wo der erste fertig ist, kommt schon die »Einladung« für mich: »Señor, Sie werden der erste Gast bei uns sein!« Ein schöner »Lohn« in Worten.

Wie lange arbeiten wir nun schon? Als mein mitgeführtes

Trinkwasser aufgebraucht ist, sehe ich eine günstige Gelegenheit für eine Pause. Im Inseldorf gibt es zwei Tiendas; dort werde ich mir Nachschub holen; denn das Wasser in den Tonnen ist mir suspekt. Als ich mich hierfür »abmelde«, bittet man: »Könnte uns der Señor Alkohol mitbringen?« Das Anliegen überrascht mich. Wollte man am Ende des Tages das »Werk« feiern? Ich frage zurück: »Welchen, Señores?« Die Antwort klingt sehr bestimmt: »Man weiß es!«

Ein komischer Einkauf. Unsicher, welchen Alkohol die Männer nun wirklich wünschen, verlange ich in dem Dorfladen nach »alcohol para los trabajadores« (Alkohol für die Arbeiter). Die junge Frau hatte zwar gestutzt, als ich eintrat, aber meine Bestellung ist ihr anscheinend nicht abwegig. Sie wuchtet einen Kanister auf den Tresen, greift zu einer bereitstehenden, leeren Cola-Flasche und füllt diese mit Hilfe eines Trichters. Bei dem glasklaren »Sprit«, der aus dem Kanister hineinsprudelt, handelt es sich wohl um Caña[7]. Zu meinem Erstaunen erfolgt das Umfüllen in eine Plastiktüte, die sie dann so geschickt zwischen Waren einklemmt, dass sie nicht ausläuft. Der Vorgang wiederholt sich: Cola-Flasche, Trichter, Volllaufenlassen, Umfüllen. Nach dem zweiten Schwall Alkohol in die Tüte knotet sie diese zu und überreicht sie mir: »Bitte, Señor!« Vor Verblüffung vergesse ich fast das Trinkwasser für mich. Auf dem Rückweg zum »Arbeitsplatz« denke ich: »Wieder etwas gelernt! Alkoholbestellung auf Taquile ›anonym‹, Maßeinheit zwei Mal eine Cola-Flasche, Endabfüllung in Plastiktüte, der Preis: wenige Pfennige!« Bei der Familie herrscht helle Freude darüber, dass ich es »richtig« gemacht habe. Als die Mutter in die Falten ihres Wollrockes greift (dort hängt nach Indioart an der Innenseite der Beutel mit dem Geld), winke ich ab: »Der Alkohol ist ein Geschenk!« Ein »Gracias!«, in ein Lächeln versteckt; die Geste ist angenommen. Für mich geht es weiter mit dem Lernen: Allgemeines Wasserschöpfen mit den emaillierten Blechtassen; einer der Männer beißt einen Zipfel von der Plastiktüte ab und erklärt mir: »Wir brauchen das! Uns ist kalt!« Dann bekommt jeder einen Strahl »wärmenden« Alkohol in die Tasse. Ich bin sprachlos. Meine Arme hängen wie die eines Affen herab. Lehm schaufeln ist Knochenarbeit. Ist die Schaufel einmal in den Lehm hineingestochen, will dieser sie nicht wieder hergeben. Ich musste ohne Jacke arbeiten, bei mir gab es Hitzestau. Diese Indios dagegen frieren. Mir fallen die Sackträger ein. Fünfundzwanzig Kilogramm auf dem Rücken – über fünfhundert Stufen, x-mal. Klein und zäh sind sie, die Indigenas. »Weiches Europa« kann da nicht mithalten.

Steinewälzen, Schaufeln, Mischen, Schubkarren ... Endlich! Zwei gekreuzte Arme signalisieren: »Genug für heute!« Man überträgt mir das Zählen der fertigen Adobe. Ich komme auf zweihundertzwanzig und ritze die Zahl mit dem Finger in den letzten Ziegel. Als ich sie laut sage, höre ich die Antwort: »Quatrocientos más!« (noch vierhundert). Es klingt, als wolle man mich indirekt bitten, morgen wiederzukommen, um erneut zu helfen. Ich glaube, das Boot zurück nach Puno wird ohne mich ablegen.

Ein Händedruck im Kreis. Viele Male »Gracias!« »Für was?«, möchte ich zurückfragen. Für dreißig Pfennig Alkohol? Und was zählt mehr, meine Müdigkeit oder das Erlebnis? »Opa« sitzt noch immer neben seinem Hackholz. Jetzt stemmt er sich hoch und kommt auf mich zu – viel zu schnell für sein Alter. Er streckt mir beide Hände entgegen, wie der Indio, der seinerzeit nach der Sonne in meinem Land fragte. Ich »bremse« ihn, indem ich ihm meine Rechte entgegenstrecke. Doch es wird kein Händedruck. Der alte Mann ergreift meine Hand, beugt sich zu ihr herab und küsst sie. Ich hatte mit so etwas nicht gerechnet; kann es auch nicht mehr verhindern. Die Berührung geht mir durch und durch. Die Dankbarkeit eines betagten Indio, mit einem Kuss auf den Handrücken gedrückt! »Du kleine Menschenseele, so randvoll von vielen Reisen, bereits überfüttert mit Eindrücken und Erlebnissen; wenn du jetzt überläufst, ich schämte mich nicht!« Benommen klettere ich wieder über die Steinmauer. Ich *könnte* der Familie morgen gar nicht mehr helfen, selbst wenn ich es wollte. Das eben Erlebte brennt nicht nur auf, sondern unter der Haut.

Eigentlich wollte ich heute die andere Inselhälfte erkunden. Es war nichts daraus geworden. Manchmal gibt es eben Wichtigeres als die Natur: die Menschen.

Ein Hahn kräht. Ein Transistor-Radio antwortet. Taquile wird wach. Panflötentöne. Aus der gleichen Richtung zaghafte Trommelschläge. Es klingt, als begrüßten Inselmusikanten den Tag. Vielleicht kann ich bis zur Abfahrt des Bootes nachholen, was gestern nicht mehr geklappt hat, einen Rundgang durch den nördlichen Teil der Insel. Der Familie, die heute sicher weiter Adobe fertigte, würde ich ausweichen; denn der Handkuss des alten Mannes machte mir unbefangenes Auftreten unmöglich. Die engen Gassen des Dorfes und der Kirchplatz sind heute seltsam belebt. So viele Taquilleños hatte ich bisher nicht auf einmal gesehen. Bald sollte ich merken, dass Fausto vergessen hatte, mir etwas ganz Wichtiges zu sagen. Die Trommelschläge klingen jetzt näher und dröhnend laut. Das Panflötenspiel hat sich vervielfältigt. Kein Zweifel, diese Musik ist »in Bewegung«. Ich eile zurück. Den schmalen Steinweg herab nähert sich eine Prozession dem Dorf. Vorweg die Frauen, in roten oder blaulila Röcken und Pullovern, über dem Kopf die schwarze »Choco«. In einigem Abstand folgt ein Indio mit einem bunten Federhut. Gleich einem Pokal, trägt er in feierlicher Haltung eine Statue. Ihm folgen die Panflötenspieler und Trommler. Es sieht ganz danach aus, als würde mir Taquile zum Abschied noch etwas ganz Besonderes bieten, eine Fiesta. Ich frage den Indio, der neben mir steht: »Señor, was ist das für ein Fest?« »Unsere Insel hat Geburtstag!«, meint er, aber als ich von ihm wissen möchte, wie »alt« sie geworden ist, muss er passen: »Es steht in Lima, in einem Dokument!« Also gut, dann feiern wir den Jahrestag X der »Isla Taquile«.

Der Festzug hatte sich außerhalb des Dorfes formiert, nun erreicht er die ersten Häuser. Während die Frauen weitergehen, bleibt der Statuenträger stehen; und die Musiker beginnen, ihn zu umkreisen. Trommelwirbel und Panflötenklänge verschmelzen miteinander. Eine Kehrtwendung aller erfolgt wie auf Befehl. Jetzt führt der Trommler, der eben den Schluss bildete, den Spielkreis an. Die rhythmischen Schritte werden zum Hüpfen. Seitliches Drehen des Oberkörpers und Verbeugungen beginnen. Die Vorführung wird zum Tanz.

Nach einem Standortwechsel geht es weiter mit dem Tanz-Musizieren. Die Männer gönnen sich keine Pause. Ich wundere mich, dass ihnen nicht die Luft knapp wird. Schon folgt die dritte Vorstellung. Ein Handzeichen. Alle halten inne. Jetzt sieht man, dass sie japsen. Kein Wunder bei einem solchen Marathon. Manchmal hat man eine »passende« Idee. Ohne Musik ist es in der Gasse plötzlich still, deshalb klingt meine Frage ungewollt laut: »Möchten die Señores etwas zum Trinken?« Genau das war das Stichwort. Musizieren und gleichzeitig Tanzen, das trocknet den Mund aus. Freudiges Flötenanheben, als die Männer mein Angebot hören. Einer der Trommler ruft: »Una limonada!« Das war eine Bestellung für alle. Bis zur Tienda ist es kaum eine Minute. Dann macht die mitgebrachte Literflasche die Runde. Nun haben die Männer wieder Spucke zum Spielen. Aber bevor der Zug weitergeht, passiert etwas Unverhofftes. Als hätte einer der Indios laut: »Musik für den Señor!« gerufen, bauen sich alle vor mir auf. Trommelwirbel, eine Kaskade von Panflötentönen. Ich bin gar nicht schnell genug mit der Kamera; auch stehen die Männer viel zu nahe vor mir. Das würde allenfalls ein »Brustbild« geben. Ein Fingerzeig auf die schwarze Technik: »Darf ich?« Die Trommelwirbel werden rasend, das Panflötenkonzert fast schrill, sozusagen eine »vertonte« Fotoerlaubnis. Einer der Indios, von den anderen in die zweite Reihe gedrängt (und nicht gerade der größte), gibt mir, ohne dabei die Panflöte von den Lippen zu nehmen, Zeichen: »Mich auch!« Aber wie, bei dieser Enge? Er scheint das zu begreifen, läuft die Außentreppe des gegenüberliegenden Hauses hinauf, und um ganz sicher zu sein, dass er bei dem Gruppenfoto dabei ist, beugt er sich weit in den vermuteten Sucherbereich. Die anderen formieren sich wieder zum Kreis. Der Indio auf der Treppe muss sich beeilen, dass er den Anschluss findet. Tanz und Musik für den Fremden! Immer, wenn ein Spieler mich passiert, wendet er sich mir zu, flötet oder trommelt mir die Töne ins Gesicht. Was für ein Erlebnis, ja was für eine Ehre! Ich hatte doch nur eine Flasche Limonade gespendet, so wie bei uns Musiker manchmal ein Freibier bekommen. Dafür vergessen nun die Indios für ein paar Minuten das Jubiläum ihrer Insel und bringen mir ein Ständchen, als wäre *ich* das Geburtstagskind.

Auf ein schönes, ein positives Erlebnis hatte ich gehofft, als ich mich nach dem Besuch auf Capi Cruz für Taquile entschied. Da hatte ich es!

Das Fest dauert den ganzen Vormittag. Es endet schließlich auf der kleinen Plaza vor der Kirche, als »gemütliche Runde«. Auf mich wartet mein Boot, leider! Als ich mich von Fausto, er ist allein zu Hause, verabschiede, ahne ich, was kommt. Ich soll ihm doch bitte eine dieser »potenten« Taschenlampen mitbringen, wenn ich … Eine Einladung mehr auf dieser Reise.

Fünfhundertund… (egal, ich habe mich verzählt) Stufen hinab zum Titicacasee. Ich steige ein, wir legen ab. Taquile verschwindet im Rücken. Zur Erinnerung an diese Insel sind mir viele Seiten Tagebuch geblieben, ganz ungewöhnliche Fotos und ein Erlebnis, das tiefer sitzt, als Tinte in Papier eindringen kann: die Dankbarkeit eines alten Indio, buchstäblich »auf die Haut« gedrückt.

Prüfung für Mensch und Material

Etwa vierzig Inseln liegen im Titicacasee; nur vier hatte ich besucht. Sie allein bescherten mir buchfüllende Erlebnisse. Setzte ich aber meine Mission zu Wasser fort, geriete die geplante Andendurchquerung ins Stocken. So ist die Entscheidung gefallen: Nordkurs!

Ich nehme Abschied vom »See aus Götterträneu«. Hinter mir liegt Puno, vor mir die Stadt Juliaca. Von der Höhe herab schweift noch einmal der weite Blick über den See. Aus dem Schilfgürtel steigen Rauchsäulen auf. Kochte dort wieder eine »Steinschleudersuppe«? Lebendige Erinnerungen!

Sonne, Wind und Straße verwöhnen mich. Dreifaches Glück. Bis Juliaca soll es ganze zehn Meter bergauf gehen, die Anden zeigen sich auch einmal als Flachland.

Was Städte betrifft, so bin ich manchmal ungerecht. Der erste Eindruck ist für mich der entscheidende. Das einmal getroffene Urteil »steht« meist. Jetzt erwischt es Juliaca.

Die Stadt hat über einhunderttausend Einwohner. Zu einem Ortsschild hat es nicht gereicht. Man ist einfach da. Empfangen werde ich von Müll. Der Erste, der meinen Gruß erwidert, ist ein Indio, der in den Abfällen nach Verwertbarem sucht. Hunde begleiten ihn, offensichtlich in der Hoffnung, dass er für sie etwas freilegt, was sie mit ihren Pfoten nicht ausscharren können. Da ein Hinweis fehlt, wo in der Stadt man Richtung Arequipa abbiegen muss, frage ich eine Schuhverkäuferin. Sie ordnet gerade am

Straßenrand ihre Ware: fünfzig Paar Sandalen, Modell »Firestone« oder »Good Year«. Erinnerungen an die Familie Fausto auf Taquile steigen auf. Später sollte ich sehen, woher die alten Autoreifen für diese Schuhproduktion kommen. Die Frau erklärt mir den Weg weniger mit Worten als mit dem Handgelenk: »Links zurück! Dann rechts! Dann immer geradeaus!« »Danke für die Präzision!«

Schon bin ich bei den letzten Häusern. Das war die Stadt Juliaca, über die ein Reiseführer schreibt: »... das Gepäck keine Minute aus den Augen lassen, denn es wird sehr viel geklaut!«

Für mich hat der Ort nur als Wendepunkt Bedeutung. Seit Beginn der Tour radle ich mit Nordkurs; jetzt geht es westwärts weiter. Die Strecke führt durch die Berge der »Cordillera Occidental«, an ihrem Ende werde ich am Pazifik stehen. Schon jetzt weiß ich, es wird ein langer Erlebnisweg werden.

Hinter Juliaca wartet eine Überraschung. Im weiten Tal des Rio Verde rauchen unzählige Brennöfen. Wie Nachbauten des Turmes zu Babel sehen sie aus. Wohl mehr als hundert Ziegeleien produzieren hier nach einem uralten Verfahren »Ladrillos«. Vorgeformte Lehmziegel werden über einer Feuerstelle, dem eigentlichen Ofen, auf Lücke turmartig aufgeschichtet. So sorgen sie selbst für die Kaminwirkung und ziehen die Hitze an. Da in dieser Höhe weder Baum noch Strauch wächst und Kohle für Ziegelbrenner unerschwinglich ist, frage ich bei einem der Türme, womit man die Öfen befeuert. Die Männer lachen über meine Dummheit. Einer von ihnen stößt seine Schaufel in das graugrüne Gemisch vor sich, wirft eine Ladung davon himmelwärts und ruft: »Scheiße, Señor! Scheiße!« Das Lachen der anderen wird noch lauter. Die zweite Schaufel voll hält er mir entgegen: »Möchte der Señor riechen?« Es ist nicht nötig; der Wind muss nur günstig stehen! In den Öfen verglüht Lama- und Schafsmist; wahrscheinlich wird er in der ganzen Gegend dafür

Die Brennöfen im Hochtal des Rio Verde erinnern an den Turmbau von Babel.

gesammelt. Wer die großen Haufen sieht, kommt angesichts der Masse gar nicht auf die Idee, dass im Vergleich zu Kühen oder Pferden recht kleine Tiere derartige Dungberge erzeugen.

Das Tal des Rio Verde muss sehr fruchtbar sein. Überall sattgrünes Weideland, Kartoffel- und Getreideanbau. Bei dem Anblick könnte man vergessen, dass sich die Straße der Viertausendmeter-Höhenlinie nähert. Ab jetzt wird es nur noch bergauf gehen, mäßig zwar, aber stetig. Die Strecke ist kaum befahren; gäbe es nichts zu schauen, verführte sie zu Selbstgesprächen. Überall Ernteszenen. Von einem der Felder wird zurückgewunken: Der Indio hält eine Kartoffel in die Höhe, »zeigt« mir die gute Ernte. Die erste Frucht mag auch hier irgendwo am Feldrand liegen, als Dank für Pachamama; vielleicht auf einem Stückchen rotem Stoff, denn die Erdmutter, so heißt es, mag Rot besonders. Einige Kilometer weiter bergwärts erblicke ich eine Anlage, die ganz nach einem Gefängnis aussieht. Überhohe Mauern schützen sie, an den Ecken Wachtürme. Ausreißen lohnte hier nicht; das niedrige Büschelgras böte keinen Sichtschutz; und eine Gewehrkugel ist schneller als Füße.

Immer deutlicher verrät die Landschaft ihren Ursprung. Die Berge sind einst aus dem Erdinneren emporgewachsen. Mag die Erosion sie schon seit Jahrtausenden geschliffen und die Natur ihnen wie zur Tarnung ein »grünes Gewand« umgehängt haben – trotzdem ist noch immer deutlich: Es sind Vulkane. Von den Gipfeln herabführende Kerben verraten den Weg, den einst die abfließende Lava genommen hat. Jetzt folgen ihnen die Bäche und vertiefen sie. Nicht nur in dem Gefängnis, das ich passiert hatte, gibt es »Insassen«, sondern auch hier in den Bergen. Jedes Gehöft ist eine Einsiedelei, der Nachbar außer Sicht. Trampelpfade – gleich Wildwechseln – zeigen, welchen Weg die Lamas zu den Weiden nehmen, wenn sich frühmorgens die Pferche öffnen. Zu den Hütten selbst führen von der Straße aus weder Weg noch Steg, erst recht keine Strommasten. Es ist nicht schwer, sich das Leben in solchen Berghöfen vorzustellen: Wolldecken gegen die Kälte, Kerzenlicht gegen die Dunkelheit, die Sonne als Uhr, Einsamkeit als Schirm gegen die Zivilisation. Doch was für uns eher einer Isolationshaft gleicht, mögen die Menschen dort anders sehen. Sie sind auf ihre Art frei. Hinter mir bremst ein Auto ab. Ich mag das nicht auf solchen Strecken. Wer Fragen hat, der braucht sie nicht meinem Rücken zu stellen. Mein Gedanke ist: umdrehen und aus Sicherheitsgründen die Autonummer notieren. Für ein paar Sekunden lässt sich ein Rad auch mit vier Fingerspitzen lenken. Doch dieses Mal klappt es nicht mit der Vorsichtsmaßnahme; das Auto hat gar kein Nummernschild. Schon möchte ich halten und so das »Spiel« beenden, als der Wagen aufschließt. Für eine Minute fahren wir parallel, aus dem Seitenfenster wird heftig gewunken. Der Indio beugt sich dabei so weit über den Beifahrersitz, dass er Mühe mit dem Lenken hat. Als er wieder Gas gibt, sehe ich, sein Auto hat doch einen »Namen«: PERU AL 2226. Das Hinter-mir-Bleiben war wohl nur stumme Neugierde gewesen.

Ich habe mir für heute ein festes Ziel gesetzt, das Pueblo »Santa Lucia«. Irgendwie stehle ich der Straße mühelos die über hundert Kilometer bis in das Dorf. Schon tauchen seine Häuser auf. So manches Lama und Schaf mag in Santa Lucia seine Haut zu Markte tragen; aber vor dieser »Endgültigkeit« findet seine Wolle viele Male den Weg hierher. In kleinen Hallen werden Ballen geschnürt und gewogen, Vliese sortiert: »Ernte« auf andere Art. Inmitten dieser Wolllager finde ich eine Unterkunft. Schon der erste Blick zeigt, sie »passt« wieder einmal. Lehmmauern und ein hohes Blechtor schützen das Anwesen. Tiefe Reifenspuren im Hof zeigen, dass hier auch Truckfahrer nächtigen. Ein »Verschlag«, dezent an der Außenwand platziert und noch um einiges rostiger als das Tor, verrät seinen Zweck, ohne dass es eines besonderen Hinweises bedürfte. Der Wasserhahn an dem Rohr, das nackt aus der Erde ragt, erinnert an den Kopf eines Geiers. Die Dielen in meinem Zimmer verströmen den penetranten Geruch von Petroleum. Bis zur Schwärze damit vollgesogen, sind sie gewiss nicht nur für alle Zeiten imprägniert, sondern auch Fußpilz hätte darauf keine Chance. Weil der Stapel Decken auf der Liege sowohl nach Tier als auch nach Mensch riecht, breite ich ihn aus und verhülle alles dezent mit meiner Zeltunterlage. Darauf lege ich dann den eigenen Schlafsack. Die »Prinzessin auf der Erbse« lag härter, Bettnachbar – mit Abstand – ist mein Velo. Das Zimmer ist so groß, dass ich um das Rad Dauerlauf machen könnte. Der räumliche Luxus macht wett, was an

Komfort vielleicht fehlen mag. Doch wer meckert, sollte lieber zu Hause bleiben oder sich einem Reiseveranstalter anvertrauen. Nur dass dessen Busse nicht in Santa Lucia halten.

Ich drehe eine Neugier-Runde durch das Dorf, schaue, suche Motive, beantworte Fragen. »Woher kommt der Señor? Was macht er hier?« Scherzhaft möchte ich antworten: »Wolle kaufen!« Zu einer Unterkunft wie der meinen gehört natürlich ein zünftiges Restaurant. Schon in der Tür ziehe ich alle Blicke auf mich. Ich kann leider nur mit zwei Augen zurückschauen. Ein »Buenos dias!« für den ganzen Raum. Kopfnicken, Löffelschwenken ist die Antwort. Auf mein »Bon provecho!« für den Nachbartisch kommt ein vielstimmiges »Gracias, Señor!« Das »Señor« macht den kleinen Unterschied. Ich gehöre nicht dazu. »Fremdkörper« erkennt man sofort. Gleich sollte dafür ein zweiter Beweis folgen. Die Wirtin verteilt Servietten. Sie geht mit einer Rolle Toilettenpapier von Tisch zu Tisch und reißt für jeden Gast ein kleines Fähnchen ab. Niemand hat hier Diarrhöe; es ist wirklich das »Mundtuch«. Nun kommt sie zu mir. Mit »Para Usted, Señor!« überreicht sie mir die ganze Restrolle. Es ist meine erste Endlos-Serviette, auch für später. So war es wohl gemeint.

Die Speisekarte wurde mündlich vorgetragen. Gleich beim ersten Angebot hatte ich eingehakt: »Trutcha!« In Puno zieht man den Touristen für eine Forelle zwanzig Sol aus der Tasche. Die, die man mir jetzt bringt, hängt mit Kopf und Schwanz über den Tellerrand, so groß ist sie. Am Ende bezahle ich dafür – einschließlich Getränk – sieben Sol. »Bei diesem Verwöhnpreis«, denke ich beim genüsslichen Kauen, »wird morgen früh der Wasserhahn eingefroren sein.« Ich sollte Recht behalten.

Wenn sich in der Reiseliteratur die Worte überschlagen, werde ich vorsichtig. In Arizona, so las ich einmal, nächtigten Wüstenfahrer auf dem Wagendach, weil der Sand angeblich völlig klapperschlangenverseucht war; in Marokko enthielt eine Flussdurchfahrt ein tödliches Risiko, weil, so die Geschichte eines »Ali«, darin zuvor ein Kamel auf eine Treibmine getreten war. Nun meint im mitgeführten »Reise-Know-How« ein als Geländewagen-Profi apostrophierter PS-Bändiger, die Strecke, die vor mir liegt, sei eine »Höllenfahrt«. Als ich Santa Lucia am frühen Morgen verlasse, schwenke ich in seine Spur. Mir ist ganz nach der »Fahrt zur Hölle«.

Das Pueblo endet – und mit ihm die Asphaltstraße. Ein erstes Schlagloch begrüßt mich: »Willkommen auf der Piste nach Arequipa!« Der Frühstückskaffee schwappt im Bauch, eine Art »innere Dünung«. Wer mit einem bepackten Rad von Asphalt auf welligen Schotter wechselt, wird, sollte er noch schlafen, schnell wach. Aber schon nach wenigen hundert Metern stimmt der Fahrrhythmus wieder. Ich passiere die Alpaka-Station »Don Pepe« und mehrere Silberminen. Noch immer kratzt man hier Schätze aus den Bergen. Auf einem See ziehen Wildenten ihre Bahn. Mich wundert, dass das Wasser nicht gefroren ist. Vielleicht liegt es am Salzgehalt, vielleicht an thermischer Wärme aus der Tiefe. Nur ein einziger Pass ist auf meiner Karte verzeichnet, die »Abra Torora«, ihre Höhe 4690 Meter. Doch das Papier lügt. Später gab ich es überhaupt auf, die Bergsättel zu zählen. Immer wenn ich mich endlich oben wähnte, sah ich in der Ferne den nächsten Pass. Die »Abra Torora« hat viele Geschwister.

Ein Rasthaus. Schon zu so früher Stunde bietet man warmes Essen an. Erste Gäste haben sich eingefunden, Lkw-Fahrer. Sie kommen von der Panamericana und transportieren Güter ins Landesinnere. Mit zehn und mehr Tonnen auf den Achsen, von Null auf fast fünftausend Meter Höhe, das ist eine Prüfung für Mensch und Material. Der jammernde Geländewagenprofi aus dem Reiseführer sollte sich schämen. Ich staune nicht schlecht,

Der erste Blick über den Pass »verspricht« weiteres Schieben.

als sich die Fahrer ein zweites Essen geben lassen, zum Mitnehmen, und dieses in Plastiktüten gefüllt wird. Wie löffelt man so etwas aus? In den folgenden Stunden zähle ich etwa zwanzig Lkw, die mir begegnen. Nicht alle fahren. Reifenschäden sind noch das geringere Übel; richtig ernst wird es bei Achsenbruch, oder wenn der Motor seinen letzten Kolbenstoß macht. Mich schert die Piste kaum. Ich brauche die Tiefe der Schlaglöcher nicht mit den Reifen zu vermessen. Meine Spurbreite beträgt ganze vier Zentimeter; da bleibt Platz zum Ausweichen. Erneut kommt mir so ein schnaufender »Saurier« entgegen; die Lastwagen hier sind eher Oldtimer. Wie er sich durch die Vertiefungen quält, hat seine Fahrt etwas vom Gang eines Kamels, die Körperbewegungen des Mannes am Steuer sind dazu passend: ein »Beduine im Sattel«. Die Federung hält Zwiegespräch mit dem Motor; der Achsenabstand ist ein anderer als der der Wellentäler der Straße. Da alle Lastwagen nur von Westen her kommen und eine Art lang gestreckten Konvoi bilden, müssen sie im Morgengrauen gemeinsam von einem Rastplatz losgefahren sein. Der letzte, den ich treffe, hat den Anschluss verloren: Reifenpanne. Ich spreche den Fahrer auf den schlechten Zustand der Piste an. Der Mann legt das Werkzeug beiseite und schaut mich an, als hätte ich etwas Unanständiges gesagt; dann poltert er los: »Die Regierung! Da sitzen nur Diebe! Das Geld für die Straße haben sie *dort*!« Bei diesen Worten versenkt er beide Hände in die Hosentaschen, ballt sie zu Fäusten und dehnt den Stoff. Die Taschen »füllen« sich mit Geld, dem unterschlagenen. Ich habe verstanden. Nicht ohne Mitgefühl zeige ich auf mein Rad: »Für mich ist das Reifenwechseln leichter!« Der Vergleich lässt den Fahrer nun doch lächeln.

Sah ich am Rio Verde hauptsächlich Lama- und Schafherden, so treffe ich seit der »Don Pepe« nun immer häufiger auf Alpakas. Die Tiere sind kleiner als Lamas, ihre Wolle ist dichter, feiner und bringt deshalb bessere Preise. Ohne jede Scheu kreuzen sie vor mir die Piste. Anders als häufig bei Schafen, ist ein Fahrrad für sie nicht der »Wolf«. Wo Alpakas leben, zeigt die Natur jene Weite, deren Grenzen ferne Horizonte sind. Durchfährt man solche Räume, verwischt sich der Zeitbegriff. Irgendwann verkündet die Sonne überraschend: »Der Tag ist vorbei!« Wenn man so »entrückt« reist, leidet manchmal der Sinn für die Realität. Das Bergdorf vor mir müsste »Tincopalca« sein. Es wäre an der Zeit, sich für eine Unterkunft zu entscheiden, entweder im Pueblo – oder das Zelt. Aber diese Frage erscheint mir momentan überhaupt nicht aktuell. Später sollte ich für dieses Träumen bestraft werden.

Ich begnüge mich mit einem Einkauf im Pueblo. Vor der Tür des Dorfladens wäscht eine Indiofrau gerade einen Schafskopf. In den Augen des Tieres scheint noch immer Leben zu sein. Der Tod hat ihren Blick kaum getrübt. Es fehlt nur noch ein Ton aus dem halb geöffneten Maul. Ich versorge mich mit Brot und Käse, mei-

Ein häufiges Motiv: eine Indiofrau mit ihren Lamas auf dem Weg zur Weide.

nem »Standardessen«. Lediglich eine Frage gilt es in der Tienda zu beantworten: »Welche Nationalität?« Bescheidene Neugierde. Als ich das Rad weiter bergan schiebe, kommt mir ein Mann entgegen. Wir sind Fahrrad-»Brüder«. Auf seinem altertümlichen Velo balanciert er einen großen Wollballen. Eine Hand am Lenker, die andere an der Fracht, lächelt er vor sich hin, als zählte er schon die Sol, die er dafür bekommen wird. Stolpernd erwidert er meinen Gruß.

Ein Wolkenband hatte die untergehende Sonne abgelöst; und als zeige das Thermometer erst jetzt, dass sich die Temperatur dem Gefrierpunkt nähert, spüre ich plötzlich die Kälte. In der Natur wächst kein Baum, kein Strauch. In diesen Höhen räumt der Frost mit eisiger Faust auf. Nur was sich ducken kann, entgeht ihm: Gras, Moose, Zwergwüchsiges. Ein paar Tropfen fallen. Wie verirrt schlagen sie auf dem Boden auf. Ich schätze das Grau der Wolkenfront ab. Schwer zu sagen, ob sie einen Wasserbauch hat. Es wäre vernünftig, das Zelt aufzubauen, ehe es zu spät ist; noch reicht das Licht. Flaches Terrain gibt es genug. Doch dann geht alles sehr schnell. Eben lagen noch Berge vor mir, jetzt sind sie hinter einer Regenwand verschwunden. Normalerweise sieht man an den wehenden Bewegungen solcher Wasserschleier, wie sie ziehen, hier aber habe ich das Gefühl, dass sie wie eine »nasse Wand« einfach umfallen und mich unter sich begraben. Zu spät für das Zelt! Ich schaffe es gerade noch, die Unterlage hervorzuziehen und über mich zu werfen. Da hocke ich nun am Pistenrand – wasserumweht. Mit Hintern und Füßen muss ich die Plane festhalten, damit sie mir nicht davonfliegt. Der Regen ist wie ein Trommelfeuer. Erste Schneeflocken mischen sich darunter. Mir dämmert, welchen Fehler ich begangen hatte. Wenn auch vielleicht keine Herberge, so hätte es in Tincopalca bestimmt eine Schule gegeben. Es wäre nicht das erste Mal gewesen, dass ich mit »Blick auf das ABC« geschlafen hätte. Und falls nicht: Wo Indios wohnen, wohnt auch die Gastfreundschaft; ein Plätzchen für meine müden Muskeln hätte ich immer gefunden.

Allmählich kühle ich aus. Null Chance, das Zelt aufzustellen. Noch bevor ich in den Regenanzug käme, wäre ich durchnässt, außerdem machte mich der Wind, der noch zugenommen hat, mit der Stoffhülle zum Paraglider. Es wird Nacht; und ich hocke noch immer im Schneeregen. Schließlich bleibt mir nur eins: zurück ins Dorf! Mit der Plane als wehendem Schutz hätte ich bei Tageslicht wohl wie ein blaues Segel auf Beinen und zwei Rädern gewirkt. Jetzt, in der Dunkelheit, dürfte man mich eher für einen Berggeist halten.

Tincopalca hat sich bereits in seine Wolldecken gewickelt. Eine Gestalt hetzt über die Dorfstraße wie auf der Suche nach einem Bett. Mein Zuruf bremst sie. Natürlich hatte mich das halbe Pueblo beim Einkauf beobachtet, die andere Hälfte wird es von der ersteren sogleich erfahren haben: ein Ciclista auf dem Weg durch die Berge. Die Indiofrau aus dem Laden konnte etwas hinzufügen: »Ein Alemán!« Was für ein Glück, der Mann scheint mich wiederzuerkennen. Im Schutz eines Daches mache ich ihm klar, dass ich einen Platz für die Nacht suche. Er deutet mir mit einer Handbewegung an, ich solle hier warten. Sich die Jacke über den Kopf ziehend, eilt er davon. Schon ist er in der Dunkelheit verschwunden. Das Nachtleben von Tincopalca besteht aus Stille. Nicht einmal ein Hund bellt. Das Gebäude, unter dessen Dachvorsprung ich stehe, könnte die Schule sein. Vielleicht, so geht es mir durch den Kopf, holt der Indio den Schlüssel. Das Warten dauert. Endlich höre ich Stimmen. Ich bekomme Gesellschaft – von Neugierigen. Ein zweiter Trupp nähert sich. Ich habe den Eindruck, der Indio läuft durch das ganze Pueblo und rüttelt die Leute wach: »Der Alemán mit dem bici ist wieder da!« Jetzt kommt auch er zurück – in Begleitung seiner Frau. Sie hat sich ganz in eine Wolldecke gehüllt. Was sie zu mir sagt, verstehe ich nicht, aber die Handzeichen der anderen erklären es: Ich soll ihr folgen. Und als gelte diese Aufforderung für alle, setzt sich nun eine seltsame Prozession in Bewegung: Männer mit Jacken über den Köpfen (als Regenschutz), ein Radler in blaues Plastik gehüllt, und vorweg – in Wolle gewickelt – eine Frau. Ich hatte meine Taschenlampe aus dem Gepäck geholt, aber ihr Schein verfängt sich im Regen. Viel ist nicht auszumachen. Ja, ich habe das Gefühl, als führe man mich wieder in die freie Natur zurück. Schon sind wir bei den letzten Häusern. Die Frau hebt wie zum Befehl die Hand: »Halt!« Doch gleich sollte ich sehen, sie wollte mir nur zeigen, dass sie den Schlüssel für eine der Türen hat. Hände können sprechen. Es bedarf keiner Worte. »Hereinkommen! Das Fahrrad mitbringen! Ein Plätzchen aussuchen!« Hinter mir drängen die anderen in den Raum. Ich richte den Lichtschein der Lampe an die Decke. Das Inventar wird sichtbar. Stühle, Holzbänke, bunt zusammengewürfelt, in einer Ecke ein Stapel Felle. Die Männer werden aktiv, es beginnt ein Stühlerücken im wahrsten Sinn des Wortes. Freier Platz wird geschaffen, Felle fliegen. Ein Lager entsteht, Lamawolle in mehreren Schichten. Wieder »sprechende« Hände: »Señor, Ihr Bett!« Mein »Gracias!« klingt mehr als dürftig; aber solche Gastfreundschaft macht irgendwie sprachlos. Von der Tür her erklingt ein vielstimmiges »Buenas noches!« Ich bin wieder allein.

Erst einmal hinsetzen und begreifen! Eben noch unter wehender Plane im Fußmarsch durch Schneeregen, jetzt ein Dach über dem Kopf und zu meinen Füßen ein »Bett«. Bisher war mir entgangen, dass an der rückwärtigen Wand ein Tisch steht. Auf ihm liegt eine Bibel. Ein Blick genügt, um meine Bleibe zu begreifen. Man hatte mir den Betraum der Adventisten zum Schlafen angeboten.

Der lange Schrei eines Esels weckt mich. Draußen herrscht noch Halbdunkel. Als ich die Taschenlampe einschalte, zerplatzt ihr Lichtschein am Glas des kleinen Fensters. Eisblumen glitzern. Ein Blick vor die Tür zeigt die Überraschung. Während der Nacht war es wieder aufgeklart. Klirrender Frost hatte Schnee und Regen abgelöst. Mir wird sofort das Problem bewusst. Taute die Piste auf, drohte ich im Dreck stecken zu bleiben. Also nichts wie weiter. Das Wiederherstellen der alten Raumordnung dauert länger als das Packen. Zum Schluss opfere ich ein Blatt meines Tagebuches und schreibe ein paar Dankesworte für die Gastfreundschaft darauf. Dazu kommt etwas Geld mit dem Zusatz: »Für Kerzen!« Neben die Bibel gelegt, würde es nicht lange unentdeckt bleiben. Sicher käme später jemand, um nach mir zu schauen; wahrscheinlich brächte er eine Einladung zum Frühstück mit. Ich aber brauche den Frost als Verbündeten. So breche ich auf – fast wie ein Dieb, der sich davonschleicht.

Unter dem Druck der Reifen splittert das Eis der Pfützen. Im ersten Licht des Tages erkenne ich die Stelle wieder, an der ich unter der Plane gehockt war. Mir musste gestern der Faden zur Realität gerissen sein. Wie konnte ich nur in der Abenddämmerung weiter bergan marschieren, statt in dem Pueblo zu bleiben oder gleich irgendwo mein Zelt aufzustellen? Unbedachter hätte auch ein Pfadfinder auf seinem ersten Ausflug nicht handeln können.

Dass sich der frühe Aufbruch gelohnt hat, zeigen die folgenden Stunden. Der Himmel ist blau wie in den Vortagen; und mit der Sonne kommt die Wärme – zaghaft zwar, aber sie vertreibt den Frost. Eis schmilzt, gefrorener Lehm taut auf. Das Ergebnis kennt jeder richtige Tourenradler: Es werden »zähe« Kilometer. Erst am Nachmittag trocknet die Piste ab. Aus Schaden wird man klug. Als ich das Rasthaus »El Pionero de la Ruta« erreiche, frage ich sogleich, ob ich in der Nähe mein Zelt aufstellen dürfe. Der Wirt kommt mit vor die Tür und macht eine weite Handbewegung. »Die Anden gehören Ihnen, Señor!«, könnte man sie deuten: freie Zeltplätze zwischen allen Horizonten, Fernsicht inbegriffen. Das Rasthaus protzt mit einer Höhenangabe: »Altura 4700 metros«. Solche Außenposten ähneln jenen, die ich von Bolivien her kannte. Innen begegnet mir schon mehrfach Gesehenes. Von der Wand herab segnet Jesus die Gäste. Auf Postern enthüllen Señoritas fast alles, was sie besitzen; an der Decke ein paar Luftballons zur Dekoration. Eine »High-Class-Quartz-Clock« zeigt die Uhrzeit, die hier keinen interessiert. Wem eine solche Natur Tag für Tag ins Gesicht sieht, wem Stille und Einsamkeit die Ewigkeit vorwegnehmen, der schert sich nicht darum, auf welcher Ziffer der Zeiger zuckt. Der Wirt und seine Frau leben gewiss nach der Sonne. Eine Bahn, ein Tag. Von Osten her weckt sie die beiden, sich im Westen verabschiedend, schickt sie sie in den Schlaf.

Die Zeit reicht noch für eine kleine Wanderung. Unwillkürlich dreht man sich in einer solchen Weite immer wieder um. Wo steht das Zelt? Das Auge braucht einen Fixpunkt. Es ist weniger die hereinbrechende Dämmerung als der kalte Wind, der mich zurücktreibt. Im Rasthaus wartet eine heiße »Caldo«[8]. Noch ein paar Worte mit dem Wirt gewechselt, ein paar Sätze ins Tagebuch geschrieben, und ich krieche, von der Suppe innen durchgewärmt, in den Schlafsack. Radlertage können weniger schön enden.

Die Trinkwasserbeutel sind Eisblöcke. Mit dem Brot könnte ich Nägel in Holz treiben, so hart gefroren ist es. Als ich an den Abspannleinen zupfe, klingt es wie auf einer Harfe. Reif rieselt vom Zelt. Es dauert, bis sich die Eiskristalle in kleine Tropfen verwandeln und abperlen. Die Folge ist ein viel zu später Aufbruch. Mir wird erst jetzt richtig bewusst, was es heißt, in dieser Höhe zu leben – ohne Heizung, ohne elektrisches Licht, ohne Wasserhahn. Alles für den täglichen Bedarf muss über große Distanzen herangeschafft werden. Der Preis für diese Art von Freiheit ist groß; kaum jemand in unserer Gesellschaft wäre bereit, ihn zu zahlen.

Die Piste kurvt weiter bergauf. Nur der Himmel hängt höher als sie. Langsam, viel zu langsam addieren sich die Kilometer. Mal schieben, mal fahren, dazwischen immer wieder die Natur einatmen. Erneut stoppt sie mich. Zur Linken dehnt sich eine hoch gewölbte, weite Sandfläche – Wüste an der 5000-Meter-Höhenlinie. Von dieser Landschaft magisch angezogen, lege ich das Rad hinter Felsen ab und marschiere los. Meine Fußspuren zerstören bisher Unberührtes, als wäre ein Wesen von einem fremden Stern seinem Raumfahrzeug entstiegen und erprobte einen unbekannten Planeten. An manchen Stellen dekorieren

Steinskulpturen diese Wüste. Der Frost hat sie gemeißelt, der Wind mit Hilfe des Sandes geschliffen. Tote Steine in Formen und Farben. Und doch stoße ich auch auf Leben. Den Sporen einer Moosart ist es gelungen, sich hier zu verstecken. Durch Zufall befruchtet, keimen sie fast wie ein Wunder und wachsen in Zeitlupe. Das Polster, das ich fotografiere, mag Jahrzehnte gebraucht haben, bis es sich so weit über den Sand gewölbt hatte. Leben am Rand des Unmöglichen. Später, als ich Gast bei einer Indio-Familie bin und wir über meine Tour sprechen, erzähle ich von meiner »Wüstenwanderung«. Juan Fidel, der Vater, kennt diese Gegend. Er »zeichnet« mit einer Handbewegung ihr Profil: »Wir nennen sie Confital«, und mit »Muy alto!« meint er, dass sie »sehr hoch« liegt. Meine Begeisterung teilt er nicht. Die Menschen, die hier leben, müssen sich mit einer solchen Natur auseinander setzen. Sie bedeutet Kampf ums tägliche Brot.

Wieder bei meinem Rad, habe ich ein Tütchen Sand in der Tasche – für meine »geologische Sammlung« zu Hause. Es gibt Souvenirs, die sind mit besonderen Eindrücken behaftet und gerade deshalb nicht käuflich.

Auch die folgenden Kilometer führen durch Sand. Die Piste ist so ruiniert, dass Lkw-Fahrer sich ihre eigenen Spuren suchen. Sie verlaufen hunderte Meter weit auseinander. Für einen Radler gibt es schnelle Strecken, zähe und »stockende«. Letzteres gilt, wenn Sand nach den Felgen greift. Ihm muss man das Velo regelrecht entwinden. So bin ich für die nächste Steigung eher dankbar. Auf ihr hat der Wind alles Feine verweht. Nur Steine und fester Lehm sind geblieben. Von der Höhe herab wartet ein Blick auf mich, wie ich ihn bereits kannte: wüstenartige Weite, in der Ferne von Vulkankegeln begrenzt. Die Piste nimmt Anlauf zur nächsten Kuppe, zur übernächsten, zur x-ten. Gleich Stromdrähten auf Masten stützt sie sich auf den Bergrücken ab. In die Natur mischt sich jetzt eine neue Farbe – helles Grau. Fast weiß – Vulkanasche. Vor einigen Jahren hatte die »Ubinas« ein Leichentuch über die Landschaft geworfen. Dieser Vulkan mit dem steilwandigen Schlot könnte der Eingang zur Hölle sein. Die Natur hat große Mühe, die Fläche wieder zu besiedeln. Als Pioniere schickt sie Gräser vor.

Plötzlich sehe ich alles aus der Vogelperspektive. Jäh, fast senkrecht, bricht das Gelände ab. In der Tiefe ducken sich Hütten, ringförmige Steinmauern. Spielzeugidylle. Für den Bau der Piste hatte man in diesem Abschnitt das »Angebot« der Ubinas genutzt: Asche und Vulkanschlacke. Die Abfahrt wird ein Hinabtasten. Das Rad will sich verselbstständigen. Es wird unlenkbar, rollt auf den grauen Kügelchen seinen eigenen Weg. Als ich zur Sicherheit absteige, erzeugen meine Füße kleine Krater in der Asche. Bergauf zu Fuß, bergab zu Fuß. Die Anden sind nicht die Alpen mit ihren Komfortstraßen.

Unten in der Ebene weiden Lama- und Alpakaherden. Etwas abseits liegt ein Ruinendorf. Nur der Kirche hatte die Natur das Dach gelassen. Dann ein bewohntes Pueblo. Irgendwie macht mein Erscheinen die Leute stumm. Schließlich siegt doch die Neugierde: »Qué pais?« Eher unbewusst antworte ich nicht »Alémania«, sondern nenne das Land, wo ich diese Reise begonnen hatte: »Bolivia«. Man gibt sich mit der Auskunft zufrieden. Auf meine Frage nach einem Restaurant recken sich Finger: »Dort!« Als ich eintrete, begegnen mir erstaunte Blicke. Man sieht mir an, woher ich komme: aus der Asche der Ubinas. Arbeiter in einer Zementfabrik haben ein ähnliches Make-up. Keiner der Gäste traut sich, mich anzusprechen. Ein Indio steht auf und geht kurz vor die Tür. Als er zurückkehrt, verkündet er den anderen: »Con bici!« Jetzt sitze ich wie im Zentrum eines Brennglases, so treffen mich die Blicke. Ich hatte den Wirt nach »Fleisch« gefragt. Beinmuskeln, die gefordert werden, muss man füttern. Nun kommt das Essen. Als ich die riesige Portion sehe, entschuldige ich mich bei dem Lama: »Tut mir Leid, eben liefst du noch auf der Bergweide, jetzt liegst du hier auf dem Teller!«

Stummer Empfang, stummer Abschied. Blicke im Schlepp radle ich weiter.

Ebenen haben wie Schüsseln einen Rand, mal flach, mal steil, je nach geologischer Laune. Schon mühe ich mich wieder bergan. Erneut staubt es unter meinen Füßen. Als hätte eine glückliche Fügung nur das Hochtal mit dem Ascheregen verschont, erstreckt sich hier das Leichentuch weiter. Was ich heute Abend gebrauchen könnte, wäre eine Dusche. Was für Träume! Froh könnte ich sein, fände ich einen Wasserhahn.

Dem Willen die Peitsche geben! Das mögen die richtigen Worte sein, wenn es um die Anstrengung geht, unbedingt ein Ziel zu erreichen. Welchen Namen es hat, weiß ich noch gar nicht. Auch meine Karte schweigt. Aber ein entgegenkommender Truckfahrer hatte die einsame Gestalt des Haltens wert gefunden, hatte eilige Fragen gestellt und zum Schluss gesagt: »Dort hinten kommt ein Pueblo!« Weiter geht es auf widriger Piste. Endlich sehe ich die Häuser – weiße, gelbe, blaue Fassaden. Ich bin überrascht: ein richtiges Stück Zivilisation. Gleich den ersten Bewohner, der mir begegnet, frage ich: »Señor, wie heißt dieses Dorf?« Der Indio wiederholt den Namen mehrfach: »Tico-Tico! Tico-Tico!« Das Restaurant nennt sich »El Conquistador«. Als ich mich beim Wirt nach einer Schlafmöglichkeit erkundige, kommt prompt die Antwort: »Hier!« Sofort weist er seine beiden Töchter an, für mich auf dem Fußboden ein Lager zu bereiten. Stühle und Tische werden gerückt; auch Platz für das Fahrrad wird geschaffen. Die Szene ähnelt verblüffend der in Tincopalca. Ich muss die Mädchen bremsen. Noch mehr Wolldecken brauche ich nicht. Als ich meine Schlafutensilien auspacke, staunen sie, was so alles in Radtaschen versteckt sein kann. Probehalber lasse ich sie den Schlafsack heben. Sie wundern sich darüber, wie leicht so etwas ist – im Gegensatz zu Lamadecken. In dem Bergdorf Tico-Tico, das keine Landkarte vermerkt, ist der Ciclíste aus dem fernen Alemania (wo immer dies liegen mag) eine Sensation. Man erzählt es den Nachbarn, diese tragen die Kunde weiter. Bekäme ich auf dieser Reise für Blicke Geld, ein Tresorwagen müsste mir folgen. Das Duschen *bleibt* Traum; aber es gibt Wasser zum Waschen. Der Zementarbeiter wird wieder menschlicher. Mit Einbruch der Dunkelheit stellt der Wirt eine Gaslaterne ins Fenster. Ihr Schein wirkt wie ein Irrlicht; und doch signalisiert es Vorbeifahrenden: »Wenn du Hunger hast, wenn du etwas brauchst, hier wird dir geholfen!« Ich mache einen letzten Rundgang – von einem Dorfende zum anderen. Hart hinter der Häuserzeile stürzt eine Schlucht fast senkrecht ab. Fehltritte in der Dunkelheit enden hier tödlich. Das Laternenlicht lockt mich zurück. Noch ein Blick zum Himmel. Dort oben beginnt es zu glitzern, das Sternenbanner der südlichen Halbkugel. Es wird eine kalte, eine sehr kalte Nacht werden. Doch morgen früh erübrigte sich das Warten auf das Zeltauftauen. Gastfreundschaft hat viele Vorteile.

Als ich wach werde, schimmert es über mir weiß. Der Frost hatte das nackte Wellblechdach von innen mit Eiskristallen »gestrichen«. Aus der Küche kommt ein »Buenos dias, Señor! Café?« Vom Lauschen in eine stille Natur geschärfte Ohren hatten das Reißverschlussgeräusch meines Schlafsackes gehört. Den seltenen Gast möchte man nach dem Frühstück nicht so einfach weiterreisen lassen. Wie wäre es mit einer Erinnerung an ihn? Die Eltern trauen sich nicht, die Bitte vorzubringen; deshalb schickt man die älteste Tochter: »Señor«, beginnt sie schüchtern, »wir hätten gerne ein Foto von Ihnen – zusammen mit uns, die ganze Familie!« So heißt es zum Abschied »Aufstellen zum Gruppenbild«! Mit Stativ (was man auf einem Fahrrad nicht alles mitschleppt!) und Selbstauslöser ist das kein Problem.

Zum Abschied ein Gruppenfoto mit der Familie Hilari.

Schwierig wird es erst, als es um die Frage des Zuschickens geht. In dieses Tico-Tico dürfte sich wohl nie ein Postauto verirren. Doch wofür gibt es Freunde? Das Suchen in alten Papieren beginnt. Man wird fündig. Zur Sicherheit bekomme ich zwei Anschriften:

»Arequipa, Urbanización Nuevo Perú, No. 12,
Paucarpata, Familie Vargas Flores«

und

»Arequipa, Urbanización El Filtro,
Calle Juan Velasco, Alabarado No. 227« –
mit der Bitte, die Post weiterzuleiten an:
»Juan Fidel Hanco Hilari«.

So werden wir alle unsere Erinnerung haben, ich an die Gastfreundschaft im »El Conquistador« und Juan Fidel mit seiner Familie an den Ciclista aus Alemania.

Alle Berghöhen, die auf meiner Karte vermerkt sind, beginnen mit einer Fünf oder Sechs. Die Ubinas hat 5675 Meter, der Vulkan Misti 5822, der Pichu-Pichu 5668. Dann kommen die »Nevados«, alles Sechstausender. Meine Piste zickzackt durch diese Bergwelt. Zum ersten Mal laufen mir Vicuñas vor die Kamera. Das kleinste aller Andenkamele ist scheu und schnell wie eine Gazelle. Doch beim Anblick des Fahrrades überwiegt die Neugierde. Was ist das für ein seltsames »Tier«? Die Gruppe vergisst das Fliehen. Lama, Alpaka, Vicuña; nun fehlte mir nur noch das Guanako, und meine »Kamelsammlung« wäre komplett.

Fragte man mich, wie viel Kilometer ich im Leben schon zusammengeradelt habe, so müsste ich antworten: »Mehrere Erdumrundungen.« Da ist es schon erstaunlich, wenn ich so ausraste wie bei Tincoplaca. Wenn es heute noch viel schlimmer kommen sollte, dann aus dem gleichen Grund. Die Natur lässt mich innerlich abheben. Stille, so perfekt, dass man sie »hört«, Weite, die nur den Himmel als Konkurrenz hat, die Luft so klar, dass die Landschaft wie »in Glas« gegossen scheint. Der Tag hatte wie andere begonnen. Ein feiner, weißer Schleier aus Eiskristallen schmückte die Natur. Andennächte schicken den Frost als Boten. Seit Stunden sucht nun die Piste neue Horizonte, legt sich in Schleifen, wie eine Schlange, die davonkriecht. Eben passiere ich verlassene Hütten. Die Natur will allein sein; sie hat die Menschen »verjagt«. Häuser, Ställe, Pferche sind für sie nur störendes Inventar. Sie schmückt sich lieber selbst. Ihre Formen verraten alte Lavaflüsse; Verwerfungen zeigen, wie die Erde sich gedehnt und gestreckt hat; Gestein »bekennt« Farbe: schwarz, rot, graugrün – richtig schön wird das erst im Detail. Am Pistenrand lockt der matte Glanz von Jaspis. Zwar fehlt es an Blumen, doch es gibt »Ersatz«: Wolle, die sich aus dem Fell von Lamas und Alpakas gelöst hat, trug der Wind über Land, bis sie als braune oder weiße Fähnchen an spitzen Steinen hängen blieb. Wehende Dekoration. Ein Pueblo zeigt sich, so winzig, dass es die Bezeichnung gar nicht verdient. Auf Nachfrage erfahre ich, dass nur zwei Familien hier leben. Wenn ich den Namen richtig verstanden habe, nennt es sich »Chigusta«. An einem der Häuser der Hinweis: »Caldo!« Stolz verkündet mir der Mann, dass ich vor seinem »Restaurant« stehe und dass er es »Tambo de Aji« getauft hat. Man könnte es mit »Rasthaus zum Pfeffer« übersetzen. In der bestellten Suppe schwimmt jene Art von Kartoffeln, deren Genuss für einen Europäer gewöhnungsbedürftig ist, »Chuños«. Durch abwechselndes nächtliches Gefrierenlassen und Wiederauftauen entzieht man ihnen das Wasser, eine Methode, die schon die Inka kannten. Danach sind sie für Jahre haltbar. Wenn Indios, die in Höhen wohnen, wo keine »Papas« mehr gedeihen, die Wolle ihrer Tiere zu Tal bringen, kehren sie mit Säcken voll Kartoffeln zurück. Auf die beschriebene Art dehydriert, entstehen dann »Papas blancas«. Wieder eingeweicht, schmecken sie für uns ein wenig nach »Gummiball«. Als ich den Fleischwirbel aus der Suppe fische, um ihn abzunagen, nennt der Wirt die Herkunft: »Kein Alpaka! Lamm!« Auch die »Papas« erklärt er mir, wegen der »langen Zähne«, die ich beim Kauen mache.

Ein voller Bauch macht zufrieden. Weiter geht es im geübten Rhythmus: mal schiebend, mal fahrend. Dann zeigt sich jener Anblick, der mich einen folgenschweren Fehler machen lässt.

Gerade passiere ich eine Lagune mit Flamingos, jener »Evolutionssprungart«, die in Höhen über viertausend Meter lebt. Es wäre an der Zeit, das Zelt aufzubauen; unweit des Seeufers böte sich Gelegenheit dafür. Doch die Anzeige meines Rad-Computers lässt mich hoffen, dass ich den Tunnel noch erreiche, der das Ende dieser Höhenstrecke markiert. Dahinter ginge es fast nur noch bergab – bis zum Pazifik. Das lockt! Als die Piste wieder klettert, steigt vor mir ein lang gestreckter, weißer Bergrücken empor. Kein Zweifel, das ist der Pichu-Pichu. An seiner Nordflanke liegt jener Tunneldurchbruch, »dahinter« der Pazifik. Bei dem Anblick spüre ich ein Kribbeln. Gleich hast du es geschafft!

»Nuñez de Balboa hatte seiner Mannschaft befohlen, Halt zu machen. Keiner sollte ihm folgen, denn diesen ersten Blick auf den unbekannten Ozean will er mit keinem teilen … Langsam, pochenden Herzens, tief durchdrungen von der Bedeutung des Augenblicks, steigt er empor, die Fahne in der Linken, das Schwert in der Rechten … und wirklich, nun da er am Gipfel angelangt ist, eröffnet sich vor ihm ein ungeheurer Blick … eine riesige, metallen spiegelnde Scheibe, das Meer, das Meer!«

Stefan Zweig, »Sternstunden der Menschheit«. Ich hatte die Novellen gelesen, gebe mich aber, was mich betrifft, keiner Vision hin. Statt Fahne und Schwert schiebe ich ein schwer bepacktes Fahrrad, das Herz pocht eher wegen der Luftknappheit, in den Knochen liegt bleierne Müdigkeit. Und ich weiß, die »spiegelnde Scheibe« des Pazifiks würde ich nicht sehen; ich käme in der Schwärze der Nacht zu dieser Stelle. Außerdem: Bis zum Wasser wären es noch mehrere hundert Kilometer. Und doch ist es wie ein Sog. Dort vorne »enden« die Anden! Ich hätte sie durchquert!

Die Entfernung bis zu dem Bergrücken hatte getäuscht. Gläserne Luft lässt Distanzen schrumpfen. Die Sonne – schon sinkt sie, wird von einer Wolkenbank verschluckt. Erinnerungen an das Wettergeschehen bei Tincopalca – mit einem kleinen Unterschied: diese Wolken liegen auf. Noch könnte ich hier am Pistenrand das Zelt aufschlagen und das letzte Stück morgen früh ausgeruht angehen. Doch dieser Gedanke ist im Augenblick weit, weit weg. Ich vernehme ein Rauschen wie das eines fernen Wasserfalles. Sein Ursprung müsste mir klar sein. An der Flanke des Vulkans prallen zwei Wetterwelten aufeinander, die kalte Luft der Hochanden und die viel wärmere aus der peruanischen Küstenwüste. Sturm! Je näher ich dem Wolkenband komme, desto mehr wird das Rauschen zum Fauchen. Ich sehe das jagende Grau, ziehe mir den Regenanzug über und stelle das Hüftband auf »eng«. Als ich in das Wetter eintauche, ist es, als hätte jemand das Licht auf »letzten Schimmer« gedimmt. Alles um mich herum tanzt nach der Pfeife des Sturmes. Sand fliegt. Grasbüschel zerren wie wild an ihren Wurzeln. Die Wolke ein rasender Schleier. Schritt für Schritt stapfe ich vorwärts. Wer in der freien Natur lebt, kennt den Begriff »Windclifffactor«. Unter solchen Bedingungen in über viertausend Meter Höhe registriert das subjektive Temperaturempfinden minus zwanzig Grad und weniger, auch wenn objektiv vielleicht nur 0 Grad zu messen wäre. Ich habe das Gefühl zu vereisen. Schlotternd ziehe ich den Regenanzug aus. Damit er nicht davonfliegt, muss ich ihn am Fahrradrahmen verknoten. Ich hole den alten Isländer aus dem Gepäck, ziehe die Windjacke darüber, dann erneut den Anzug. Für die Hände sind die norwegischen Fäustlinge, für den Kopf die dicke Wollmütze, die mir schon auf Grönland die Kälte von den Ohren fern hielt. In dieser »Verpackung« geht es weiter. Das Rad stützt mich. Ich stütze das Rad. Längst müsste ich den Tunnel erreicht haben. Wo bleibt diese verdammte Röhre? Mein Rad-Computer lügt nicht, es war mein Verstand, der mich betrogen hatte. Die kleine schwarze Box hatte – völlig richtig – jeden Schlenker mitgezählt, jedes Abseitsschieben. So addierten sich auf den vielen Pistenkilometern die Zusatzmeter ohne wirkliche Distanzverringerung. *Das* ist es, weshalb ich vergeblich auf den Tunnel warte. Die Anden »verlängern« mir den Abschied.

Meine Schritte sind klein wie die eines Kindes, so sehr muss ich gegenhalten. Inzwischen ist es fast Nacht. Was ich noch erkennen kann, ist zum Grauen. Keine Geisterbahn könnte mehr bieten. Zur Rechten muss ein Abgrund liegen. Aus unbekannter Tiefe jagt jaulend und pfeifend die Wolkenflut über den Pistenrand. Aus Angst vor einem Absturz halte ich mich weiter links. Auf dieser Seite ragt senkrechter, ja überhängender Fels, irgendwie im Fallen »erstarrt«, oder doch in Bewegung? Plötzlich rote Warnfarbe, wie ein »Schrei«: »Achtung!« Erneut weiche ich aus. Plötzlich gähnt vor mir ein tiefschwarzes Loch im Gestein, wie ein aufgerissenes Maul: der Tunneleingang! Schemenhaft sind Kreuze zu erkennen. Für Abgestürzte? Am Fels Zerschellte? In der steinernen Röhre ist es so uneben wie bei einer Berg- und Talbahn, als wäre immer wieder ein Stück Decke des Tunnels eingestürzt. Zu meiner großen Überraschung bin ich bereits wieder im Freien. Der Durchbruch ist viel kürzer als geglaubt.

Der Augenblick, wo ich auf der anderen Seite herauskomme, hat sich unauslöschlich meinem Gedächtnis eingraviert. Wie soll man das anderen mitteilen, die so etwas nicht erlebt haben? Hinter mir das Heulen und Winseln des Sturmes, eine Temperatur an der Grenze des Erträglichen, die Natur als Dämon; jetzt Stille, fast das Gefühl von Wärme. Vor mir, zum Greifen nahe, ragt der Kegel des Vulkans Misti empor, seine Silhouette vor dunklem Nachthimmel. Der Kraterrand mit seinem Schneesaum scheint losgelöst über ihm zu schweben. Mir ist, als spräche der Vulkan zu mir herab: »Wurm Mensch! Was willst du hier?« Ich ziehe einen Teil meiner wollenen Verpackung wieder aus. Sie ist hier überflüssig geworden. Der mächtige Rücken des Pichu-Pichu trennt zwei Welten: irgendwo in der Tiefe die Wüste, auf der anderen Seite die Bergwelt der Fünftausender. Ich habe die Anden durchquert! Jetzt wären nur noch die Bremsen gefordert.

Nun sollte ich hier irgendwo mein Zelt aufschlagen. Morgen

früh ginge ich zu Fuß durch den Tunnel zurück, um bei Tageslicht zu sehen, was mir die Dunkelheit verschleiert hatte. Ich würde die Kreuze der Verunglückten zählen und eine Gedenkminute einlegen, auch dafür, dass ich nicht – wie sie – den Tunneleingang verfehlt hatte. Doch schon muss ich den Plan wieder verwerfen. Wo könnte ich hier ein Zelt aufstellen? Hinter mir senkrechter Fels, zu beiden Seiten, im Licht der Taschenlampe, grobes Steingewölle, vor mir ein Abgrund, der offenbar so tief ist, dass das Sternenlicht seinen Boden nicht erreicht. In wildem Zickzack stürzt die Piste nach unten, bis die Schwärze der Schlucht das helle Aschenband schluckt. Es geht nicht anders, ich muss tiefer hinab. Vielleicht klappt es später mit einem Plätzchen für das Zelt. So marschiere ich los. Schon in der ersten Kehre begreife ich, was da auf mich zukommt. Samt Rad gerate ich ins Rutschen. Unter den Stiefelsohlen werden Asche und Schlacke zu Murmeln. Um das Gefälle zu mindern, beginne ich zu kreuzen. Steine legen sich mir in den Weg, ich stolpere auf abschüssigem Zickzackkurs vorwärts. In der Dunkelheit weiten sich meine Pupillen wie die einer Katze auf nächtlicher Mäusejagd. Erstaunlich, was das Auge alles sieht, hat es sich erst einmal an solche Lichtverhältnisse gewöhnt. Die Schritte werden sicherer. Manchmal bleibe ich stehen und blicke zurück. Kopfschütteln, Selbstgespräch: »Von dort oben kommst du?« Ich hätte mitzählen sollen; endlich unten, schätzte ich den Abstieg auf annähernd hundert Serpentinen. Doch bis dahin ist es noch weit.

Nur zwei Quadratmeter einigermaßen ebene Erde bräuchte ich für mein Zelt; aber diese Natur gibt mir keine Chance. »Eben« ist hier nur die Senkrechte. Der Marsch führt in die Tiefe ohne erkennbares Ende. Irgendwann zeigt sich ein Schatten, der erste Busch, später, viel später, der erste Baum. Noch immer umgibt mich Steinsturzlandschaft, mal links, mal rechts, je nach Kehre. Könnte der Misti denken, er würde staunen. Vielleicht bin ich der erste Mensch, der in einem Nachtmarsch vom Pichu-Pichu herabkommt. Nach Stunden gehe ich noch immer. Aber ich gestatte mir kein Fluchen, kein Hadern. Selbstverleugnung bis zur Ironie. Grob geschätzt hatte ich während des Tages das Rad gut zwanzig Kilometer geschoben. Jetzt, in der Nacht, führe ich es schon die gleiche Distanz. Längst habe ich es aufgegeben, nach einem geeigneten Plätzchen für die Nacht Ausschau zu halten. Irgendwann, das weiß ich, wird die Piste in eine Asphaltstraße münden; und so nehme ich mir vor: »Du wirst laufen, so weit dich die Füße tragen!«

Endlich die erste Hütte, nein, nur ihr Rest. Für ein paar Minuten wird das Gefälle seichter, dann kommen wieder steile Kehren. Ein Hund bellt. In der Stille klingt das wie Schüsse. Ein zweiter antwortet. Dann kehrt wieder Ruhe ein, als hätte die Tiere ihr eigener Lärm erschreckt. Hinter mir, jetzt bereits unendlich hoch wirkend, ragt der Kamm des Pichu-Pichu! Schnee vor nächtlichem Mondhimmel. Auch der Misti scheint durch meinen Abstieg gewachsen zu sein: ein »Wolkenkratzer« aus Lava und Asche. Als wäre die Piste des Hinabstürzens müde, holen die Kehren immer weiter aus. Statt an Höhe zu verlieren, verweilen sie fast am Berg. Meine Schritte werden schneller. Der Körper scheint von einer automatischen Motorik erfasst, die Beinbewegungen sind Kolbenstöße, die Gelenkbeugungen Kurbeldrehungen. Ich passiere ein Dorf, das nur aus Schatten besteht. Die besonders großen sind die von Lastwagen. In den Morgenstunden wird sich der Konvoi in Bewegung setzen, zum Anstieg auf viertausendsiebenhundert Meter; eine wahre »Himmelfahrt«. Die Piste hat es sich wieder überlegt, findet zu ihrer alten Form zurück. Das Rad hat es eiliger als ich. Unten würde ich ohne Bremsbelag ankommen; denn ich muss die Bremsen schleifen lassen, sonst käme das Velo in Fahrt und risse mich mit. Irgendwann funkelt in der Ferne ein funzeliges Licht. Eben noch war das

Knirschen rauer Piste zu hören, plötzlich ist unter Stiefeln und Reifen Schweigen. Asphalt! Das Licht war nicht so weit entfernt, wie die Augen geglaubt hatten: Körper und Sinne sind müde. Es ist bereits ganz nahe. Eine Kette überspannt die Straße; fast hätte ich sie übersehen. Aus dem Schatten der Hauswand löst sich eine Gestalt, eine Uniform. Es gibt nichts zu erklären. Der Soldat, oder Polizist, »weiß« alles. Dieser Nachtwanderer kann nur einen Weg genommen haben, den herab vom Pichu-Pichu. Meine Frage klingt wie eine Bitte: »Gibt es hier eine Möglichkeit zum Schlafen?« Wenig später liege ich Wand an Wand mit der Polizei. Es ist der Posten von »Chiguata«. Auch Uniformen kennen manchmal »Hospidalidad«.

Nur die Kameratasche und meine Schlafsachen hatte ich vom Rad genommen. Das Velo steht mit dem restlichen Gepäck draußen vor der Tür, »mit der Waffe« bewacht. Aus dem Erschöpfungsschlaf holt mich Motorenlärm. Jeder Lastwagen, der bergwärts fährt, wird hier kontrolliert. Noch völlig benommen wasche ich mich hinter der Polizeiwache mit dem Rest meines Trinkwassers. Ich frühstücke am Straßenstand. Busse hatten angehalten; mein Rad ist in einer neugierigen Menschenmenge untergegangen. Wüsste ich es nicht unter Polizeischutz, ich bangte um meine Habe. Der Abschied von den Beamten gerät zu einem Bad in Blicken. Fast hätte ich meinen Pass vergessen; ich muss noch einmal aus dem Sattel, der Beamte hatte ihn von mir verlangt. Dienst bleibt Dienst, trotz Gastfreundschaft. Schwerfällig, als wären meine Gelenke in den restlichen Nachtstunden eingerostet, radle ich los. Die »Kolben« wollen nicht richtig, auch nicht die »Kurbelwellen«. Der Rad-Computer weiß warum: Den bis zum Tunnel zurückgelegten Schiebekilometern war fast das Doppelte hinzugekommen: der Abstieg vom Pichu-Pichu. Erstaunlich, was ein Körper leistet, befiehlt man ihm: »So weit die Füße tragen!«

Die Talfahrt ist noch lange nicht zu Ende. Der Pazifik, er liegt hinter vielen Horizonten. Doch als ich Pampasgras sehe, an Eukalyptusbäumen vorbeirolle, an Kakteen, begreife ich: »Die Anden liegen hinter dir!« Ihr kleiner Rest, er wäre kein Hindernis mehr. Dem zitierten Geländewagenprofi könnte ich schreiben, dass nicht nur altersschwache Lastwagen mit Tonnenfracht die Strecke meistern. Auch ein Velo, angetrieben von weit weniger als einem PS, schafft sie. Willig folgt das Rad der Schwerkraft. Tief unten wird eine große Stadt sichtbar, Arequipa. Dort werde ich nachholen, was in der letzten Nacht buchstäblich »auf Strecke« blieb: Schlaf, dazu in einem richtigen Bett. So etwas beginne ich langsam zu vermissen.

Weiße Stadt und schwarze Schwingen

Ich folge irgendeiner Straße ins Zentrum. Hotelsuche. Ein Schriftzug an alter Fassade weckt Erinnerungen: »*Conquistador*«. So hieß meine Unterkunft in dem Bergdorf Tico-Tico: ein Fußbodenlager, an der Wellblechzimmerdecke Raureif. Doch was zählte, war die Gastfreundschaft. Nun betrete ich ein gleichnamiges Hotel unter anderen Vorzeichen. Burgartiges Gemäuer, geschmiedetes Eisen, geschnitztes Holz, Öl in Gold gerahmt. An der Rezeption gibt es verlegene Mienen, als ich nach einem »Parkplatz« für mein Velo frage. Samsonites, die auf kleinen Rädchen rollen, kennt man hier, große gespeichte, die verstaubte Packtaschen tragen, nicht. Für Verblüffung sorgt das bunte Stück Stoff am Gepäck. Als ich es auf Nachfrage erkläre, kann niemand mit dem Begriff »Bandera Nativa« etwas anfangen. »Revolutionäres« ist in Peru nicht gefragt; und in diesem Hotel zählt sowieso nur eine renommierte Kreditkarte. Ich gebe ein wenig an: »Bevorzugen die Herrschaften MASTERCARD oder VISA?« So einfach ist es mit dem Akzeptiert-Werden.

Arequipa. Garcilaso de la Vega, Sohn einer Inka-Prinzessin und eines spanischen Conquistadors, hat uns den Namen der Stadt erklärt. Das Tal wurde von Hochlandbewohnern besiedelt, die teils Quechua, teils Aymará sprachen. Das Quechua-Wort »quipa« bedeutet »dahinter«, »ari«, aus dem Aymará, »Gipfel«. Ein Blick in die Runde bestätigt dieses »Ari-quipa«. Im Osten er-

Dem Baumaterial Silur verdankt Arequipa den Namen »Weiße Stadt«.

hebt sich der Vulkan Misti, weiter rechts der Pichu-Pichu, auf der anderen Seite der Chachani.

Früher sprach man in Touristenkreisen, wenn es um Peru ging, von Cusco als *der* Stadt. Arequipa war noch nicht entdeckt. Das hat sich geändert. Aber im Sog der Reiseführer kamen nicht nur die, die schauen wollten. Der boomende Tourismus hatte auch die Kriminalität im Schlepp. Das Auswärtige Amt bringt es auf den Punkt: »Arequipa: Warnung vor Diebstahl, Überfällen, Raub!« Inzwischen hatte es auch den ersten Toten gegeben. Dem Touristen hatte man eine Überdosis Betäubungsmittel ins Getränk gemischt. Gewarnt wird jetzt außerdem vor unbegleiteten Touren in den westlich gelegenen Colca-Canyon, wo sich, wie an keiner anderen Stelle in den Anden, Kondore beobachten lassen. Natürlich respektiert nicht jeder Ganove das Kreuz, das ich am Hals trage, und meine Kameraausrüstung (alles andere wäre schnell ersetzbar) möchte ich ungern in fremde Hände »abliefern«; deshalb treffe ich eine vernünftige Entscheidung: Ich schließe mich einer Gruppe an. Wie schwer mir das fällt, zeigt schon mein »Auswahlverfahren«. In allen Büros, die diese Tour anbieten, erkundige ich mich. Erste Bedingung: keine Busladung voll, zweite: keine Oh-how-beautiful-oh-how-nice-Gesellschaft, dritte: ein Führer, der nicht nur Prospektwissen wiedergibt. Am zweiten Tag klappt es. Das Fahrzeug ist ein alter Ford, die anderen Interessenten Engländer (looking for nature), über den Guide erhalte ich die Auskunft: »›Raulito‹ is our best, he has an excellent knowledge!« Mit einer solchen Mannschaft kann sich auch ein Individualist anfreunden.

Schon als wir Arequipa verlassen, zeigt sich, dass Raulito jedes Lob verdient. Er spricht über die Arbeit der Steinmetze, deren Werkstätten sich am Stadtrand reihen. Aus dem vulkanischen Material Silur entstehen hier Quader für den Hausbau. Bereits die Spanier nutzten den hellen Stein für ihre Prachtbauten, was Arequipa den Beinamen »Weiße Stadt« einbrachte. Dann Raulitos Hinweis auf die andere Seite: »So sieht es aus, wenn eine Stadt ›krank‹ wird!« Er deutet auf die neuen Armenviertel von Arequipa. Kein Strom, kein fließend Wasser, keine Kanalisation. Landflucht, nur in neues Elend. Das sind »deutliche Worte« für einen Guide.

Der Weg zum Colca-Canyon führt durch wilde Bergwelt. Auf den ersten Kilometern scheint es, als sei hier erst kürzlich ein Ascheregen niedergegangen. Dabei ruhen die Schöpfer dieser Landschaft längst wieder unter einer Schneekappe. Es liegt am Material, das sie ausgespuckt haben, dass die Natur so »tot« ist. Ohne die Möglichkeit der Erde, Wasser zu speichern, kann kein Leben keimen. Meine Karte gibt sich wieder bescheiden. Sie nennt von den Vulkanen nur die Fünf- und Sechstausender. Während einer Rast erklärt Raulito allen, die es noch nicht wissen, wie man Koka richtig kaut und was man den Blättern beimischt, um die Wirkung zu verstärken. Später, in einem kleinen Berg-Restaurant, wundern wir uns über das dortige Haustier. Ein Lama geht von Tisch zu Tisch und wartet auf die Kokablätter aus den Teetassen. Bei dem Konsum müsste das Tier mächtig »high« sein, aber es macht einen eher schläfrigen Eindruck. Auf der Weiterfahrt kreuzt eine Gruppe Vicuñas die Piste. Es reicht nicht für ein Foto, denn als wir halten, fallen sie sofort in leichtfüßigen Trab. Da hatte ich in den Bergen »per Rad« mehr Glück gehabt. Über dreihundert Dollar kostet ein Kilogramm der feinen Vicuña-Wolle. Früher durfte nur der Hohe Inka Gewänder daraus tragen. Heute bestimmen nicht sozialer Rang, sondern Geld den Besitz. Von den Spaniern fast ausgerottet, sind die Tiere heute geschützt. Raulito sagt uns, was das Wildern unter diesen Tieren »kostet«. Die Mindeststrafe beträgt drei Jahre Gefängnis, das Höchstmaß fünfundzwanzig. Dies dürfte Wolljäger abschrecken.

Die Kondore im Colca-Canyon kann man nur in den Morgenstunden beobachten. Wenn die ersten wärmenden Sonnenstrahlen an den Felswänden Thermik entstehen lassen, erspüren die Vögel diesen Aufwind und lassen sich von ihm in die Höhe tragen. Kaum eine Stunde dauert das Schauspiel; um es zu erleben, muss man »pünktlich« sein. Von Arequipa aus ist dies nicht zu schaffen, deshalb wird am Eingang zum Canyon eine Übernachtung notwendig.

Es ist noch nicht einmal richtig hell, da klopft unsere Gastgeberin an die Tür: »Señores, aufstehen!« Unser Fahrzeug dürfte das zwanzigste sein, das am Aussichtspunkt, dem »Cruz del Condor« eintrifft. Wenig später sind es fast ein halbes Hundert. Ich bin schockiert. Im Reiseführer war die Realität ausgeblendet worden. Obwohl längst nicht »high season« ist, herrscht hier Volksfeststimmung. Ein Indiomarkt ist eingerichtet. Unter den

Händen der Touristen kommt Leben in die bunten Wollstapel. Kaufrausch bricht aus, als wäre dies der einzige Markt in Peru. Eine Touristin greift sich ein kleines Indio-Mädchen, das von seiner Mutter für Fotozwecke angeboten wird, »stellt« es in Position und dirigiert mit der anderen Hand ihren Mann, damit er das Bild punktgenau schießt. Danach lässt sie das Kind stehen wie eine Ware, die man nicht mehr benötigt. Ich schäme mich. Das Ehepaar vertritt Deutschland, und auch noch so lautstark, dass diese Szene nicht nur mir auffällt; und Nationen sind hier im Dutzend vertreten. Von der Canyon-Kante ertönen Rufe. Der erste Kondor! Pullover, Schals, Ponchos sind plötzlich uninteressant geworden. Gedränge entsteht. Es wunderte mich nicht, drückte man die Vordersten in den Abgrund. Nur weg von hier!

Ich entferne mich von dem Plateau und beobachte – zwar nicht aus bester, aber dafür aus stiller Position – die Flugmanöver der großen, schwarzen Vögel. Nur ein einziges Mal hatte ich bisher Kondore gesehen, in Bolivien. So hoch kreisten dort die Vögel, dass selbst der Blick durchs Tele wenig brachte. Die breiten, stumpf auslaufenden Schwingen, der Kopf fast »halslos« am Rumpf sitzend: das Flugbild stimmte. Aber drei »schwarze Punkte« auf einem Foto, diesen »Beweis« für die Begegnung mit Kondoren hatte ich mir doch verkniffen. Ich hoffte auf eine bessere Gelegenheit. Nun ist sie gekommen.

Der Anblick, der sich mir bietet, lässt mich vergessen, was sich weiter drüben abspielt. Unten in der Schlucht ziehen mehrere Kondore ihre Schleifen. Thermiksuche. Ich bräuchte nur zu warten, bis der erste den Canyonrand erreicht hätte. Er flöge mir direkt vor den Sucher. Der »König der Anden« ist mehr als ein ornithologischer Superlativ. Er ist Götterbote, ja Gottheit selbst. Die Verehrung des Kondor wurzelt tief im Glauben der Indios. Noch heute findet man Rituale, die den »Mittler zwischen Himmel und Erde« würdigen. Und selbst im Scherz kann man seine

Kraft nutzen. »Kommt ins Haus! Der Kondor!«, mahnen Mütter ihre Kinder, die nicht gehorchen wollen. Diese wissen aus Märchen, dass der Kondor kleine Señoritas entführt. Das wirkt. Uns mag der Vogel nur wegen seiner mächtigen Spannweite beeindrucken, für die Indios dagegen ist »El Condor« auf andere Art groß.

Der erste Kondor hat den Canyonrand erschwebt. Leider dreht er ab. Die Kreise der anderen sind größer geworden, aber auch sie entfernen sich. Tief unten in der Schlucht üben noch einige Jungtiere. Auch das Erspüren der besten Thermik will gelernt sein. Weil ich in die Tiefe blicke, entgeht mir ein Vogel. Er kommt direkt aus der Sonne auf mich zugeflogen. So groß habe ich den Kondor plötzlich vor mir, dass ich erschrecke. Meine gute, alte Nikon ist keine »schnelle« Kamera (dafür schadet ihr auch der härteste Rütteltest auf dem Fahrrad nicht). Nun ist sie überfordert. Zum Drehen von Tele- und Weitwinkelbereich und Nachführen der Belichtung bleibt keine Zeit mehr. Ich reiße die Kamera hoch und drücke ohne genaue Einstellung ab. »El Condor pasa«, es wäre der passende Titel für das Bild, sollte es ein Zufallstreffer werden.

Dreizehn Kondore hatte ich insgesamt gezählt. Wo in den Anden findet man Vergleichbares? Erst war ich »über« ihren Schwingen, dann »unter« ihnen, am Ende fast Aug in Aug. Er hatte sich gelohnt, der Ausflug in den Colca-Canyon. Vergessen wir die touristische Ouvertüre.

Auch auf der Rückfahrt zeigt sich, dass Raulito als Führer »erste Wahl« war. Wir stoppen bei einer Begräbnisstätte, an der die großen Reisebusse alle vorbeifahren. Hoch über der Piste, in fast senkrechter Wand, hatte eine Prä-Inkakultur ihre Toten bestattet. Gleich Schwalbennestern hängen die Steingräber in den Felsen. Ohne Raulitos Hinweis hätte sie keiner von uns entdeckt. Ein Stück weiter lässt er uns wieder aussteigen. In einer Tonlage,

Unter den Schwingen des Kondor.

als wäre es eher nebensächlich, spricht er über die Besiedlung des Canyons und seine Entwicklung zur »Kornkammer«. Plötzlich seine Frage: »Seht ihr was?« Wir müssen passen. In dem Gewirr tausender Terrassenfelder dort unten könnte sich vieles verbergen. Doch Raulito meint etwas ganz anderes. Unterhalb unserer Position liegt auf einem kleinen Plateau ein Fels, der offensichtlich bearbeitet wurde. Unbekannte Künstler hatten maßstabgerecht den Grundriss der Felder eingemeißelt, sogar die Rinnen der Bewässerungsanlagen. Jetzt, wo Raulito darauf aufmerksam macht, sehen wir es. »Kompliment, Raulito!« Hinter uns passieren wieder Busse. »Cruz del Condor«, einmal hin und zurück, reines Pflichtprogramm für Pauschalisten. Wir erhalten von Raulito weiter Geschichtsunterricht. Er erklärt uns die Huttrachten der Indios, die in diesem Gebiet leben, und wie man früher zu Ehren von Gottheiten – im frühen Kindesalter beginnend – die Köpfe verformte, indem man sie bandagierte oder durch seitlich angebundene Hölzer zum Wachstum in eine bestimmte Richtung zwang. So sollen, nach Raulito, die »Rundköpfe« der Cananas entstanden sein. Jeder konnte diese Indios dem heiligen Berg Gualca-Gualca zuordnen, dem ihre Kopfform »nachgebildet« war. Die Collagua hingegen verehrten den spitzkegeligen Collaguata; deshalb ließen sie die Schädel der Kinder – seitlich eingeengt – nur in die Höhe wachsen. Es lohnt sich, unserem Führer zuzuhören. In Arequipa gibt es von allen dickes Lob für ihn – neben ein paar Extra-Sol. Besondere Leistung sollte honoriert werden.

Mir war etwas aufgefallen. Angelo, unser schweigsamer Fahrer, hatte, als wir zu der Tour aufbrachen, das Jesusbild innen über der Windschutzscheibe berührt. Seine stummen Worte dabei konnte ich mir denken. Jetzt, wo wir heil aus den Bergen zurück sind, macht er die gleiche Geste. Kein Überfall war passiert! Der alte Ford hatte durchgehalten, die Bremsen nicht versagt! Kein Abgrund wollte uns haben! So ist es, wenn man »fest« glaubt.

Für die »Weiße Stadt« habe ich mir noch einen weiteren Tag aufgehoben. Sie ist ein »Museum alten Reichtums«. Doch allzu tief sollte man nicht hinter die geschichtliche Fassade schauen. Kirchengold war Raubgold. Die Inka gaben es den Spaniern nicht freiwillig; und der hier zu so kunstvoll verziertem Stein gewordene Reichtum gründete sich auf Fronarbeit. Man mordete, schändete, trat die Menschenwürde der Indios mit Füßen und schickte gleichzeitig die »feinen Töchter« der Gesellschaft ins Kloster – für ein Leben als Braut Gottes. Das gerade gesprochene »Mea culpa« in Rom, das Schuldbekenntnis der katholischen

Kirche sind zu späte Worte, zu wenige Worte, zu wirkungslose Worte für die Nachkommen der Opfer. Nicht nur eine Indiofrau, die Nobelpreisträgerin Rigoberta Menchu, empfindet das so.

Mein Rundgang durch Arequipa ist beendet. Ich habe mehr gesehen, als dem offiziellen »Peru-Guide« lieb sein könnte. Etwa den Bettler, der viele Heiligenbildchen vor sich auslegt, aber kein Geld für ein Musikinstrument hat und deshalb einer Blechbüchse Töne entlockt. Oder die blinde Mutter, die, von der Tochter geführt, ihre blaue Plastiktasse dort an die Autofenster hält, wo sie den Fahrer vermutet. Die meisten, die allermeisten, blicken weg. Armut und Elend so nahe ins Gesicht zu schauen, dafür braucht man Mut. Nur zwei Beispiele. Ich las die ausgehängten, mehrsprachigen Menükarten für Touristen und hörte die mündlich vorgetragenen für jene, die nur ein paar Münzen in der Hosentasche haben. Das Angebot lautete: »Suppe! Gekochte Maiskolben!« Und in den Abendstunden sah ich den endlosen Lichterschweif von Kerzen, der einer Madonnenstatue folgte. Tausende gaben ihr das Geleit, Tausende schlugen am Straßenrand das Kreuz und murmelten Gebete, als man sie vorbeitrug. »Je tiefer die soziale Stellung, je mehr indigenes Blut in den Adern!«, formulierte es Konsul Dr. Mann. »Und desto gläubiger!«, möchte ich hinzufügen. Auch kleines »Hexenwerk«, wie in der Calle Linares in La Paz, ändert daran nichts. Blättert man in der Geschichte fünfhundert Jahre zurück, stößt man auf den Ursprung dieser Verhältnisse. Den Indios wurde in einer für sie fremden Sprache eröffnet, sie hätten entweder das Kreuz anzuerkennen oder sie kämen unter das Schwert. Angst mündet letztlich in Freiwilligkeit. Was ich an jenem Aprilabend in Arequipa erlebe, ist die »Saat der Geschichte«, die noch immer keimt, mit ihrem »Januskopf«: Armut und Gläubigkeit.

»Señor, dort hinten enden die Anden!«

Aus über viertausend Meter Höhe war ich herabgekommen, aber nach europäischen Verhältnissen befände ich mich noch immer auf einem Alpenpass. So rollt das Rad, als ich die »Weiße Stadt« verlasse, weiter. Schwerkraft ersetzt den Anschub. Die Landschaft zu beiden Seiten der Trasse kommt mir bekannt vor. Sie erinnert mich an die Fahrt in den Colca-Canyon. Asche! In ihrer rötlichen Farbe glüht symbolisch noch immer das Feuer des Vulkans. Meterdick muss die Schicht sein, wie an den Durchstichen der Straße zu erkennen ist, ein tödlicher »Dauerregen« aus dem Inneren der Erde. Mit einer solchen »Wüste« hatte ich nicht gerechnet.

Eigentlich glaubte ich die Anden bereits hinter mir. Aber meine Vorstellung von einer über zweihundert Kilometer langen Abfahrt sollte sich bald als Zerrbild erweisen. Es gab kein Hinunterrauschen zum Pazifik. Berge tauchen auf. Schon ist es aus mit »leichter Fahrt«. Der erste Pass liegt vor mir. Endlich oben, werfe ich einen erstaunten Blick zurück: Wüste, halb Asche, halb Sand, weder Baum noch Strauch, nicht einmal ein Grashalm. Nur das grüne Band des Rio Chili bildet eine Oase, eine Welt für sich. Der Anblick ist so verblüffend, dass ich mich in einem anderen Land, ja auf einem anderen Kontinent wähne.

Ein Dorf. Seine Hütten liegen wie hingeworfen, *noch* im Sand, *schon* am Fluss. Es müsste das Pueblo »Repartición« sein. Der Name klingt nach »verteilen«; und zu verteilen gibt es hier wirklich etwas: zwei Straßen. Die eine, eher nebensächliche, führt nach Arequipa, und jene, deren Name durch so viele Köpfe geistert, ist die »Traumstraße der Welt«, die Panamericana. Sie einmal zu befahren, wenn auch nicht von Alaska bis Feuerland, so doch wenigstens ein Stückchen: das ist der Wunschtraum vieler Reisender. Nun werde ich mich an ihr »entlangträumen«, die nächsten tausend Kilometer.

Alle Welt spricht von der Atacama, kaum jemand von der Küstenwüste Perus. Dabei sind beide geologische Schwestern. Ihr »Vater« ist der kalte Humboldt-Strom. Er lässt die Luftfeuchtigkeit über dem Pazifik kondensieren. So regnet es dort, wo es bereits genug Wasser gibt – draußen auf dem Meer, und für das küstennahe Land, ob Chile, ob Peru, bleibt nur ein Hauch von Nebel. Daher ist die Küstenwüste Perus eine der trockensten Wüsten der Erde. Sie habe ich nun buchstäblich »unter den Rädern«.

Nicht wenigen Menschen machen Wüsten Angst. Es mag an der Vision des Verdurstens liegen; doch eher scheint es mir die unbewusst bleibende Erkenntnis, dass eine solche Natur unsere vermeintliche Größe auf das reduziert, was wir wirklich sind, ein »Fliegenschiss« auf der Landkarte der Evolution. In Wüsten wird die Natur zum Psychoanalytiker. Titel verdorren, Statussymbole verrotten, Geldkonten vertrocknen zu hohlen Nullen. Wüsten machen Menschen »nackt«. Und so »entblößt« radle ich wieder einmal durch eine Wüste. Immerhin, ich weiß von diesen Wirkungen.

Hinter mir ertönt rhythmisches Hupen. Als mich der Wagen überholt, erscheint aus dem Seitenfenster das Victory-Zeichen. Wer hat hier wen besiegt? »Schau lieber auf deine Tankanzeige!«, »empfehle« ich dem Fahrer. Mein Lästern macht durchaus Sinn. Wer als Autofahrer auf Wüstenstrecke einem Radler begegnet, der sollte ihm kein Kompliment zuhupen, sondern ihn besser fragen, ob er Wasser benötigt. Solche »Kurzdenker«! Gedankenlos waren auch die, die just hier, am Ende einer Kurve, eine Bierreklame hatten aufstellen lassen. Der Anblick ließ einen Autofahrer das Lenken vergessen, und er landete zwischen den Stahlstreben. Ein kleines Kreuz erinnert an seinen »letzten Blick« auf ein kühles Bier. Für mich ist keine Wüste tot. Weiße Schichten, jahrmillionenalte Ablagerungen, deuten auf ein früheres Meer. Grauer Schiefer, ehemaliger Schlamm, hatte vielfältiges Leben geborgen. Dazwischen ziehen sich Bänder aus Vulkanasche. Erdgeschichte anschaulich gemacht. Der Mensch kommt darin noch nicht vor.

Eine neue Farbe tritt auf: Grün, Opuntien. Die Kakteenpflanzung wirkt, als hätte man die Wüste künstlich befruchtet. Irgendwie fremd ist auch das Restaurant. Es nennt sich »La Frontera« – eine Zivilisationsfront mit der Natur als Feind, so mag man den Namen verstehen. Es ist das erste lateinamerikanische Restaurant ohne Jesusbild, das ich sehe. Seltsam, eigentlich machen Wüsten nicht nur Angst, sondern auch gläubig.

Man sollte auf solchen Strecken Kurven verbieten. Ein Dutzend Kreuze zähle ich an dieser Stelle. Wie in einem freudigen Luftsprung waren die Fahrer geradeaus gefahren. Der Aufschlag erfolgte dreißig Meter tiefer. Wüsten graben auch Gräber für übermüdete Autofahrer.

Als ich Arequipa verließ und die Landschaft sah, dachte ich: »Da wartet heute Abend ein staubiges Zeltlager auf dich!« Aber nun legt sich mir ein Fluss vor das Rad, der Rio Vito. Wo in der Wüste Wasser fließt, da ist auch Leben. Das Dorf nennt sich wie der Fluss. Zu meiner Überraschung gibt es eine Herberge. So erfreut ich bin, möchte ich doch den Maler erwürgen, der diese Wände angestrichen hat. Babyblau »knallt« es von allen Seiten. Ich wünsche dem Haus einen Sandsturm, zum Abschmirgeln –

außen wie innen. Die Besitzerin sieht meinen Blick und fragt: »Mag der Señor Blau?« Ich lüge: »Ja!«, und schließe die Augen. Der Rundgang durchs Dorf gerät zu einem Spießrutenlaufen. Ein Fremder in Vito! Außerdem hatte man mich mit dem Rad ankommen sehen, das gibt der Neuigkeit eine besondere Note. Ein Pedalist auf der Panamericana! Nicht zum ersten Mal muss ich die Frage nach meinem Alter beantworten. Es ist so echt wie mein Bart. Vor fünfzig Jahren war ich noch »Mittklässler«. »Caramba!« Das Kompliment klingt eher mexikanisch. Ein Mann, der mitgehört hatte, meint: »Fuerte!« Weder Stolz noch Selbstbewusstsein braucht man mir mit Worten zuzuwerfen. Das eine wäre Schmarrn, das andere keimt von selbst in jedem Pedalisten, der Touren fährt, für die andere einen Motor benötigen. Nach Sonnenuntergang werde ich in meiner Unterkunft eingeschlossen wie in einer Gefängniszelle. Das Klappern des Eisengitters klingt nach Freiheitsentzug. Später kommt der »Wärter« zurück und entschuldigt sich: »Señor, der Schlüssel!« Ich nehme ihn durch die Gitterstäbe entgegen wie ein Affe im Zoo eine ihm zugesteckte Banane. Nun bin ich wieder »frei«, je nach Wunsch.

Ein Wettstreit der Hähne weckt mich. Vito wird erst wachgekräht, dann wachgerüttelt. Ein Konvoi Laster donnert durchs Dorf, Richtung Chile. Vielleicht auch würden sie sich den Pichu-Pichu hinaufquälen. Dann wäre das hier wie ein Anlaufnehmen für die viertausendsiebenhundert Meter.

Kaum bin ich wieder auf Strecke, sehe ich schon die ersten »Toten«. »Marcela Condori«, »Rafael Ortiz«, »Isabel Sanchez«. Kreuze stehen am Straßenrand wie Amenzeichen. Friedhofsstimmung an der Panamericana. Jetzt wartet eine Steigung auf mich. Die Straße wird fast zum Pfad. Wie hatten hier die Laster passieren können? Mit einer Hälfte ihrer Zwillingsreifen mussten sie über dem Abgrund gehangen haben. Schuld an der Einengung ist ein Bergsturz. Da noch keine Räummaschinen eingetroffen sind, wird er während der Nacht niedergegangen sein.

Jetzt streckt sich die Trasse, eine Gerade bis zum Horizont. Schon wieder Kreuze! Ich sollte aufhören, sie zu zählen. Diese Wüste, so scheint es, bringt Autofahrer um den Verstand. Immer diffuser wird die Sicht. In den Bergen war die Luft aus »Glas«, hier ist sie ein Gemisch aus Restfeuchte vom Meer, Staub und Hitzeflimmern. Noch habe ich das Bild einer Natur vor Augen, die sich mit Eiskristallen schmückte, und gerne möchte ich einen Schub jener Kälte gegen diese »Suppe« eintauschen. Meine Kamera wird davon regelrecht »blind«. Was ich jetzt im Sucher habe, wäre unter blauem Himmel das Motiv, aber nicht unter diesen Umständen. Zunächst konnte ich die Gebilde nicht einschätzen. Mal lagen sie auf, mal schienen sie zu schweben. Ja, sie veränderten ihre Position, gingen in der Wüste auf Wanderschaft. Hitze malt Trugbilder. Nun stehe ich zwischen ihnen. Es sind Sicheldünen. Das Besondere daran ist, dass der Wind den Sand wie nach Farben sortiert hatte: gelblich die Wüste, silbergrau die Dünen. Nicht nur das verblüfft, sondern auch ihr perfektes Ebenmaß. So weit die Sicht erlaubt, erstrecken sich »Mondsicheln« – sanft gewölbt, ihre Spitzen vorgezogen. Die Physik mag eine Erklärung für die Gebilde liefern. Ihre Form unterliegt den Gesetzen der Luftströmung. Das vom Wind für die Dünen »ausgewählte« Material wurde von seinem Gewicht dafür bestimmt. Es ist leichter als der Wüstensand, sein Ursprung wohl ein Urmeer: Kalk, Gips – eher Staub, statt Stein. Der Wind ist es auch, der mein Warten auf bessere Sicht belohnt. Für ein paar Minuten schimmert der Himmel durch. Es gibt sein Blau noch. Das sind Fotobedingungen, wie man sie sich wünscht.

Entlang der Panamericana findet man hier zwei Arten von »Oasen«: jene, die ihre Existenz einem Fluss verdanken (auch wenn dieser nicht immer Wasser führt), die anderen, die vom Verkehr abhängig sind: Rast- und Reparaturwerkstätten. Ihr »Fluss« ist die Straße. Auch der Verkehr hat etwas mit Flüssen gemeinsam. Mal »rauscht« er, mal bleibt er ganz aus. Es gibt Zeiten, da zähle ich in kurzem Abstand über fünfzig Lastwagen und Busse, dann wieder glaube ich mich auf der einsamsten Straße der Welt. Mit diesem Kommen und Gehen lebt und »stirbt« man an der Panamericana. Zu den »Toten« zählt das »Restaurante Nuevo Horizonte«. Einen Horizont gab es im Namen, aber offenbar keinen finanziellen. Vom Besitzer aufgegeben, schleift es nun der Wüstenwind. Dafür triumphiert das nächste mit seiner Existenz geradezu – im wahrsten Sinn des Wortes. Es nennt sich *Triunfo*. Ich frage den Wirt, seit wann er hier aushält. Die Finger beider Hände reichen nicht zum Abzählen: »Zwölf Jahre!« Das Baumaterial des »Triumph«: Schilf, Holz, Sonstiges. Eine Bambusstange hält das Wellblechfenster in der Schwebe. Der Fußboden ist lehmgestampft, die Tische haben unterschiedlich lange Beine. Sie wackeln, dem Bodenprofil angepasst, trotzdem nicht. Das wäre der Steckbrief dieses Restaurants, geeignet für einen Film. Nennen wir ihn »Ritt über die Panamericana«. Mein »Gaul« steht draußen vor der Tür. Es gibt ein Essen, das mich an die Berge erinnert, »Caldo cordero«, in der Mitte der Schüssel eine gelbe Insel, eine große Kartoffel. Auch das »stimmt«. Mit dem Hintern sitze ich in der Wüste, mit dem Kopf bin ich wieder in den Anden. Mich wundert, dass der fleischige Geruch der Suppe die beiden Hunde nicht weckt, die in einer Ecke vor sich hindösen. Die Frau des Wirtes liefert mir die Erklärung dafür: »Sie schlafen tagsüber, weil sie sich nachts in der Wüste herumtreiben!«

Die Straße lockt mich wieder ins Freie. Wie weit ist es noch bis zum Pazifik? Sicher könnte ich ihn schon zu Fuß erreichen. Aber die Natur legt sich noch einmal quer. So »billig« verabschieden die Anden keinen. In den Speichen summt das monotone Geräusch des Windes. Sein »Spiel« hat begonnen. Über der aufgeheizten Wüste lässt die Thermik jenen Sog entstehen, der Luftnachschub bewirkt. Am Ende ist der Hebel des Windes stärker als ich. Er holt mich aus dem Sattel. Der Sand fliegt wie Treibschnee. In die Speichenmelodie mischen sich Pfiffe. Jetzt gilt es, abzusteigen und »Schritte zu zählen«. »Straße, wie lang bist du noch?« Sie streckt sich wieder, zielt genau auf einen Berg am westlichen Horizont. Zunächst scheint er vor mir zurückzuweichen; doch wie Radumdrehungen, so addieren sich auch Schritte. Irgendwann stehe ich vor ihm. Die Straße muss ihm ausweichen, sucht sich ein neues Ziel, verirrt sich förmlich in einer Natur voller Sorgenfalten. Tote Täler, tote Berghänge, kein Wasser, kein Leben. Wieder taucht eine jener »Wüstenstationen« auf. Nun möchte ich es doch wissen. Ich frage den Wirt, wie weit es noch bis zum Pazifik ist. Statt zu antworten, fragt er zurück: »Woher kommt der Señor mit dem Rad?« Als ich »Bolivien!« sage, fasst er sich stumm an den Kopf, dann zupft er mich an der Schulter: »Kommen Sie!« Gemeinsam gehen wir zum Straßenrand zurück. In einiger Entfernung buckelt die Trasse. »Dort, Señor, enden für Sie die Anden! Dann geht es nur noch …!« Seine gestreckte Hand »bohrt« sich in die Erde. Ich habe verstanden.

Nur Minuten sind es bis zu der Kuppe. Die Höhe über Null kann ich schlecht abschätzen, vielleicht tausend Meter. Die Straße krümmt sich. Das Rad beginnt zu rollen – schneller und schneller. Im Sichtfenster des Computers flackern die Ziffern: Fünfunddreißig Stundenkilometer, siebenundvierzig, zweiundfünfzig … Ich ziehe beide Bremsen, bis das Rad zum Stehen kommt. Aus einer Laune heraus gehe ich zu Fuß weiter. Jetzt kann ich es mir leisten, ein Stück Anden zu »verschenken«. So weit der Blick reicht, Abfahrt, Schussfahrt. Ein Schild warnt: »Despacio!« »Armer Bertino! Konntest du nicht lesen? Du warst zu schnell!« Sein »Flug mit dem Auto« endete in der Tiefe. Dort nahm ihn der Tod in die Arme. Ich stehe an dem Kreuz mit dem Namen und blicke hinab, als suchte ich den Fahrer. Langsam rolle ich weiter, mit schleifenden Bremsen. Nicht noch ein Bertino!

Wie viel Kilometer geht das nun schon? Zwanzig, dreißig? Noch immer zeigt die Straße nach unten. Der Wirt des »Mexican Chico« hatte Recht, als er mit gestrecktem Arm die Erde »anbohrte«. Die Anden, sie enden nicht in Arequipa, ihre »Fußsohle« liegt zweitausend Meter tiefer. Allmählich findet die Straße in die Waagrechte zurück. Und dann rieche ich ihn, den Pazifik. Ich rieche ihn, ich höre ihn, aber ich sehe ihn nicht. Küstennebel verbirgt ihn mir, der berüchtigte »Garúa«. Kein Pazifik-Blau erwartet mich, stattdessen norddeutsche Novemberstimmung. Die schattenhaften Umrisse von Häusern tauchen auf. »Der Nebel drückt die Dächer schwer …« So dichtete Theodor Storm über Husum, die »Graue Stadt am Meer«. Es gibt sie auch in Peru.

Man kennt die Szene aus dem Sport: das Armehochreißen nach dem Sieg, die Tränen, die kein Damm zurückhalten könnte. Irgendwie liegt auch hinter mir ein »Wettkampf«, mehr als ein Marathon, länger als tausend Runden auf der Aschenbahn, und doch ist mir nicht nach Jubel, nach Freudentränen. Ich stehe am Rand der Panamericana. In mir breitet sich Stille aus, wie ein Zurückschweigen bis zur ersten Radumdrehung. Dann zwei trockene Worte in mein Tagebuch: »Anden durchquert.«

Zielgerade durch die Wüste

Heute sollte mir kein Blick mehr auf den Pazifik gegönnt sein. Ich hatte immer nur sein Rauschen im linken Ohr. Erst Tage später, als ein kräftiger Wind den zähen Garúa zerreißt, öffnet sich von Klippen, von kleinen Pässen herab die freie Sicht aufs Meer. Dann liegt er mir buchstäblich zu Füßen, jener Ozean, dessen Wellen Amerika umspülen, Australien, die Küsten Alaskas, Sibiriens und der Antarktis. Hinter mir die Wüste, vor mir Bläue bis zur Krümmung der Erdkugel, ein Anblick, für immer eingerahmt durch die Erinnerung.

Noch fällt es mir schwer zu begreifen, welche Veränderung mit der Tour vorgegangen ist. Vor wenigen Tagen kreisten über mir noch Kondore, zu meinen Füßen wuchsen hartes Büschelgras und Moose, die Landschaft war eine Versammlung weißgekrönter Bergriesen. Jetzt sind es Gänsegeier, die sich vom heißen Wüstenwind in die Höhe tragen lassen, Horizonten aus Sand folgen Flussoasen mit Palmen, Hibiskus und Bougainvilleen. Ein Land, und doch zwei Welten.

Ich habe den Ort Camaná erreicht. Der gleichnamige Fluss führt noch Wasser. Schmelzender Schnee aus der Nevado Ampato speist ihn. Die Erde im weiten Schwemmland ist fett und schwarz – Fruchtbarkeit in Glanz und Farbe. Mais, Bohnen, Kürbisse, Pfirsichplantagen, Reisfelder, sattes Grün, wohin man blickt. Eine Frau nutzt den Wind zum Sortieren von Korn und Spreu. Mit einem Teller »schöpft« sie Mais aus einem Sack und lässt ihn aus der Höhe auf ein Tuch rieseln. Das Motiv ist so schön, dass ich halte. Vielleicht bekomme ich die Erlaubnis für ein Foto. Die Frau nickt das »Ja!«, hält den Teller so, dass die Maiskörner »ins Bild« fallen. Erneut schöpft sie, aus einem anderen Sack, und eine Handbewegung erklärt: »Für Sie, Señor, für ein Essen!«, während eine zweite Bewegung zu dem Tuch am Boden besagt: »Dieser Mais ist nicht gut!« Ich bin verblüfft, suche nach einer Ausrede. Wo sollte ich auch die Körner kochen? Hinter mir fährt doch kein Service-Auto. Trotzdem greife ich zu, eine Hand voll Mais zur Erinnerung. Und so sage ich es auch: »En recuerdo!« Die Frau lächelt ihre Gedanken: »Ein seltsamer Fremder, will ›das Essen‹ nicht, steckt sich nur ein paar Körner in die Hosentasche!«

Die Straße hat genug vom Meer; ihr ist wieder nach Wüste. Auf mich warten damit Steigungen. Wo die Anden »fußen«, da führt jeder Schritt weg von der Küste zwangsläufig bergauf. Die Trasse wird zur Schlange, lernt das Kriechen. Wind könnte ich gebrauchen, der mir unter die Arme greift; stattdessen drückt er mich an den Straßenrand. »On-shore-effect« nennen das die Meteorologen. Über heißem Sand saugt die Thermik die Luft nach oben, von See her fließt neue nach: Wind bis hart an der Grenze zum Sturm. Erinnerungen an gestern melden sich, an die »Melodie« in den Speichen.

Es gibt Szenen, die »passen« einfach. Welcher Ort auf Erden könnte sich für die »letzte Ruhe« besser eignen als die Wüste? Schweigende Gräber in schweigender Natur. Ich hatte bereits eine Art Sammelfriedhof passiert. Der Wind hatte die Grabhügel zu kleinen Wanderdünen gemacht. Jetzt erblicke ich wieder Kreuze. Solche Stätten holen mich stets aus dem Sattel. Friedhöfe sind Geschichte und Gegenwart. Auf ihnen findet man Gedenken und Vergessen, die Gleichheit unter der Erde, die kleinen

Wo Wüstenberge und Meer sich treffen, entsteht eine bizarre Küste.

Unterschiede des Geldes darüber. So stehe ich vor Gräbern, von denen jedes ein »Dokument« ist. An vielen Kreuzen hat Flugsand die Namen ausgelöscht. Hier sind sie tatsächlich so überflüssig wie Blumengießwasser. Neben einem Grabhügel liegt eine leere Flasche. Auf ihr bläst der Wind seine traurige Melodie. Es klingt ein wenig nach Nebelhorn. An anderer Stelle ist ein Zuckersack über das Kreuz gestülpt. Hat der Tote diese Art Fracht transportiert und fuhr er auf der Panamericana (wie andere) in einer Kurve geradeaus? »AZUCAR«, der Aufdruck liest sich wie ein »süßer Nachruf«. Man kann auf solchen Friedhöfen nachdenklich werden, aber auch lächeln. Ich gehe mit der Kamera in die Hocke. Das Motiv: »Grab mit Nachttopf«. Eine seltsame Mitgift für die Ewigkeit.

Es sollte noch besser kommen. Am Straßenrand liegt ein Totenschädel. Aus den großen Augenhöhlen blickt mich ein Inka an. So jedenfalls stelle ich es mir vor. Aber das stimmt sicher nicht. Was Gräber in der Küstenwüste Perus wieder hergeben – meist unter Anwendung von Gewalt – ist viel älter. Die Inka erschienen erst tausend Jahre später auf dem Zeitplan. Der Schädel konnte nur von weiter oben herabgerollt sein. Jetzt erkenne ich den Grund. Grabräuber hatten auf dem Berghang »ganze Arbeit« geleistet. Überall liegen menschliche Gebeine umher. Ich sitze schon wieder im Sattel, als ich erneut bremse. Erst der plötzliche Anblick eines Totenschädels, jetzt das! Aus dem Sand ragen die Knochen eines Unterarms und einer Hand. Dass die Finger nicht in ihre einzelnen Glieder zerfallen sind, liegt an der Dürre dieser Wüste. Hier regnet es so gut wie nie. Es gibt kein Verfaulen, nur Vertrocknen. So werden Sehnen zu »Lederriemen«, die noch im Tod alles zusammenhalten. Doch damit nicht genug. Ein Reislaster hatte Teile seiner Fracht verloren, der Fahrtwind riss die Körner mit, warf sie ein Stück den Hang hinauf. Nun greift diese Totenhand mit gekrümmten Fingern nach dem Reis. Hitchcock, lebte er noch, würde blass. Als ich im nächsten Pueblo nach dem Alter des Gräberfeldes frage, begegnet mir nur Achselzucken: »Antiguo!«

Der Straße ist es im Sand langweilig geworden. Sie will zurück zur Küste! Jetzt balanciert sie hoch über den Klippen. Würden Reisekataloge diese Strecke beschreiben, schwärmten sie: »Fantastische Ausblicke auf den Pazifik!«

Trotz meiner Begeisterung verkenne ich ein Problem nicht. Autofahrern ist es eher unbekannt. Kommen sie in einen Ort, der keine Unterkunftmöglichkeit bietet, fahren sie in den nächsten. Klappt es auch dort nicht – eine Tankfüllung reicht für mehrere hundert Kilometer. Anders ergeht es einem Radler. Die Sonne ist im Begriff sich zu verabschieden, aber er steckt »irgendwo«. Das letzte Pueblo liegt weit zurück, das nächste ist ungewiss. Zudem gibt es hier keine Unterkunft, und es *wird* auch keine geben. So setzt die Realität meinem Träumen auf Strecke Grenzen. Ich weiß, geht die Sonne unter, bleibt mir noch eine halbe Stunde Zeit, ein Plätzchen für das Zelt zu finden. Nicht nur um zwei Quadratmeter ebenen Grund geht es dabei. Peru ist nicht Island, die Panamericana keine Lofotenstraße. Hier ist Kriminalität kein Fremdwort. Wie aber versteckt man sich in einer Wüste? Mein System ist einfach: ich sondiere die Straße in beiden Richtungen, warte notfalls auf Lichtverhältnisse, die Autofahrer »blind« machen (dann müssen sie ihre Scheinwerfer einschalten und sind gut sichtbar), und wenn kein Fahrzeug auszumachen ist, biege ich ab. Es ist mühsam, ein schwer bepacktes Rad durch Sand zu bringen, und manchmal ist eine ganze »Strecke« notwendig, damit kein Scheinwerferkegel das Zelt erfassen kann. Doch immer wieder klappt das Versteckspiel. Manchmal helfen ein paar Felsen, die die Geologie in der Wüste vergessen hatte, ein Sandhügel oder die Windungen eines trockenen Flussbettes. Jede Tarnung ist willkommen. Ich bin mir durchaus bewusst: Sollte mir so weit »off road« etwas passieren, fände mich niemand. Schon am nächsten Tag hätte der Wind meine Spur verweht, in ein paar Wochen auch mich selbst begraben. Ich würde zur »Mumie«, wie alle, die hier in der Wüste ihre letzte Ruhe fanden.

Wieder war es ein Camp »im Nichts« gewesen. Ich schüttle die Nacht ab und kehre im ersten Sonnenstrahl zur Straße zurück. Bis zum nächsten Frühstückstisch werden es ein paar Kilometer sein. Hunger trägt sich leichter als überflüssiges Gepäck.

Ein Dorf kommt in Sicht. Ich zähle sechs »Restaurants«. Keines verdient diesen Namen. Auf Gäste, die so früh nach einem Essen fragen, ist man nicht vorbereitet. Was ich bekomme, ist ein Teller kalter, klumpiger Reis und eine nachtgekühlte Hühnerkeule. Aber leere Bäuche schlucken manches.

Ich hatte in dem Dorf »schlafende Hunde« geweckt. Irgendwann holen mich drei Jugendliche mit ihren Rädern ein. Ihr Nachteil ist, keine Schaltung, mein Vorteil: eine Steigung von vielen Kilometern Länge und einundzwanzig Gänge. Sie stellen dumme Fragen, dann kündigen sie an, sie wollten mich bis zum Pass begleiten, um mir den »Toten« zu zeigen, der dort oben liege. Aber um mir Angst zu machen, muss man schon etwas tiefer in die Trickkiste greifen. Kaum merklich, aber beständig erhöhe ich die Geschwindigkeit. Der älteste der drei begreift, was ich vorhabe, und fragt in missbilligendem Ton: »Quántas velocidades?« Ich antworte: »Muchas más!« Er sieht doch den Kettenwechsel auf den Zahnkränzen. Kaum einen Kilometer halten die drei mit, dann fallen sie zurück. Ich drehe mich nach ihnen um: »Perú no tiene musculos!« (Peru hat keine Muskeln). An den Gesichtern sehe ich, dass der Hieb »sitzt«. Ich mag es nun einmal nicht, wenn man mich zur »Begrüßung« nach dem Wert meines Fahrrades fragt. Oben am Pass liegt natürlich kein Toter. Dafür haben dort einige Familien ihre Obststände aufgebaut, Oasenware, süß und saftig, unverhoffter Genuss mit Fernblick auf ein neues Stück Wüste.

An den Notizen in meinem Tagebuch wird deutlich, welchen Charakter meine Tour inzwischen angenommen hat. »Atica«, heißt es da, »Hand voll Palmen, hundert Geier als Müllhaldenbewohner«, bei »Don Oscar«: »Wind weht Sand wie Pfeffer ins Essen!« »Schilfhütte mit ›Jesus‹ davor. Bündel unterm Arm. Armut in Sandalen will wohl ausziehen!« Und mangelt es an »menschlichen Motiven«, dann diktiert mir die Wüste Naturerlebnisse. Ich könnte unentwegt schreiben.

Der heutige Tag ist eine Radler-Sternstunde. Ein kräftiger Rückenwind macht mich zu Pegasus. Einhundertvierzig Kilometer bläst er mich vor sich her. Am Abend »schätze« ich meine Position. Eine kleine Markierung auf der Karte zeigt: »Hier bist du wohl!« Genauigkeit ist nicht gefragt. Längst habe ich sogar meinen Strichkalender vernachlässigt. Welches Datum, welcher Wochentag, welche Uhrzeit? In der Wüste wird so etwas immer nebensächlicher. Sie selbst wird immer ausdrucksvoller: Bergstürze, die im Sand ausgerollt sind, ein alter Lavastrom, zerbröckelt wie Blätterteig, Dünen, von der streichelnden Hand des Windes modelliert, dann Zyklopenland. Welcher Riese hatte hier mit Felsen von Hausgröße gewürfelt? *Wie* und *wo* wohnt in einer solchen Natur der Mensch? Tagebuchnotizen: »›Santa Rosa‹. Ich frage einen Mann: ›Señor, wie viele Einwohner hat das Pueblo?‹ Seine Antwort klingt wie langsames Nachzählen: ›Vier, fünf, sechs!‹ ›Tanaka‹, fast schon ein Ruinendorf. Es gibt Häuser, da sind die Menschen aus-, die Wanderdünen eingezogen. ›Yauka‹. Zwei Familien halten hier durch. Man besitzt einen Kühlschrank, aber es fehlt an Strom. Seinen Namen verdient das Gerät trotzdem. Bleibt nach Sonnenuntergang seine Tür geöffnet, füllt er sich mit der Nachtkühle. Das reicht für den nächsten Tag.«

Der gesamte Streckenabschnitt hat einen Hauch von Sahara. Die Wanderdünen erreichen Turmhöhe, staffeln sich kilometertief. Straßenschilder stecken bis zum Hals im Flugsand. Mir kommt ein Räumgerät entgegen, wie man es bei uns als Schneepflug einsetzt. Hier »pflügt« es Sand. Die Panamericana ist dabei, verweht zu werden. Wegen des extremen Seitenwindes ist inzwischen an Fahren nicht mehr zu denken. So bin ich heute kein Pegasus, sondern nur Flugente zu Fuß. Dann erwischt es mich – schlimmer, als ich es je erlebt hatte. Links tobt, zum Greifen nahe, der Pazifik, der rechte Straßenrand verläuft schon in der Wüste. Und Wind von Sturmstärke bläst. Donnernd werfen sich die Wellen an Land. Wie riesige hohle Hände schleudern sie den küstennahen Sand mit. Der Wind übernimmt ihn, scheint ihn noch im Flug zu trocknen. Sandsturm! Ich habe mir den Hut

Das sieht wie die Sahara aus und ist doch Peru.

über die linke Gesichtshälfte gesetzt und versuche, seine Leeseite nutzend, abwechselnd ein Auge zu öffnen. Nur Minuten dauert es, und ich bin völlig versandet, eine »Streudose« auf zwei Beinen. Als die Panamericana nach Osten abbiegt, hoffe ich auf bessere Bedingungen. Doch jetzt liegt die Trasse tiefer als das Gelände, und ich werde von oben regelrecht zugeschaufelt. Die Wüste ist auf Wanderschaft, über mich hinweg. Im nächsten Pueblo bräuchte ich ein Ölfass voll Wasser für die Wieder-Menschwerdung.

Die Sandarena endet. Felsige Küste macht es dem Wind schwer, Fliegbares zu greifen. Das Dorf, das hier liegt, riecht man. Es stinkt nach Fisch. Die Netze scheinen nicht immer voll zu sein, man verlässt sich wohl eher auf die Straße mit ihrem Verkehr. Eine Reihe von Imbissbuden deutet es an. Ich ziehe mich aus, soweit es wohl schicklich ist. Sand haftet in Bekleidung nicht, er lässt sich ausschütteln. Außerdem gibt es die Tonne voll Wasser, auf die ich gehofft hatte. Jemand füllt mir mit der Kelle einen meiner Trinkwasserbeutel, und so »dusche« ich am Rand der Panamericana. Von den Zuschauern sollte ich Vergnügungssteuer einsammeln. Manchmal spürt man Blicke: Dunkle Augen schauen mich aus einem bronzefarbenen Gesicht an. Indioblut. Und was für eine Haarfülle! Das Mädchen bräuchte kein T-Shirt zu tragen und wäre doch »angezogen«. Bis zur Hüfte wallt das Haar schwarz herab. Bändigte man diese Fülle und steckte man den Körper in Kleider, die wir als »modisch« bezeichnen, Fotografen rissen sich um das Motiv. Ich spreche das Mädchen stumm an: »Was machst denn du hier in diesem Fischgestank? Du könntest die Titelseite einer Zeitschrift schmücken und auf dem Laufsteg deine weißhäutige Konkurrenz ausstechen!« Dass das Mädchen meine Gedanken »versteht«, ahne ich nicht; und weil es mich noch immer so seltsam anschaut, frage ich direkt: »Was machst du hier?« Eine Handbewegung, für eine Sekunde schneeweißes Zähneblitzen: »Dort, Señor!« Ich verstehe: Sie verkauft Getränke in einer der Buden. Dann ergänzt sie und ich muss zurückfragen, weil ich glaube, mich verhört zu haben: »Ich male!« Noch einmal die Handbewegung, jetzt als Aufforderung, hinüberzukommen. Und staunend stehe ich vor den Bildern. Sie hängen an der Rückwand der Bude. Es sind Motive aus dem Catalinen-Kloster in Arequipa. Ähnliche hatte ich bei meinem Besuch dort fotografiert, deshalb erkenne ich sie wieder. Jetzt möchte ich doch mehr wissen: »Von wem hast du das Malen gelernt? Warum gerade das Kloster …?« Langsam kommen die Antworten. Das Mädchen ist, wie man so sagt, ein Naturtalent. Es braucht keinen Lehrer. Vor einigen Jahren war es mit seinen Eltern in Arequipa gewesen; aus dem Kloster brachte es Eindrücke mit.

Jetzt hängen sie hier an schäbiger Holzwand, von Fischgestank umweht. Ich möchte noch weiter fragen: »Warum verkaufst du die Bilder nicht in Arequipa; die Stadt ist voller Touristen …?« Doch ich komme nicht mehr dazu. Das Mädchen sagt etwas, das mir die Beine wegzieht: »Señor, ich möchte mit Ihnen kommen!« Große dunkle Augen schauen mich an; der gleiche »sprechende« Blick, der mir schon vorhin aufgefallen war. Hinter dem Mädchen hängt ein Bild, man könnte das Motiv »Geöffnete Tür« nennen, Licht und Schatten in Farbe. »Señor, ich möchte mit Ihnen kommen!« Meine eigene Stimme klingt mir fremd; die Antwort ist wie das Zuschlagen jener Tür: »No es posible!« Es ist nicht nötig, mein »Nein« zu begründen. Das Mädchen »weiß« es. Nicht der klare Kopf hatte den Wunsch formuliert; solche Worte kommen von tiefer.

»Rosa Navarro Montoya« heißt die kleine Malerin, halb Kind, halb Frau. Das Dorf ist in meiner Karte nicht vermerkt. Es liegt etwa zweihundert Kilometer südlich von Nasca. Man »riecht« es. Rosas Atelier ist eine blaue Holzbude, hart am Rand der Panamericana. Kein Fotograf wird das »Modell« entdecken. Es wird keinen Laufsteg geben. Ihr Wunsch: »Weg von hier!« mag sich auf eine andere Art, auf eine tragische Art, erfüllen. Nicht wenige Fernfahrer brauchen Gesellschaft – für »ihre Zwecke«. Einem, der hier für eine Flasche Cola stoppt, könnte die junge Schönheit auffallen. Es wäre eine »Entdeckung auf Zeit«.

Mit Gedanken kann man eine Straße bestehlen. Plötzlich fehlen ihr zwanzig, dreißig, ja viele Kilometer. Die Worte des Mädchens beschäftigen mich noch immer, als ein gelber Jeep hält. Kennzeichen »RIK 246«. Zwei Männer steigen aus, kamerabestückt. Ein Pedalist auf der Panamericana? Höfliche Fragen, die Bitte, für die Presse »in die Kamera« zu radeln. Ich tue den beiden den Gefallen, vergesse aber zu sagen, dass sie mein Honorar an der nächsten Hütte spenden möchten. Ein Abgaswölkchen, und weg sind sie. Bis Lima mögen die Reporter acht oder zehn Stunden benötigen. Ich wäre dann in ...? Die Karte sagt nicht viel.

Manchmal gibt der Magen Befehle. Kommt man ihnen nicht nach, beginnt er wie ein böser Hund zu knurren. Aber er muss auf das nächste »Restaurant« warten. Schon jetzt wünsche ich mir »Menü Nummer 1«, eine »Nummer 2« würde es nicht geben.

Wie Recht ich hatte. Schön sitze ich – und bequem. Mein Hintern passt genau in die hölzerne Stuhlmulde. Alles um mich herum ist zusammengenagelt. Clever war dieser Zimmermann: Die Nägel hatte er durch Korken getrieben. Eine solche Konstruktion kann nachgeben; sie »wiegt« sich im Wind, ist sogar erdbebensicher. Originell auch die Dekoration: Kakteen mit ehemals roten Schleifen um die Stachelhälse. Wüstensonne zehrt an Farben. Noch zwei »Gäste« sind anwesend, ein Hund und ein Huhn – Bewachung und Resteverwertung bis zum »letzten Ei«. In einer Ecke ein Sack Reis, Aufdruck: »MOLINO ARROARO CAMANÁ«. Da steht mein Menü!

Die Restaurants dieser Art stechen sich mit ihrem Flair gegenseitig aus. Schade nur, dass die meisten daran vorbeifahren. Für mich ist jedes eine neue Begegnung.

Auf den langen Geraden, die nun folgen, warten weitere »Begegnungen«. Sammelte man an der Panamericana die Kreuze der Verunglückten, man könnte damit einen ganzen Friedhof bestücken, so viele sind es. Sie stehen in den Sand gerammt, aus Holz, aus Eisen, manche auf gemauerten Sockeln – je nach Portmonee der Hinterbliebenen. Soziale Unterschiede drücken sich auch im Schmuck aus: Metallplaketten, auf denen der Name des Toten eingraviert ist, die Anonymität verwitterter Holzmaserung, Glasvasen für Blumen, oder nur eine rostige, halb mit Sand gefüllte Blechdose als Kerzenständer, wie der darin verbliebene

Stummel verrät. Vor einer solchen »Gedenkstätte« stehe ich gerade. Sie ließ mich absteigen. Das Besondere an ihr ist, dass das Kreuz in einem richtigen Grabhügel steckt, als hätte man den Verunglückten an Ort und Stelle beerdigt. Auch die Dekoration »spricht«. Blechteile und ein alter Autoreifen halten den Hügel zusammen, schützen ihn sozusagen vor dem Verwehtwerden. Hinter mir stoppt ein Fahrer. Sein Interesse gilt nicht mir, auch er wundert sich: »Ein richtiges Grab?« Ohne mich anzusprechen, bekreuzigt er sich und fährt langsam weiter. Solche Strecken machen nachdenklich. Die nächste Begegnung hat es in sich. Wüstenhitze lässt Telegrafenmasten »schweben«, Autos werden zu Amphibienfahrzeugen, »schwimmen« auf Pfützen aus flimmernder Luft. So sind auch die Begrenzungspfähle entlang der Trasse »in Bewegung«. Einer von ihnen scheint dabei aus der Reihe zu tanzen. Schließlich begreife ich: Dort vorn, das ist kein Trugbild, dort geht ein Mensch!

Irgendwann auf der Strecke war mir ein Mann auf einem Esel begegnet. Bereits dieser Anblick hatte mich verblüfft. »Wohin mit so kleinen Trippelschritten?«, wollte ich ihn fragen, aber er schien auf dem Rücken des Tieres eingeschlafen. Und jetzt, bei diesen Distanzen, ein einsamer Wanderer?

Beim Näherkommen erkenne ich mehr. Der Mann trägt eine blaue Mütze, sein Gepäck: auf dem Rücken ein schlaffer Sack, in der Hand etwas Dunkles. Sicher ist das sein ganzes Hab und Gut. Ich werde langsamer. Er trägt Jeans, Strickjacke, Turnschuhe. Diese scheinen etwas zu groß, oder die Schnürsenkel fehlen, denn sie schlappen bei jedem Schritt. So eine Gestalt in der Wüste provoziert geradezu ein Gespräch. Ich überhole, bremse. Als ich absteige, sehe ich, dass der Mann stehen geblieben ist. Seine Haltung drückt Erschrecken aus. Erst einmal grüßen, den Vornamen nennen, das wird ihm die Angst schon nehmen. Dann gehe ich langsam auf ihn zu: »Buenos dias, Señor! Soy

Christian, a dónde va?« Sein Gesicht entspannt sich. Kein Überfall! Nur ein Fremder, der fragt! Doch mit der Antwort des Mannes kann ich wenig anfangen: »Quatro dias!« Es könnte heißen, dass er »noch vier Tage« bis zu seinem Ziel braucht, aber auch, dass er »seit vier Tagen« unterwegs ist. »Etwas verwirrt!«, so mein Urteil. Den Sack hatte er vor seinen Füßen abgestellt. Viel mehr als eine Wolldecke zum Schlafen dürfte er nicht enthalten, so zusammengefallen steht er da. Nun bückt sich der Mann, macht eine Geste, als hebe er etwas auf. In dieser Haltung verharrend, nimmt er seine Mütze ab und »schlägt« sich mit einem imaginären Stein (das ist es wohl, was er demonstrieren will) auf den Hinterkopf. Ich erschrecke. Sein Haar ist völlig blutverkrustet. Jetzt verstehe ich die Angst in seinem Gesicht, als ich hielt und auf ihn zuging. Der Mann war überfallen, niedergeschlagen worden. Die Verletzung mag nicht schwer sein, sonst wäre er nicht weiter auf Wanderschaft; und der Anblick von Blut lässt eine Wunde oft schlimmer erscheinen, als sie ist. Zu helfen gibt es hier mit meinen Mitteln nichts. Noch einmal versuche ich sein Ziel zu erfahren. Vergeblich. Es bleibt bei den »Quatro dias!« Meine Regel »Wasser und Brot« kann ich auf der Panamericana nicht immer einhalten. Die Versorgung mit Trinkwasser klappt, doch »Pan« wird rar. Meinen Hunger nehme ich von Bude zu Bude mit. So kann ich dem Mann nur eine meiner Reserveflaschen anbieten. Er wird sonst wohl die Autofahrer anbetteln, denn er trägt kein Wasser bei sich. Was für eine Szene! Er nimmt die Flasche entgegen, drückt sie mit beiden Armen an die Brust. Ein langer Blick zum Himmel, nicht nur ein Blick, auch Worte zu Gott – und er bekreuzigt sich. Erst jetzt öffnet er die Flasche und trinkt in kleinen Schlucken. Wieder spricht er mit »oben« und schlägt ein Kreuz. Er hatte mich missverstanden, will mir die Flasche zurückgeben. Ich deute mit einer Handbewegung an: »Behalten!« Das Dunkle in der Hand des Mannes ist kein Beutel, wie ich zuerst angenommen hatte, sondern ein Stück Fischernetz, und der sichtbare Inhalt ein Buch. Der Mann steckt die Wasserflasche dazu, dann, als besinne er sich, nimmt er das Buch heraus. Jetzt sehe ich, es ist eine Bibel. Wie von selbst fällt sie auf; ein zusammengefaltetes Papier drückt die Seiten auseinander. Mit der Geste: »Schauen Sie!«, hält er es mir entgegen. Ich habe Mühe, die verschnörkelte Schrift zu lesen; doch ich begreife sofort: was dort steht, es *muss* ins Tagebuch. Ich bitte den Mann, das Papier fotografieren zu dürfen. Später, mit Hilfe einer Lupe, wird alles deutlich:

»Universidad National de San Christobal de Huanmanga
Licenciado en Educatión
Area principal: Filosofia
Area secundaria: Psicologia Y Ciencias Sociales
Fausto Eugenio Ceperián Ludeña
Por tantu: Le expide el presente diploma ...«

Ein Philosoph, Psychologe und Sozialwissenschaftler – nicht nur auf der Wanderung durch die Wüste, sondern von seiner geistigen Verfassung her bereits auf einer Gratwanderung zwischen Gesundheit und Krankheit. Was für eine Begegnung!

Als ich dem Mann zum Abschied die Hand reichen möchte, schlägt er sie aus, mit einer »wichtigeren« Geste. Er bekreuzigt sich. Später schaue ich mehrfach zurück. Zwei Busse und etliche Lkw überholen uns. Keines der Fahrzeuge hält. Wie kann man, selbst motorisiert, an einem Wüstenwanderer vorbeifahren, ohne, will man ihn schon nicht mitnehmen, nach dem Wichtigsten zu fragen, nämlich ob er genug Trinkwasser hat? Mir hupt man einen Gruß zu. »Danke, ihr Christen! Das seid ihr doch – laut Taufschein!«

Wieder ist es Zeit, nach einem Plätzchen für die Nacht Ausschau zu halten. Schon jetzt weiß ich, es wird »traumhaft« sein. Die Farbe der Wüste wechselt in feinen Abstufungen: Schokolade, Karamell, Nougat. Süße statt Sand. Später sitze ich vor meinem Zelt, den Nachthimmel als gewölbte Hand über mir, halb schützend, halb erdrückend. Die Wüste ist jetzt ein dunkles Meer mit weiter Dünung, mein Stoffiglu ein gekentertes Boot. Von allen Seiten springt den »Schiffbrüchigen« die Stille an. »Immer schön Realist bleiben!«, ermahne ich mich. »›Gratwanderern‹ wie jenem Philosophen droht der Absturz!«

Als ich am nächsten Morgen das Rad den weiten Weg zur Straße zurückschiebe und zurückschauend meine einsame Spur im Sand sehe, führe ich wieder Selbstgespräche: »Was du hier machst, ist total verrückt!«

Noch einmal kommen lange Geraden, jetzt ins Landesinnere. »Cruz de Marcona«, vier Häuser, zehn Einwohner. Ein Hund bellt im Liegen; vor seinem Maul staubt der Sand. Aufgegebene Felder zeigen, wer hier »Sieger« geblieben ist. Die Wüste holt sich zurück, was ihr fleißige Hände für ein paar Jahre entreißen konnten. Wieder weites Nichts, keine Menschen, keine Müllhalden, keine Geier; eine Art Zwangsläufigkeit. Den letzten der schwarzen Vögel hatte ich an der Küste fotografiert. Es war eine lohnende Szene gewesen: Über den Klippen stand ein Kreuz; ein Autofahrer hatte hier wohl sein »nasses Ende« gefunden. Auf der Spitze des Kreuzes saß ein Geier. Ich hatte das Foto »Totenwache« genannt.

Heute werde ich Nazca erreichen, nach fünfhundert Kilometern Wüstenfahrt die erste Stadt. Müsste ich zum Bartschneiden, dem Friseur könnte ich Sand ins Waschbecken schütteln, und beim Wäschedienst knirschte es unter dem Bügeleisen. Ich werde etwas angeben und mich im besten Hotel vor Ort einnisten. Mit Plastikgeld bezahlt es sich leicht. Doch Traum und Wirklichkeit klaffen manchmal auseinander. Die Reklame, schon weit vor der Stadt, hatte eine Nobelherberge versprochen, das *Montevideo.* Als ich sie finde, stoße ich auf eine Baustelle. Das Hotel ist noch nicht fertig. So hat es etwas mit der letzten Tankstelle gemeinsam. An dieser war bereits der Preis fürs Benzin angeschlagen, aber es fehlten noch die Zapfsäulen. Also bekommt die Wirklichkeit einen anderen Namen, *Las Lineas.* Doch dort öffnet mir niemand die Wagentür, damit ich elegant aussteigen kann. Keine Livree dienert. Die für den Kofferträger bereitgehaltene Münze kann ich wieder wegstecken. Alles nur Fantasie! Ich trete gegen die Packtaschen, damit sie den Staub abwerfen, wuchte sie mir auf die Schultern und trage alles die Stufen hinauf. Sinnigerweise liegt die Rezeption im ersten Stock. Erst dort ist man mir behilflich: »Hat der Señor noch mehr Gepäck?« Ich habe. Verblüffte Gesichter, dann Lachen, als ich: »Un Caballo!« sage. Wer kommt schon nach Nazca geritten? Allenfalls ein armer Indio auf einem Esel. Als man das »Bici« sieht, kehrt die Verblüffung in die Gesichter zurück. Ein Velo mag hier noch seltener als ein Pferd sein.

Es ist nicht die erste Wieder-Menschwerdung auf dieser Reise. Ein ganz anderer als der, der eben vom Fahrradsattel stieg, verlässt das Hotel. Nur Gesicht und Bart stimmen noch. Mein Ziel ist der Markt. Auch das hatte mir gefehlt. Unter der Last der Früchte biegen sich die Tische. An Ständen und aus Türöffnungen duftet es. Endlich nicht mehr nur »Reis mit Huhn« und »Huhn mit Reis«! Es wunderte mich kaum, wäre nun auch mein Gesicht verändert. Fressblick entstellt!

Der Verstand funktioniert trotzdem noch. Als mich die Bedienung eines Restaurants hineinlocken will, lehne ich nach einem prüfenden Blick dankend ab. Es gibt Gründe dafür: Schon der Name »Pizza-Pub« deutet auf einen Touristentempel; der Hinweis »WE ACCEPT DOLLAR« bestätigt es, zudem schwimmt man bereits in Geld; oder wie soll ich das Mobile an der Decke verstehen? Es besteht aus Dollarscheinen. So lasse ich mich in einem kleinen Familien-Restaurant verwöhnen. »Cebiche«[9] bis zu Völlegefühl. Und der Preis? Das Pizza-Pub würde daran verhungern.

Nazca ist für Peru-Besucher wie ein Magnet, Touristen aus aller Welt seine »Eisenspäne«. Reisesnobs lassen sich einfliegen, steigen in eine kleinere Maschine um, machen den obligatorischen Rundflug über den berühmten Wüstenbildern – und weiter geht es. Die Welt abgehakt nach Checkliste. Ich hebe mir den »Blick aus der Vogelperspektive« für später auf. Erst einmal kommt Nazca selbst dran, erst einmal möchte ich schauen.

Buntes Markttreiben, Messer- und Scherenschleifer, Saftpresser, Geldwechsler, Peru-Musik: geplärrtes Sonderangebot, »Schreihälse« für jede Art von Waren. Nazcas Straßen sind bunt, laut und voller Leben – oder auch mal still und voller Frömmigkeit. Ein religiöser Umzug, ähnlich dem in Arequipa, blockiert allen Verkehr. Warum also gleich ins Flugzeug stürzen und die Wüste abfliegen?

Meine »Zielgerade« war nicht als Endspurt gemeint. Immer dann, wenn es sich lohnen könnte, wollte ich sie verlassen. Die Umgebung von Nazca verleitet dazu. Ich bin auf dem Weg zu einem Superlativ. In den Bergen östlich der Stadt stellt der Wind gerade einen Weltrekord auf. Dort wandert der »Cerro Blanco«. Die Düne wurde vor einiger Zeit vermessen; man kam auf zweitausendsechsundsiebzig Meter Höhe. Auf der Fahrt zu dem »Weißen Berg« begegnet mir Geschichte zum Mitschreiben. Unweit von Nazca liegen die »Paredones Centro de Administración Inca«. Von dem Verwaltungszentrum der Inka sind noch Mauern mit den typischen Trapezfenstern erhalten. Garcilaso de la

Vega berichtet, dass der Inka-Prinz Roco, als er die eroberte Gegend sah, bestürzt »Nanazka!« ausgerufen haben soll, was so viel wie »Ort, von Dürre heimgesucht« bedeutet. Wenn später hier dann doch Verwaltungsgebäude und Kornspeicher gebaut wurden, so deshalb, weil die Inka bald die schlummernde Fruchtbarkeit des Tales erkannt hatten. Schon tausend Jahre vor ihnen hatte sie ein anderes Volk genutzt. Es gibt Zeugen: ein System unterirdischer Kanäle; sie sammeln das oberflächennahe Grundwasser. Über spiralförmig angelegte Stege und Stufen gehe ich in die Tiefe. Unten sprudelt es kalt und klar, Quellwasser aus den Anden. Die Erbauer des Systems waren gute Ingenieure. Sie wählten für die Kanäle ein minimales Gefälle; das reduzierte die Fließgeschwindigkeit. Außerdem legten sie in Abständen Einstiegslöcher an, für den Fall, dass es doch einmal zu Sedimentablagerungen kam, die man entfernen musste. Die Wüste führt Wasser, man sieht es nur nicht. Geschickt genutzt, half es die Kornkammern füllen. So lernten die Inka von ihren Vorgängern. Doch der Ausruf »Nanazka!« blieb im Namen der Stadt erhalten. Der »Cerro Blanco«, jene Wanderdüne von der Höhe eines Alpengipfels, hat heute etwas gegen Neugierige. Er lässt mich nicht in seine Nähe. Ein scheußlicher Wind jagt Sand und Staubwirbel vor sich her. Hier zwischen den Bergen scheint er sich im Kreis zu drehen; es gibt kein Ausweichen. Da ziehe ich Nachgeben der Hartnäckigkeit vor; mir reicht das Augenauswischen. Ich mache mich wieder auf den Rückweg. Mag er weiter wandern, der »Weiße Berg«; mag ihn der Wind noch höher auftürmen.

Dafür werde ich später an anderer Stelle belohnt. Kleine Krater und Hügel waren mir schon aufgefallen, verräterische Indizien in der peruanischen Küstenwüste. Als ich das Gelände näher inspiziere, sehe ich meinen Verdacht bestätigt: Grabräuber. Herumliegende Tonscherben zeigen, wie die Räuber auf der

Suche nach Wertvollerem gewütet haben. Die Neugierde treibt mich höher hinauf. Oben auf der Kuppe bietet sich ein überraschender Anblick: Linien im Sand. Sie beginnen weit in der Ferne und laufen direkt auf den Hügel zu. Wie abgesteckte Rollbahnen wirken sie. Ihre Zielrichtung, das Gräberfeld, erweckt den Anschein, als seien sie für die Toten bestimmt. »Start der Seelen ins All«? Ich weiß, das ist ein Gedanke fernab jeder wissenschaftlichen Deutung. Doch für mich ist in diesem Augenblick nur eins wichtig: Ich hatte meine eigenen »Nazca-Linien« entdeckt; ein Zufallsfund, im Reiseführer nicht vermerkt.

Auf dem Rückweg macht mir der Gegenwind arg zu schaffen. Auch mit dem Wasserbedarf hatte ich mich verschätzt. Erst verkleben die Mundwinkel, dann kommen Müdigkeit, mangelnde Konzentration. Wüstenfahrer kennen das. So wird Nasca für mich zur »Oase«.

Am nächsten Tag schlage ich einen neuen Kurs ein, auf ein neues Ziel zu. Erst fahre ich die Panamericana in Gegenrichtung, dann über Piste nach Osten. Unterwegs gelingt mir wieder ein »Fund«. Vor mir liegen kleine Hügel und Mulden – die Handschrift von Grabräubern. Aus dem Sand ragt ein Stück Stoff. Als ich daran ziehe, zerfällt es. Den Teil, den ich in der Hand behalte, stecke ich ein – und mache mich damit vielleicht strafbar, nach peruanischem Recht. Aber diesen Fund gönne ich dem Wind nicht; denn es würde nicht lange dauern und mit Hilfe des driftenden Sandes hätte er den Stoff zu Staub zerrieben. Das ist die Ausrede für meine Schandtat.

Was in die mitgeführte Werkzeugtasche wandert, ist Teil eines Grabtuches, Nazca-Kultur, Alter etwa zweitausend Jahre. Der Fund nimmt schon vorweg, was am Ende der Piste auf mich wartet; das »Gräberfeld von Chauchilla«. Als hier noch die Grabräuber wüteten, müssen die Totenschädel zu Hunderten in der Wüste herumgekullert sein. Jetzt zerfällt der Rest. Überall sind menschliche Knochen auf dem Weg zu Kalkstaub verstreut. Ein Dutzend Gräber hat man für einen »Blick in die Vergangenheit« hergerichtet. Bestattet wurden die Toten in der Hockstellung eines Embryos. Das entspricht dem Glauben jener Kultur an eine Wiedergeburt. Um diese besonders für Erwachsene unnatürliche Haltung zu erreichen, musste man den Verstorbenen die Sehnen durchtrennen. Dann wickelte man sie in Tücher und »verschnürte« sie. Je höher die soziale Stellung des Toten, desto mehr Stoff verwendete man, desto feiner war das Gewebe. Beigestellte Gefäße enthielten »Speis und Trank«, Vorsorge für Jenseits und Wiederkehr. Ein seltsames Gefühl, in ein solches Grab zu blicken! Aus der Tiefe schauen hohle Augen zurück; ein Knochenmund grinst ein totes Lächeln. Keine Fäulnis gibt es hier, nur Vertrocknen. Ledern sind deshalb Haut und Sehnen, Fingernägel und Haar erhalten. »Steht auf und erzählt uns, wie die Welt vor zweitausend Jahren aussah!«, möchte man die Mumien ansprechen. Hoffentlich träume ich nicht von diesen Gesichtern. Schrille nächtliche Schreie wären womöglich die Folge.

Endlich nehme ich mir das vor, was Touristen aus aller Welt nach Nazca lockt: die Wüstenbilder. Wegen ihrer gewaltigen Größe kann man die Figurenzeichnungen im Sand nur aus der Luft erkennen. So muss auch ich das Verkehrsmittel wechseln. Der Pilot heißt »Andy«, seine Maschine ist eine »Cessna Centurion«. Als er sie anlässt, schüttelt sich das Flugzeug, dass sich ein Blech am Armaturenbrett löst; und beim Start klappert die Cessna, als hätte sie Angst vor dem Abheben. Jahrelanger touristischer Dauereinsatz steckt ihr in den Streben. Angst braucht man trotzdem nicht zu haben. Erst einmal thermikgetragen, schwebt dieser Vogel fast von allein. Unser Kurs: etwa dreihundertdreißig Grad. Die Nase der Maschine zeigt Richtung Wüste.

Es war ein amerikanischer Wissenschaftler, der erkannte, dass die »Linien von Nazca« nicht das sind, wofür man sie bisher gehalten hatte. Es sind keine Überreste alter Bewässerungssysteme. Die moderne Luftfotografie erbrachte den Beweis. Es gab nämlich nicht nur kilometerlange schnurgerade Rillen im Sand, man entdeckte auch ein ganzes Spektrum geometrischer Formen, dazu figürliche Darstellungen von Fußballfeldgröße. So lagen in der Wüste ein Kolibri, ein Affe, ein Hund, ein Baum, ein Kondor, um nur einige der »Bilder« zu nennen. Mit der Entdeckung der Linien ist auch der Name einer Deutschen verbunden, Dr. Maria Reiche. Buchstäblich auf den Knien lag sie im Sand, legte mit Besen und Pinsel frei, was die Natur gänzlich zu verwischen drohte. Ihr Lebenswerk war bestimmt von der Frage: »Was ist das Geheimnis dieser Wüste?« Erste Schlüssel für das Rätsel wurden gefunden. Es gab Linien, deren Verlauf die Sonnenwende markierte. Andere entsprachen Mondphasen, wiesen auf Gestirne. Dr. Kosok, ihr Entdecker, nannte sie deshalb »Das größte Astronomiebuch der Welt«. Mit seinen einzelnen »Seiten« bedeckt es etwa siebenhundert Quadratkilometer; und wie man inzwischen weiß, kann man in ihm bis hinunter nach Chile »lesen«. Doch die bisherigen Erkenntnisse beziehen sich nur auf eine Hand voll Linien – im Vergleich zu einer schier unüberschaubaren Zahl. Und was bedeuten die figürlichen Darstellungen: Menschen, Tiere, Pflanzen? Bisher konnte nicht einmal die Frage geklärt werden, wie ein Volk, das wir als »primitiv« einstufen würden, die Entwürfe solcher Figuren (die es zweifelsfrei gegeben haben muss) auf die Natur zu übertragen vermochte. Die Vergrößerung beträgt ein Vielhundertfaches, die Proportionen sind maßstabsgetreu, alles ist einem System von Linien zugeordnet, dessen Dimensionen heute nur mit Hilfe eines Flugzeuges überschaubar sind. Das sind Fragen für Generationen. Maria Reiche ahnte dies, als sie schrieb: »Ein langer Weg liegt vor uns. Unbegrenzte Zeit und Geduld sind notwendig…« Ihr selbst war diese Zeit nicht gegeben. So hütet die Wüste noch immer das Geheimnis der »Linien von Nazca«.

»Look!«, ruft Andy und deutet auf einen Berghang. Unter der rechten Tragfläche wird an schrägem Fels der »Astronaut« sichtbar, jene überdimensionale menschliche Figur, die schon Anlass zu so mancher Spekulation gegeben hat. Doch Besuch aus dem Weltall? Viel treffender scheint mir die von Maria Reiche benutzte Bezeichnung: »Eulenmensch«. Das »großäugige« Gesicht legt diese Bezeichnung nahe. Nun fliegen wir die einzelnen Figuren ab: die Spinne, den Affen, den Kondor, den Kolibri … Als wir die Panamericana in östliche Richtung kreuzen, liegt unter uns der »Alcatraz«. Andy zeigt auf den Vogel: »Very long!« Wie Recht er hat. Allein der Schnabel soll dreihundert Meter messen. Neben dem Bild erstreckt sich eine Art markierte Landebahn. Das sind die »Linien von Nazca«, Stoff zum Spekulieren für Menschen wie den Autor Däniken, aber auch ein »Muss« für jeden Peru-Reisenden.

Als wir wieder landen, zeigt sich, dass die Annahme, die alte Cessna könnte gar nicht abstürzen, stimmt. Andy muss sie auf die Erde »zurückzwingen«, so stark ist die Thermik.

Zum dritten Mal gibt es »Cebiche« im gleichen Restaurant. Die Familie sitzt gerade vor dem Fernseher. Als ich eintrete, freudige Begrüßung: »Señor, ein Kaffee?« So ist es, wenn man »Stammgast« wird und kein Mobile aus Dollarscheinen an der Decke hängt. Auf dem Rückweg zum Hotel werfe ich einen letzten Blick auf den Markt. Dort ist Feierabendstimmung. Die Brotkörbe sind leer, Obst- und Gemüsereste werden zusammengefegt. Ich beobachte eine Szene, die mir bildhaft in Erinnerung geblieben ist. Für eine der Marktfrauen war der Tag wohl schlecht gelaufen. Man sieht es ihr an; ihr Gesicht ist ganz faltige Unzufriedenheit. Auf mehr als zwanzig gerupften Hühnern war sie sitzen geblieben. Jetzt greift sie sich ein paar davon, »knallt« sie auf den Tisch, als wolle sie sie noch einmal erschlagen. Dann, alles geht rasend schnell, ich sehe nur noch gelbe Füße fliegen. Die Frau hat mit einem Beil allen Körpern die Beine abgehackt. Der nächste Schwung nackter Leiber kommt dran; wieder das Stakkato des Beiles, wieder »fliegende Füße«. So geht es weiter, bis alle Hühner verstümmelt sind. Die Frau blickt in die Runde. Ihr Blick scheint zu fragen: »Na, wie war das?« Mir ist nach einer Antwort: »Gut abreagiert!«

Mein Programm »Nazca« ist beendet. Neue Ufer rufen. Noch fünfhundert Kilometer sind es bis Lima. Ich sollte noch staunen. Die Wüste würde lange nicht enden und Wanderdünen bis zu den ersten Häusern der Metropole schicken. Als ich auf die Panamericana einbiege, kommt mir eine Ambulanz entgegen. Wieder ein Kreuz mehr im Sand? Mein Rad rollt im Moment nicht nur über Asphalt. Denn darunter verläuft eine Nazca-Linie. Die Straßenbauer hatten es sich leicht gemacht, sie nutzten für die Trasse, was vor zweitausend Jahren ein Volk zu ganz anderen Zwecken abgesteckt hatte. Später fahre ich sogar einer der Figuren »über den Bauch«. Das Scharrbild »Reptil« liegt mit seinem Schwanz westlich, mit dem Kopf östlich der Panamericana.

Die Natur zeigt das mir schon bekannte Gesicht. Langen Wüstenstrecken folgen Fluss-Oasen. Ihr Grün wird von den Wassern aus den Bergen genährt. Die ersten Dreitausender liegen in Sichtweite. Wieder sind die Anden näher als das Meer. Als ich das Tal des Rio Grande erreiche, entsteht ein Wechsel wie ein Filmriss. Eben noch Sand, nackter Fels – jetzt Baumwollfelder, Bananen, Orangen! Mangobäume biegen sich unter der Last der Früchte. Ein Zuruf holt mich ein: »Hola, Señor!« Ich bremse. Zwei winkende Hände locken mich zurück. Schon finde ich mich in einem Plantagenhof wieder. Vor mir steht ein Glas Papayasaft, mit einem Löffel Honig versetzt. Über den Tischen schließen sich die Kronen der Bäume, Schatten in unmittelbarer Nachbarschaft

»Zeigen Sie zu Hause, welch schöne Autos die peruanische Polizei fährt!«

der Wüste. Die Gastfreundschaft »bezahle« ich mit vielen Antworten auf neugierige Fragen. Zum Abschied gibt es noch eine Hand voll Früchte für den »Señor aus Alemania«. Wer mit einem Bici reist, der braucht Vitamine.

Hinter dem Rio Grande beginnt wilde Gebirgslandschaft. Ein Pass wartet auf mich. Die Straße nimmt sich das Gipfelkreuz zum Ziel. Ich gerate in eine Polizeikontrolle, zum ersten Mal. Von nun an sollten sie immer häufiger werden. Es ist stets die gleiche Situation: Im rechten Winkel zur Trasse parkt ein silbergrauer Toyota. Fast gleichzeitig werden beide Türen geöffnet. Zwei Uniformierte steigen aus. Eine erhobene Hand gibt den Befehl: »Stopp!«, dann ein zweiter: »Pasaporte!« Die Polizisten sind nicht unhöflich, eben nur »dienstlich«. Doch so ähnlich alle

Kontrollen auch beginnen, so verschieden ist ihr Verlauf. Hinter dem Rio Grande ergibt sich folgende Szene: Beide Beamte blättern nacheinander in meinem Reisepass und studieren ausgiebig die verschiedenen Stempel. Dann kommt, als stünde es nicht groß auf der ersten Seite, die verblüffende Frage des einen: »Welche Nationalität?« Als ich auf den Pass verweise und »Alemania!« sage, kommt das Lob: »Alemania! Gute Qualität! Geben Sie mir Ihren Hosengürtel; Sie bekommen meinen dafür!« Der nicht unoriginelle Tausch scheitert schließlich daran, dass der Gürtel des Polizisten ein Gleitschloss hat, was mich stört. Bei der nächsten Kontrolle geht es um ein »Souvenir aus Alemania«. Was könnte ich abliefern? Den Reservekugelschreiber? Eine Visitenkarte? Auch das Gegenteil kommt vor: Ich soll in Deutschland Peru »zeigen«. Erst erfolgt die Passkontrolle, dann der Befehl: »Geben Sie mir Ihre Kamera und stellen Sie sich neben unseren Wagen. Ich werde ein Foto machen; das zeigen Sie dann zu Hause, damit man in Alemania sieht, was die peruanische Polizei für schöne Autos fährt!« Arroganz in Worten, eine Minute später im Bild. So ließen sich entlang der Panamericana auch viele Tagebuchseiten unter dem Stichwort »Policia« füllen.

Der Weg bergan dehnt sich. Kilometer um Kilometer kurvt die Trasse durch bizarre Felsen, nackt und rissig, wie frisch aus dem Erdinnern hervorgebrochen. Oben auf dem Pass geht der Blick weit voraus. So kennt man die »Traumstraße der Welt« schon eher; als lange Gerade, die in weiter Ferne hinter den Horizont fällt. Eine rauschende Abfahrt steht mir bevor. Unten sage ich: »Guten Tag, Wüste!« Baumwolle, Bananen, Mangos – es hatte sie nie gegeben.

Irgendwie muss ich getrödelt haben. Manche Tage wirken so kurz, als hätte man mir sie unter dem Sattel weggezogen. Die tief stehende Sonne tüncht die Berge mit jenem Violett, das kein Maler zu mischen vermag. Ein Flugzeug hoch am Himmel zieht mit seinem Kondensstreifen seine »Nazca-Linie der Moderne«. In beiden Richtungen ist kein Fahrzeug zu sehen. Ich schlage einen Haken, weg bin ich von der Straße. Die Windungen eines trockenen Flussbettes verschlucken mich. Perfekte Tarnung. Ein letzter Rundgang, mein »Ritual«: erst im Flussbett ein Stück bergwärts, dann ein Kreisbogen durch die Wüste zurück zum Zelt. Etwas Helles im Sand lockt mich. Es ist der Schädel eines Pferdes. Wind und Wetter haben die Knochen gebleicht. Der Rest des Körpers ist zerfallen und zugeweht. Das Grinsen des großzahnigen Gebisses wirkt wie Hohngelächter über mich, fast wie ein makabres: »Buenas noches!« Mein Versuch, aus einem der Kieferknochen einen Zahn auszubrechen (es wäre ein originelles Andenken an ein Wüstencamp) misslingt leider. Das Skelett ist noch zu stabil.

Als ich am nächsten Morgen das Zelt abbaue, mache ich ein Foto von meiner verlorenen Spur im Sand. Noch kann ich es. Bald hätte der Wind sie verweht. Hier wäre nie ein Mensch gewesen …

Heute würde ich sicher noch die Stadt Ica erreichen, morgen vielleicht Chincha Alta, zwei Tage später Lima. Die Distanzen zwischen den Städten schrumpfen. Doch noch immer sind die Maschen der Zivilisation so weit, dass ein Radler hindurchfallen kann. Vor mir dehnt sich schon wieder die Endlosigkeit. Wie der Grund eines Urmeeres wirkt die weite Ebene, die fernen Berge seine »Ufer«. Später erreichen ihre Flanken fast die Straße. Gleich Gletschern gleiten von ihnen Sandströme herab. Die Wüste füllt sich selbst auf. Endlich liegt das vor mir, worauf ich schon viele Kilometer warte: Gastlichkeit à la Panamericana. Auf dem kalten Herd sitzt eine Katze. Die Dekoration des »Café-Restaurant-Geschäftes«: einzelne Schuhe, das aktuelle Angebot: Ananaskuchen, das dauerhafte: Getränke, das vorübergehende: ein Glas Honig, eine Tüte Bohnen. Was auf meinen

Teller kommt, sind die größten Kuchenstücke, die ich je in meinem Leben gesehen habe. »Endlich ein Interessent!«, so deute ich die Segmente. Mutter und Tochter managen den Laden. Zwar verstehe ich nicht, was die beiden reden, aber das Gespräch scheint sich um mich zu drehen. Ihr Wegschauen ist nur ein halbes. Ich hatte wohl Recht mit dem: »Endlich …!« »Señor! Noch ein Stück?«, tönt es herüber. Warum nicht? Bedächtig, allzu bedächtig stellt die junge Frau den aufgefüllten Teller vor mich hin. In dieser Bedächtigkeit liegt eine Bitte. Als hätte sie Mut gesammelt, formuliert sie schließlich die Frage: »Señor, würden Sie von mir bitte ein Foto machen?« Ich muss lächeln. Das ist ein Abschied fast wie in dem Bergdorf Tico-Tico – mit einer zusätzlichen Pointe: Das »Fotomodell« zieht sich um – Rock, blütenweiße Bluse, dann noch das Haar glatt gestrichen, einen Blick leicht über die linke Schulter geworfen. »Señorita«, möchte ich sagen, »es fehlt noch die rote Nelke!« Und wo soll ich das Bild hinschicken? In meinem Tagebuch steht es. An:

»Elena Salazanar Flores
Calle Paita No. 157
ICA, Perú«

Der nächste Eintrag ist eine Momentaufnahme, wie man sie selten erlebt. Zunächst einige Hütten, Armut, die in Holz und Blech lebt. Eben hatte mich ein Laster überholt. Jetzt biegt er von der Fahrbahn ab. Wie bei einer Explosion wirbeln Staub und Sand auf. Als der Vorhang verweht, sehe ich, dass der Fahrer ausgestiegen ist. Aus einer der Hütten geht eine Frau mit einem Eimer in der Hand auf ihn zu. Genaueres erkenne ich erst, als ich näher heran bin. Der Mann hat einen Tankverschluss geöffnet, und die Frau, die jetzt davor kniet, saugt mit dem Mund, mit Hilfe eines Stück Schlauches, Treibstoff an und leitet ihn in den

Eimer. Ich werde Zeuge einer besonderen Art Samaritertum. Zu heizen brauchen die Menschen hier nicht; gegen die Kühle der Nacht reicht eine Wolldecke; aber sie haben kein Brennmaterial zum Kochen. Wer nahe der Küste wohnt, mag sich mit Strandgut eindecken; für andere, die sich kein Propangas leisten können, bleibt nur eine Alternative: Diesel von den Lastwagen. Den Fahrern gehören die Lastwagen nicht; sie stehen in Lohn und Brot eines Unternehmers. Da fällt es bei den riesigen Distanzen nicht auf, wenn sich ein paar Liter Treibstoff »verflüchtigen«. Gegenwind könnte die Ursache gewesen sein. Weil ich sehen möchte, ob die Spritabgabe nicht doch mit einem »Geschäft« gekoppelt ist, halte ich ein Stück weiter. Der Fahrer schraubt den Tank wieder zu, ein kurzes Handheben. Der Eimer Diesel war also tatsächlich ein »Geschenk an die Armut.«

Schneller als gedacht tauchen die ersten Häuser von Ica auf. Weil ich von der Panamericana abweiche und sozusagen die Hinterhofzufahrt der Stadt benutze, erlebe ich sie wie sonst wohl kein Tourist. Verfall und Dreck, Menschen wühlen in Müll, die Ufer eines Flusses sind lang gestreckte Abfallhalden. Als ich bei einer Brücke halte, um ein Beweisfoto zu schießen, eilt ein Polizist hinzu. Er deutet auf mein in einigen Metern Entfernung abgestelltes Rad: »Señor! Das können Sie hier nicht machen! Bleiben Sie bei Ihrem Eigentum!« Ein geradezu peinliches Willkommen!

Ich hätte die Stadt ohne Halt durchfahren können, interessierten mich hier nicht eine Hand voll Schnüre. So seltsam es klingen mag: »Schnüre«. Ich finde sie im »Museo Regional del Ica«. Es sind »Quipus«, das Zählsystem der Inka. Quipus bestehen aus einer dickeren Schnur, an der eine größere Anzahl dünnere (in Länge und Farbe unterschiedlich) befestigt ist. Hält man die Hauptschnur waagrecht, so bildet ein Quipu eine Art Fadenvorhang. Durch Knoten in den herabhängenden Fäden ließen sich (je nach Position und Anzahl) Mengen ausdrücken. So konnte man die Bevölkerung »zählen«, Tierbestände, die Silber- und Goldgewinnung in den Minen, die Vorratshaltung, die Anzahl gewebter Decken – kurz alles, was für die Verwaltung des Inkareiches von Wichtigkeit war. Einen Quipu zu verstehen galt als Wissenschaft; und die sie beherrschten, genossen hohes Ansehen. Man nannte sie »quipu-caymayoc«. Für die Kirche allerdings war vieles aus dem Kulturgut der Inka Hexerei; nur wenig entging der Zerstörungswut der Priester. »Sammler« und natürlicher Zerfall gaben so interessanten Zeugen wie den Quipus den Rest. Deshalb lohnt ein Blick auf sie, wenn man ihnen noch begegnet.

Ich fahre zur Panamericana zurück, kreuze sie aber nur. Wenige Kilometer westlich von Ica liegt die Oase »Huacachina«. Der Name belegt, dass es einmal ein heiliger Ort war, in der Sprache der Indios ein »Huaca«. Magische Kräfte von Geistern und Gottheiten wirkten an solchen Stätten. Huacas, das konnten Berge sein, Gewässer, aber auch besondere Bäume oder Felsen. Wer nach Huacachina kommt, müsste in Gedanken fünfhundert Jahre zurückblicken, um jenes Bild vor sich zu haben, wie es einmal war: als Indios hier, an dem See inmitten großer Sanddünen, Opfergaben ablegten und jenen Kräften huldigten, von denen sie Wohlwollen und Hilfe erbaten. Huacachina heute: eine lange Reihe Badekabinen, ein Dutzend Gebäude, vieles bereits dem Verfall preisgegeben. Mühevoll halten ein exklusives Hotel und einige Restaurants die Infrastruktur am Leben. Die Oase, sicher schon von den Spaniern als willkommene Bademöglichkeit entdeckt, erlebte später noch einmal eine Blütezeit. Im »Turismo Cultural del Perú« heißt es, Huacachina mit seinem Hotel »Salva Tierra« sei einst Treffpunkt der Intelligenz gewesen, nicht nur der peruanischen. Auch die feinen Familien aus Lima trafen sich hier. Man konnte sich mit medizinischen Bädern verwöhnen lassen. Für die Damen gab es ein extra Kartenzimmer. Der Tag begann mit Tennis, endete mit Tanz. Täglich spielte ein Orchester. Ich suche das Hotel vergeblich. Die Zeit hat es »ruiniert«, oder ist es etwa das von mir angesteuerte? Mit Jahreszahlen wechseln auch Namen. Immerhin kann ich hier nachholen, was mir die Reklame des unvollendeten *Montevideo* in Nasca versprochen hatte: Schlafen in einem Hotel mit »Sternen«.

So spiele ich, als Belohnung für meinen langen Ritt durch die Wüste, ein wenig »arabischer Scheich«. Der Ort ist passend – eine Oase –, auch die Bleibe: das *Mossone*: Arkaden, Türmchen, überragt von Sanddünen. Als ich mit der ganzen Schäbigkeit eines Panamericana-Radlers, der etliche Wüstennächtigungen hinter sich hat, vorfahre, lösen sich zwei Livrierte aus dem Torbogen. Ihre verhaltenen Bewegungen sind zum Gedankenlesen: »Was tun?« Man ist gewohnt, Wagentüren zu öffnen, Gepäck abzunehmen, aber ein Velo? Ich spiele meine Rolle gut, überlasse einem der beiden mein Gefährt: »Por favor!« Einen Koffer zu tragen ist eine Sache, ein Rad mit vier Packtaschen, Gepäckrolle und Reservereifen zu schieben eine ganz andere. Dachte ich mir's doch. Schon schlägt sich der Bursche das Pedal in die Wade. Ich weiß, wie weh das tut; es ist aus Ganzmetall und hat zur besseren Griffigkeit »Zähne«. »Gib ihm nachher etwas Schmerzensgeld!«, denke ich, als ich sehe, wie er sich mit grimmiger Miene ans Bein fasst.

Ich hatte in den Anden schon für siebzig Pfennig geschlafen. Mit der Nähe zum Tourismus steigen die Preise. In Puno kostete ein passables Bett bereits vierzig Dollar. So bin ich überrascht, als man mir in der Rezeption das Kärtchen mit den »Tarifas« reicht und diese Preisliste schon bei einhundertfünfzig Dollar endet. Für das Outfit eines *Mossone* durchaus mäßig.

Das übliche Tauschgeschäft: Plastikgeld gegen Zimmerschlüssel? Aber das wäre eines Hotels, wie dieses eines ist, nicht würdig. Den Schlüssel bekommt der zweite Livrierte, mir dagegen überreicht man einen Gutschein für den Welcome Drink am Pool. Nun werde ich über den großen Innenhof geleitet. Mächtige Baumkronen beschatten Wandelgänge doppelt. Riesige Amphoren, schräg gestellt, verschütten symbolisch Wein. Der Bedienstete, der mein Velo schiebt, hat dazugelernt. Aus Wadenschlägen wird man klug. Vor meiner Zimmertür winke ich mit Selbstverständlichkeit: »Das Rad bitte hinein!« Staunen, kurzes Zögern, Ausführen der Anordnung. Im *Mossone* ist der Gast König. Und Sand auf dem Parkett? Man wird das Zimmermädchen schicken. Wenn man »arabischen Scheich« spielt, dann schon richtig. Mit lässiger Bewegung, als wäre es eingeschliffene Routine, gebe ich die »Propina«. Schade: Wie doch eine Münze Wirbelsäulen krümmen kann! Der schnelle Blick auf das Geldstück richtet sie wieder auf: »Gracias, Señor! Gracias!« Ich hatte bewusst (Spielertrick) kein »nacktes Messing«[10] gegeben, sondern solches mit Nickelrand. Das überschwängliche »Danke!« höre ich zwar, doch in den Köpfen der beiden mag eben ganz anderes vorgehen. Vielleicht: »Das ›arme Schwein‹ ist gar nicht so arm; sieht nur so aus!«

Was wäre der Besuch Huacachinas, ohne dass man einen Blick über das Dünenmeer geworfen hätte? Der Anstieg ist mühevoll. Einen Schritt vor, einen halben zurück. Bis zum Knie verschüttet nachrutschender Sand meine Beine. Da liebe ich mir einen richtigen Berg unter den Füßen. Als ich endlich oben bin, liegt vor mir die »Sahara«: Dünen, so weit das Auge reicht, Sandberge wie Skisprungschanzen, weitgeschwungene, hochgewölbte Mondsicheln, Grate von der Exaktheit einer Bügelfalte. Mit sanfter Hand hat der Wind diese Wüste modelliert, ihr die Formen von Schneewehen gegeben. Aber bei einer solchen Welt, da schaut man nicht nur von einem Dünenkamm herab wie vom Deich hinaus aufs Meer, da geht man los. Die Wüste ist ein Magnet, der Mensch ein kleiner Eisenspan. Ich weiß, dass ich mit meinen Schritten und Rutschpartien den Dünen hässliche »Wunden« zufüge, dass meine Fußabdrücke im Sand »Narben« hinterlassen; doch die Unberührtheit, die ich in meiner Wanderlust zerstöre, hat der Wind vielleicht schon morgen wieder geheilt. Von einem Dünengrat weht mir ein feiner Sandschleier entgegen. Er ist der Beweis: Die Wüste wandert; alle ihre Formen sind vergänglich. Was bedeuten hier schon ein paar Menschenschritte? Nur Stampfen durch hohen Schnee macht ähnlich müde wie eine solche Wüstenwanderung. Als ich gerade noch rechtzeitig vor Einbruch der Dunkelheit zur Oase zurückkehre und von einem hohen Dünenkamm auf sie hinunterblicke, sehe ich, dass der Sand bereits über die ersten Dächer leckt. Unten spielt ein Radio. Verloren klingt die Musik herauf. Ein Vergleich drängt sich mir auf: Auch auf der Titanic spielte die Kapelle, als das Schiff unterging.

Dezente Verbeugungen, eine Tischempfehlung, Blick auf Lagune und Dünen! Frühstück im *Mossone*. Die Büfetttische biegen sich unter der Last des Angerichteten. Peru protzt. Ich komme mir dekadent vor, denn ich weiß um die sonstige Armut im Land. Wieder auf Strecke, werde ich bei einem Bettler Buße tun. Zum Abschied ertönt ein dreifaches »Gracias, Señor!« – in der Rezeption und wenig später von beiden Seiten des Torbogens. Der Nickel klingt wohl noch immer nach.

Es gilt noch etwas festzuhalten. Gestern war es bereits zu spät gewesen, um die Worte noch abzuschreiben. Auf einer Gedenktafel hatte ich die Geschichte von Huacachina entdeckt. Der Poet José Santos Chocana erzählt sie uns:

»La princesa rubia … Die blonde Prinzessin …

Als sie badete – mit ihrem weißen Körper, der einer Skulptur glich – und sich nachher in ein Tuch wickelte, das ihre Formen durchscheinen ließ, wurde sie beobachtet. Sie bemerkte es und flüchtete vor Schreck; ihr Tuch blieb an einem Strauch hängen, die Prinzessin stürzte; der Spiegel entfiel ihr; er verwandelte sich in einen See – mitten in der Wüste.«

Und wie lässt der Dichter das Märchen enden?

»Al final la princesa transformose en una sirena que hoy sale las noches de luna a cantar a veces su antiqua canción.«

Das Lied der in eine Sirene verwandelten Prinzessin (von ihr in Mondnächten gesungen) musste so traurig geklungen haben, dass die, die es hörten, sie »Huaca-Chica« nannten. »Chica« ist eigentlich das Kosewort für kleine Mädchen.

Wenig später hat mich die Wirklichkeit wieder. Peru, schmutzig, arm, ein einziger »Sozialfall«. Ich sehe eine öffentliche Waschstelle. Rostige Pumpen hämmern Wasser aus der Tiefe, Wasser für verschwitzte Körper, für Wäsche, deren Waschen kaum noch lohnt. Für ein paar Minuten schaue ich einer Familie zu, die sich eine neue Hütte baut. Vier Stangen mit Astgabeln werden in den Sand gerammt. Sie sollen später das Dach tragen. Die »Wände« liegen schon bereit: Schilfmatten. Vielleicht wird man das Geflecht noch mit Lehm verschmieren – gegen Wind und Sand. Später treffe ich die stolzen Besitzer eines »eigenen« Stück Landes. Eine einsame Schilfhütte im Wüstensand war mir aufgefallen. Wer wohnt so? Das Besondere an ihr: Über dem Dach weht eine kleine Fahne, rot-weiß-rot, die Farben Perus. An anderer Stelle sehe ich Linien aus kleinen Kieseln im Sand: Irgendwie sieht es aus, als hätten hier Kinder gespielt. Erst später begreife ich: So stecken Familien ihren neuen Besitz ab. Aufgeklärt werde ich von einem Mann bei Hütten, über denen wieder jene Fahne weht. Ich bitte ihn um Auskunft. Die Antwort, die er mir gibt, begreife ich nicht, denn er widerspricht sich selbst: »Die Regierung hat uns ein Stück Wüste gegeben! Wir haben sie uns genommen!« Er nennt die Siedlung »Invasión«. Ich hätte weiterfragen sollen: »Von was leben die Menschen hier, wo nicht einmal ein Grashalm wächst? Wo ist das Wichtigste, Trinkwasser?« »Invasionen« dieser Art sollte ich auf den folgenden Kilometern noch mehrfach begegnen.

Noch immer »Sahara«. Mitten in dieser Menschenfeindlichkeit wird schon auf große Distanz eine Kirche sichtbar. »Eine Festung des Glaubens, an der sich der Sand reiben kann!«, so ist mein Gedanke, als ich den klotzigen Bau sehe. Zu der Kirche gehört ein Dorf. Schon am ersten Haus steht: »SE VENDE« (zu verkaufen). Zwei Männer spielen unter einem Überdach Karten, nachdenklich zurückgelehnt, einen Daumen hinter den Hosenträger gehakt. Hitze macht Kombinieren schwer. An einem kleinen Stand döst eine Frau vor sich hin. Sie verkauft Devotionalien. Wie wenn sie auf einer Treibeisscholle vor Graham-Land einsame Wache schöbe, so erscheint mir ihr Posten. Wer sollte hier Kerzen oder Heiligenbildchen kaufen? Schon die Kirche allein hätte mich halten und absteigen lassen, erst recht dieses Umfeld. Wo bin ich überhaupt? Die Frau, wie von meiner Frage aufgewacht, macht eine müde Handbewegung: »Das ist ›Pozo Santo‹!« In dem Namen mag der Ursprung der Kirche liegen, »Heiliger Brunnen«. Wasser in der Wüste ist schließlich immer etwas »Wunderbares«. Ich gehe die Stufen zum Portal hinauf. Es steht offen. Der Wind kann den Wüstensand ins Innere wehen. Ob das Deckengewölbe überhaupt noch hält? Ich sollte staunen. Diese Kirche lebt! Ein goldschwerer Altar glänzt wie frisch renoviert, Blumenpracht schmückt ihn. Das hätte ich hier nicht erwartet. Draußen dröhnt der Motor eines Lasters. Wenig später bekomme ich Gesellschaft. Es ist wohl der Fahrer. Er scheint mich gar nicht zu bemerken, bekreuzigt sich, kniet nieder und beginnt zu beten. Ich verdrücke mich. Die Kirche von Pozo Santo hat ihre Gläubigen. Es sind die Wüstenfahrer von Lima nach Santiago de Chile, von Arequipa, von Antofagasta, von … Sie lebt! Nur das Dorf stirbt. Beeindruckt radle ich weiter.

Pozo Santo sollte nicht die einzige Oase der Gläubigkeit bleiben, die ich passiere. Irgendein Pueblo abseits meiner Karte taucht auf. Am linken Straßenrand, einige Meter zurückgesetzt, steht ein großes Kreuz. Ich hatte es aus den Augenwinkeln bemerkt und bin schon daran vorbei, als ich abbremse und wende. Da war doch etwas! Es ist nicht das Kreuz selbst, an dem der Korpus Christi auf seltsame Weise dargestellt ist (nur durch ein kleines Jesusbild und hölzerne Hände); es ist etwas anderes. Am Querbalken hängen die Abbilder von Sonne und Mond. »Inti«, die große Gottheit der Inka, am Kreuz der Christen? Und »Luna«, der Mond, der bei den Küstenvölkern noch mehr galt als die Sonne? Denn er, der Mächtige, bewegte die Meere; Tag und Nacht war er am Himmel zu sehen, was der Sonne nie gelang. Diese beiden alten Götter fanden sich hier am Symbol der Christenheit? Mein Interesse an der für mich seltsamen Entdeckung war nicht unbemerkt geblieben. Ich werde beobachtet. Also gehe ich hin und frage: »Warum sind hier ›Götzen‹ am Kreuz der Christen?« Die von mir angesprochene Frau hebt beschwörend die Hände: »Señor …, wir sind Christen! Bitte warten Sie einen Moment!« Sie läuft ins Haus; ebenso schnell ist sie wieder zurück. Nochmals versichert sie: »Wir sind Christen!« Mit diesen Worten überreicht sie mir ein Papier; auf ihm steht der Text eines Gebetes:

»Creo en ti, aunque sienta cansancio,
Creo en ti, creo en tu mirada;
en tu fuerza; en tu fuerza y en tu luz;
creo en ti Jesus.«

Es ist eine Art Glaubensbekenntnis: Obwohl man sich müde fühlt, glaubt man an Gott, daran, dass er auf einen herabblickt, man glaubt an seine Kraft, an sein Licht; man glaubt an Jesus. Nun habe ich es Schwarz auf Weiß: Die Menschen in dem Pueblo sind Christen! Um einen Kommentar verlegen, sage ich nur: »Danke, Señora!« Ich falte das Papier, stecke es zwischen die Seiten meines Tagebuches und radle weiter. Irgendwo in meinem Gepäck befindet sich noch das Büchlein »El Evangelio Según San Juan«, jenes Geschenk eines Bolivianers bei der Stadt Oruro. Was man nicht alles von einer solchen Reise mitbringen kann!

Opuntien-Plantagen, Baumwolle, Melonenfelder. Die Wüste wird wieder fruchtbar. Jetzt, nur noch zweihundertfünfzig Kilometer von Lima entfernt, könnte ich den Begriff »Zielgerade« wörtlich nehmen. Doch mich hetzt keine Stoppuhr. So beginne ich wieder zu schlenkern. Draußen im Pazifik liegen die »Islas Ballestas«. Manche nennen die Inselgruppe »Klein-Galapagos«. Seelöwen-Kolonien, Pelikane, Pinguine, Basstölpel … eine Palette von Klippen- und Meeresbewohnern wartet auf den Besucher. Für mich gibt es noch einen weiteren Grund, vom Fahrrad in ein Boot umzusteigen. Denn nur von See aus ist das Wüstenbild »Candelabra« vollständig sichtbar. Es hat manches mit den Linien von Nasca gemeinsam; ein »Scharrbild« im Sand, das mehr als tausend Jahre überlebt hat und dessen genauer Ursprung – wie auch seine Bedeutung – im Dunkel liegen. Wen sollte der riesige Dreizack an einem Berghang begrüßen? Auf welches »Ziel« war er ausgerichtet? Wenn Fischer das Bild heute zur Orientierung nutzen, so nutzen sie vielleicht unbewusst tatsächlich die Bestimmung, die seine Schöpfer ihm einst gegeben haben.

Das Geschrei tausender Seevögel und Seelöwengebrüll in den Ohren, den scharfen Geruch von Guano in der Nase, Tierszenen und den »Candelabra« auf Film, kehre ich zum Festland zurück. Der Ausflug war auch eine kleine Entschädigung dafür, dass sich lebende Natur in der Wüste so rar macht. Ein paar Geier hatte ich gesehen, hie und da eine Echse. Der Sandsturm zwang einen Kormoran zur Notlandung. Das Tier blieb benommen neben der Straße liegen; Wasser ist weicher. Für so viele Wüstenkilometer war das eine eher bescheidene Ausbeute gewesen.

Mein Standort ist die Stadt Pisco. Als ich von der Panamericana abbog, noch bevor ich die ersten Häuser erreichte, sah ich eine Szene, die man so schnell nicht abschüttelt: eine Müllhalde, darauf Hütten aus Materialien, wie der Abfall sie hergegeben hatte. Neben der nächstgelegenen brannte ein Autoreifen, darüber stand der »Kochtopf« der Familie, ein halbiertes Ölfass. Ich passierte die Stelle in dem Augenblick, als eine Frau gerade Kartoffeln in das Ölfass warf. »Das ist ihr Essen!«, dachte ich bei dem Anblick, während mir das Frühstücksbüfett im *Mossone* einfiel. Was sich dort Gäste auf den Teller legen und *nicht* aufessen, was also in die Mülltonnen wandert, das wäre für diese Menschen hier ein Festtagsschmaus.

In Pisco selbst treffe ich dann auf einen Kontrast, der wie ein Schlag ins Gesicht wirkt. Internationaler Tourismus. Reiseführer locken die Nationen hierher. Die Fußgängerzone gleicht der von Puno. Langbeiniges, Kurzberocktes wirbt mit der Speisekarte. Schon diese selbst müsste verboten werden. Denn Schildkröte wird angeboten. Perus Naturschutzbehörde scheint zu schlafen. Mitten in eins der Gesichter mit gekonntem Lächeln frage ich etwas provozierend: »Wie heißt du?« »Dora!«, kommt es zurück, es folgen Menüangebote. »Hol nicht so tief Luft, Dora, und leg die Schultern nicht noch weiter zurück, sonst fliegen dir die Knöpfe von der Bluse!« Stumme Bemerkungen können nicht beleidigen. Eine Frau mit einem kleinen Karton in den Händen geht von Tisch zu Tisch, hält ihn etwas schräg und zeigt auf ihren hochgewölbten Bauch. Sie versucht Bonbons zu verkaufen. Touristen mögen so etwas Klebriges nicht, auch nicht diese Art. Sie schauen weg, saugen gelangweilt mit langem Halm den Fruchtsaft. Die Frau begreift ihre Chancenlosigkeit nicht, versucht es immer wieder. »Dein Kind wird wie du werden! Du wirst Armut gebären!« Noch einmal formuliere ich stumme Worte.

Schon aus Protest esse ich nicht in der Fußgängerzone. Ich gehe in eine Seitenstraße. Das Restaurant nennt sich *Norteñito*, es ist ein Familienbetrieb. Die Speisekarte ist aufs Volk, nicht auf die Touristen abgestimmt. Der Wirt schaut erstaunt: »Was für ein Gast!« Er prüft ein halbes dutzend Gläser und wählt für den Fremden das sauberste. Die »Sopa Criolla«[11], die ich bestelle, ist so großzügig bemessen, dass sie in der Schüssel und im Unterteller serviert wird. In solchen Restaurants liegt mein Tagebuch immer griffbereit. Und schon schreibe ich.

In der Tür sind die Köpfe von vier Jungen erschienen. Im Schnitt müssen sie acht Jahre alt sein. Einer von ihnen macht mit der Hand ein fragendes Zeichen: »Essen?« Vier kleine Bettler also! In der Touristenmeile würde man sie verscheuchen; ja, sie wagten es gar nicht, dort aufzukreuzen. Die Wahrheit wäre Rufmord für die Stadt. Und im *Norteñito*? Der Wirt hat die Jungen bemerkt, teilt ihnen mit einer Handbewegung einen Tisch zu: »Dort!« Aufgeregtes Hin- und Herrutschen; gleich gibt's was zu essen! Seine Frau bringt für die vier eine Familienschüssel voll Suppe. Der Wirt tritt hinzu, zieht nacheinander jeden der Jungen an den Ohren und sagt etwas von »Gerecht teilen!« Vom Tresen aus beobachtet er, ob die Ermahnung eingehalten wird. Leider nein. Zwei schaufeln die Suppe überaus hastig in sich hinein. Mit ein paar schnellen Schritten ist der Wirt bei ihnen, noch schneller seine Bewegung. Er schlägt die beiden mit den Köpfen zusammen. Solcher Straf-Schmerz mindert Egoismus. Jetzt klappt es mit dem Teilen. Als die vier fertig sind, rufen sie ein »Gracias« in den Raum, als gelte der Dank *allen* Anwesenden. Mundabwischen mit Handrücken und Unterarm und weg sind sie. So schnell stehe ich auf, dass der Wirt und die anderen Gäste mich erstaunt anschauen. »Voy a volver!« Zum Zeichen, dass ich gleich wiederkommen werde, lege ich meinen Hut auf den Tisch. Die Jungen haben sich erst ein paar Meter entfernt. Noch immer wischen sie sich den Mund ab. Mein Ruf stoppt sie: »Hola niños! Momentito!« Erstaunt bleiben die vier stehen; was will der Fremde von uns? Er hat nur ein paar Fragen. Sie waren mir durch den Kopf gegangen, als ich die Szene im Restaurant beobachtete: »Was macht ihr? Wo sind eure Eltern? Wo schlaft ihr?« Auf die erste Frage antwortet mir der wohl älteste mit einem Fingerzeig nach unten. Aha, die vier sind Schuhputzer. Die zweite Frage wird wohl absichtlich überhört. Die dritte beantwortet er durch Abzählen mit dem Zeigefinger: »Eins, zwei, drei! Diese drei schlafen im *Progreso*, ich …!« Der Junge macht eine Bewegung, als öffne und schließe er den Deckel einer Truhe. Nun will ich von ihm genau wissen, wo dieses »Bett« steht: »Dónde …?« Es ist die große, grüne Kiste auf der Rasenfläche der Plaza. Sie steht gegenüber der Bank. Wahrscheinlich ist – oder war sie einmal für die Eimer und Kehrbesen der Straßenreinigung bestimmt. Was machen mit dem »Kistenschläfer?« Ich greife in die Tasche und gebe dem Jungen einen Sol: »Por el *Progreso*«! Was immer sich hinter der Bleibe mit dem Namen »Fortschritt« verbergen mag, sie wird besser sein als so ein »Sarg«.

Nicht mit der Hoffnung, dem Himmel ein Stück näher gekommen zu sein, aber mit dem Gefühl: »Was der Wirt kann, der sicher weniger als du besitzt, das sollte dir nicht schwer fallen«, gehe ich ins *Norteñito* zurück. Die Bank, vor der das »Bett« des Jungen steht, verlangt von Touristen für das Einlösen eines Reiseschecks eine Gebühr von dreißig (!) Sol. Welche Relation zu der kleinen Spende!

Pisco bietet noch mehr zum Mitschreiben. Ein einziger Gang über den kleinen Markt am Ende der Fußgängerzone ist seitenfüllend. Ein Prediger streut mit zitternden Händen, aber guter Rhetorik »Opium« unters Volk. Religiosität schläfert Armut ein. Was wäre, wenn sie hellwach begriffe? Wenn sie nach den Gründen für ihr Elend fragte? So viele Gewehre, nach denen sie verlangte, gäbe es gar nicht. Ein Sturmbrand sozialer Unruhen fegte durch das Land, über den ganzen Kontinent. Ich sehe die gläubigen Blicke, die dem Prediger die Worte von den Lippen nehmen, und denke: »Gut, dass es für euch Gott gibt!«

Ein Stückchen weiter folgen Blicke den Händen eines Kartenlegers. Nur das »Glück« bleibt übrig. Die schlechten Karten werden weggezaubert. Unter einem der Bäume hat ein Wunderheiler seine Apotheke ausgebreitet. Beigestellte Schrumpfköpfe bewachen mit zerknittertem Gesicht die Medizin. Ich weiß: Fotografieren ist hier verboten; es nähme den Mitteln die Wirkung. »Uña de Gato«, ein Urwaldholz gegen Krebs, »Flor de Arena«, weiße, gelbe, rote Pülverchen, Kräuter, Harz, Salben ..., alles hilft gegen etwas. Eine Frau mit einem Kleinkind im Arm ist hinzugetreten. Sie hält dem Heiler das Baby entgegen: »Es will nicht essen!« Der Mann greift nach einem Pulvertütchen, reicht es der Mutter, erklärt ihr die Anwendung. Die dafür geforderte Fünf-Sol-Münze wandert wie durch Zaubertrick in seine Hosentasche. Das Zünglein einer Schlange wäre nicht schneller. Meine Anwesenheit scheint ihn zu irritieren. Gleich wird er mich wegschicken. Doch das Gegenteil geschieht. Er bezieht mich in die Kundschaft ein: »Señor! Inca-té?« Ich winke ab. Ein neues Angebot, ein grünes Pulver, dazu das Versprechen: »Kontrolliert Bronchitis!« »Danke, Señor Amazonas-Doktor! Noch bekomme ich Luft!« Ich denke mir diese Antwort natürlich nur. So ist es eben. Man geht ein paar Schritte und erlebt, was Reiseführer übersehen. Auf dem Rückweg spreche ich noch einmal stumm mit »Dora«: »Wirklich schöne, lange Beine hast du!« Auch die Bonbonfrau ist noch da. Viele Touristen, aber keine Kunden. »Baby, wenn du wüsstest!«

Ähnlich wie in Nazca kreuze ich ein wenig in der Umgebung umher. Am Rio Pisco, etwa fünfzig Kilometer flussaufwärts, liegt die alte Inkasiedlung »Tambo Colorado«. Wie fast überall in den Anden vergegenwärtigt sie ein Stück Geschichte, über das die Zeit den Mantel des Schweigens geworfen hat. Die Berge rücken hier fast bis an den Fluss heran, sodass ein Engpass entsteht, der sich leicht kontrollieren und verteidigen ließ. Auch verlief an dieser Stelle ein Verbindungsweg zwischen den beiden großen Straßen des Inka-Reiches, der »Königlichen Straße des Gebirges« und der »Königlichen Straße der Küste«. Beides spricht dafür, dass Tambo Colorado Siedlung und Festung war. Aber überall, wo es um die Inka geht, steht man vor Zerfall, so auch hier. Den Spaniern gelang das Unfassbare: die gänzliche Zerstörung einer Kultur. Der Nachwelt übergaben sie Ruinen.

Als ich im Morgengrauen losradelte und die Plantagen den Rio Pisco entlang durchfuhr, begann erst die Arbeit. In breiten Kolonnen schwärmten die Baumwollpflücker aus, die Läusesammler arbeiteten sich langsam durch die stachligen Reihen der Opuntien. Der aus der Cochinilla-Laus gewonnene Farbstoff steht hoch im Kurs. Die Bilder, die sich mir boten, glichen jenen, wie man sie aus der Zeit der Sklaverei kennt. Nur menschlicher ging es zu. Der klassische Aufseher, der zu Pferd die Arbeitskolonnen abritt und die Peitsche sprechen ließ, ist Vergangenheit. Heute gibt es den »Patron«. Dieser schaut im Geländewagen vorbei, ob alles richtig läuft. Als ich Arbeiter um ein Foto bat, schicken sie mich zu ihm. Weißes Hemd, Leinenhose, der Blick sagte: »Ich bin der Boss!« Auf meine Bitte hin schaute er mich kurz an und sagte: »No!« Unser Gespräch war beendet.

Arbeiten zwischen Stacheln. Ein Läusesammler in einer Opuntien-Plantage.

Jetzt, auf der Rückfahrt von Tambo Colorado, habe ich mehr Glück. Es geht auf Feierabend zu. Keine Patrones sind mehr zu sehen. Gespräche und auch Fotos sind möglich. In den Opuntien-Plantagen kratzt man noch immer mit Löffeln die Läuse von den Blättern. Die Arbeit ist ein einziges Drehen, Wenden, Sichbücken. Immer muss man den langen Stacheln ausweichen, sogar unter den Sandalen lauern sie. Der Ackerboden ist übersät mit abgeschlagenen Kakteenblättern. Die Baumwollpflücker dagegen haben es bereits geschafft. Schluss für heute! Eine wohlverdiente Zigarette am Straßenrand. Nur einige wuchten noch Ballen auf die bereitgestellten Fahrzeuge. »Muy duro!« »Sehr hart«, nennen die Pflücker ihre Arbeit. Das Tagessoll beträgt einen Quintal. Erstaunlich, dass mir keiner der Männer die alte

Maßeinheit in Kilogramm umrechnen kann. Erst später werde ich in einem Buch fündig. Ein Quintal entspricht etwa fünfundvierzig Kilogramm. Das sind zehn oder gar zwölf Stunden Arbeit für flinke Pflückerhände. Wer es beim Achtstundentag belässt, wie er auf dem Papier steht, erreicht nicht das Soll. Weniger Baumwolle, weniger Lohn. Doch die Zahl der Münder, die es zu füttern gilt, bleibt gleich. Das ist Baumwollpflückeralltag, das ist die »Mathematik des sozialen Drucks«.

Am Ende der Tour passiere ich erneut die bewohnte Müllkippe, jetzt schon zum dritten Mal. Vor mir läuft ein Mann, barfuß und nur mit einer Turnhose bekleidet. Er schleift einen großen Ast hinter sich her. Als ich noch einmal zurückschaue, sehe ich, er ist auf die Halde abgebogen. Heute Abend wird unter dem Ölfass kein alter Autoreifen brennen, sondern Eukalyptusholz.

»Adios, Pisco! Stadt mit zwei Gesichtern!« Als ich aufbreche, um meine Tour Richtung Lima fortzusetzen, steht mein Entschluss fest: Ich werde noch etwas für mein Seelenheil investieren, als Buße für das *Mossone*. Zum vierten Mal würde ich an der Müllkippe vorbei müssen, am Elend am Rand einer Stadt, die ihren Touristen Schildkrötensuppe serviert. So kaufe ich am Straßenrand bei einer Brotfrau einen Beutel »Pan«. Der Kauf ist ein Klacks, die Mutprobe dagegen kommt noch. Eine Viertelstunde später stehe ich am Rand der Müllkippe. Die erste Hütte ist mit ihrem Eingang der Straße zugewandt. Niemand ist zu sehen. Ich könnte das Brot dort einfach ablegen, fürchte aber um meine Schuhe. Über die Halde zu gehen, das könnte Folgen fürs Leder haben. Scherben schneiden schnell. Außerdem schreckt mich der Aasgeruch. Plötzlich entsteht Bewegung bei der Hütte. Ein Stück Plastik öffnet sich, die »Tür«. Ein Mann tritt heraus. Er hatte mich wohl von innen beobachtet. Es bedarf keiner Worte von ihm; seine Haltung sagt alles. Spreizbeinig, die Hände über der nackten Brust verschränkt, steht er da: »Fremder«, heißt das, »verschwinde! Was schaust du dir unser Elend an! Hau ab!« Hinter dem Mann wird ein kleines Mädchen sichtbar. Ich hebe den Beutel mit dem Brot und rufe so laut, dass man es drüben verstehen müsste: »Para los niños!« Keine Reaktion, nur stumme Feindseligkeit. Noch einmal hebe ich den Beutel. Ich komme mir wie ein Bettler vor. »So nimm das doch endlich!« Das Mädchen schaut zu ihrem Vater hoch; er musste etwas zu ihm gesagt haben. Endlich! Was ich mit festem Schuhwerk nicht gewagt hatte, macht nun dieses Kind – barfuß. Die kleinen nackten Füße gehen über den Müll, als schwebe der Körper. Für ihn gibt es keine Glasscherben, kein rostiges Blech, keine Dornen. Nichts schneidet, nichts sticht. Wie von einem Schutzengel geführt, kommt das Mädchen auf mich zu. Keine Angst hat es vor Unrat, vor Verletzungen, vor dem Verwesungsgeruch zerflossener Kadaver, keine Scheu vor dem Fremden. Dann steht es vor mir. Indioblut, reines Indioblut, junges Leben an der untersten Sprosse der sozialen Leiter. Meine Gedanken prügeln die Geschichte. Hätte doch der Wind nie das Schiff eines Europäers an die Küste dieses Kontinents getrieben! Dann lebte dieses Kind in anderen Verhältnissen. Es gäbe nicht die Armada reicher Kirchen und bischöflicher Prachtbauten; es gäbe nicht die Flut der Armut. Völker lebten noch, Kulturen blühten! Stumme Worte, in den Müll am Stadtrand von Pisco gesprochen. Das Mädchen nimmt das Brot entgegen. Kein »Gracias!« kommt aus dem kleinen Mund, für was auch? Nun geht es wieder zu seinem Vater zurück, »schwebend«, wie es zu mir herüberkam. Vor der Hütte wird eine Bewegung sichtbar. Die verschränkten Arme des Mannes lösen sich. Er hebt eine Hand. Kein Zuwinken, nur ein Heben: Abwehr, durch eine Geste des Dankes gebrochen. Als ich es sehe, ist mir, als hätten wir beide eine Mutprobe bestanden.

Pisco. Tausende Touristen werden alljährlich von Reiseführern in diese Stadt gelockt. Man »verspricht« ihnen die Islas Ballestas. Aber kein Wort wird über die Armut verloren. Trotzdem passieren alle diese Müllkippe (sie ist nur *ein* sozialer Brennpunkt Piscos). Jeder, *der will*, wird sie sehen, denn sie liegt an der Zufahrt von der Panamericana.

Das Handheben des Mannes war für mich wie ein Geschenk gewesen. Und jetzt, wo ich nach Norden schwenke, fällt mir ein zweites zu: Rückenwind, wilder, ungestümer Südwind. Fünfunddreißig Kilometer sind es bis Chicha Alta, weitere fünfzig bis San Vicente, sechzig bis Mala. Dem Kind hatte ein Engel unter die Arme gefasst und es über den Müll getragen; mir greift jetzt der Wind unter die Achseln, verleiht mir Flügel. Das Rad schnurrt über den Asphalt, als hätte ich Segel gesetzt. Kein Wunder, wenn ich unter diesen Bedingungen heute noch Lima erreiche.

Baumwollplantagen und Sand wechseln sich ab. Mal sucht die Straße das Meer, mal die Wüste, mal Klippenfahrt, dann wieder Schlenkern durch Staub. Der Wind trägt mich nicht nur, er drückt mich vorwärts, stößt mich in den Rücken: »Radler! Nutze meine gute Laune, ehe ich es mir anders überlege und dir ins Gesicht blase!« Die Panamericana weitet sich zur Autobahn. Sie muss jetzt den Verkehr aufnehmen, der von der Metropole angelockt wird oder von ihr »ausgespuckt« ins Umland abfließt. Es könnte klappen. Lima! Noch vor Sonnenuntergang wäre meine Tour zu Ende. »Gracias, el viento por el presente!« Dank an den Wind. Doch auf einmal rückt Lima wieder in weite Ferne.

Ein blauer Wagen hatte mich überholt. Die Zeit, wo ich mir Kennzeichen notiert hatte, ist vorbei. Längst bröckelte die Einsamkeit. Inzwischen ist der Verkehr so dicht, dass ich ihn lästig finde. Das überholende Blau hatte ich eher unbewusst wahrgenommen. Erst als das Auto ein Stück voraus stoppt und ein Arm aus dem Seitenfenster »Halt!« winkt, werde ich aufmerksam.

Nun sehe ich auch, dass am Steuer eine Uniform sitzt. Polizei, durch einen Privatwagen getarnt? Der Mann ist jedoch nicht allein; ein Junge drückt sich am hinteren Fenster die Nase platt. Das sieht nicht nach Kontrolle aus, eher nach neugierigen Fragen. Und die kommen auch.

In der Uniform steckt kein Polizist, sondern ein höherer Militär. Brustspange und Abzeichen zeigen es. Die erste Frage: »Sprechen Sie Spanisch?«, die zweite: »Welche Nationalität?«, die dritte: »Wo sind Sie losgefahren?« Aus dem »Halt!« wird ein Händedruck, ein Sich-Vorstellen: »Major Rodriguez! Mein Sohn sah Sie und rief, ›Papa, dort vorn ist ein Radler! Frag ihn mal, woher er kommt!‹« Militärs, zumindest die höheren Ränge, lieben Exaktheit. Dem Major genügt die Auskunft »Bolivien!« nicht; er will es genau wissen, auch, wie ich aus den Bergen auf die Panamericana gekommen bin. Als ich »über Juliaca, Arequipa!« sage, hakt er nach: »Durch den Tunnel am Pichu-Pichu? Ich komme aus Arequipa. Ich kenne die Strecke! Das können Sie mit dem Fahrrad nicht gemacht haben!« Ich sage die schlichte Wahrheit: »Nein, aber zu Fuß!« Wieder einmal fehlt mir eine »beobachtende Kamera«; denn das, was nun passiert – und alles, was noch folgen sollte –, wäre schon etwas für einen Filmstreifen. Noch einmal drückt er mir die Hand und nennt seinen Vornamen: »Carlos! Und wie heißt du?« Mir klingen die Ohren. Ein peruanischer Major bietet mir das Du an! Doch damit nicht genug. Er löst die Fliegerspange von seiner Uniform und reicht sie mir: »Für dich! Als Auszeichnung für deine Leistung! Du bist mein Gast!« Er holt aus dem Handschuhfach ein Stück Papier, benutzt das Armaturenbrett als Unterlage und beginnt zu zeichnen. Dann die Erklärung des Planes für mich: »Es kommt rechts eine große Tankstelle, dann mehrere Brücken. Du biegst bei der dritten ab...!« Die Wegbeschreibung zu der militärischen Anlage endet mit: »Ich bin der

Chef!« Eine Einladung wie ein Befehl. Der dritte Händedruck. Ein kurzes Zuwinken: »Bis dann!«

Da stehe ich auf der Panamericana, ich, der große »Uniform-Fan«, ausgezeichnet mit der Fliegerspange eines peruanischen Majors, der mir das *Du* angeboten hat. Ich will ehrlich sein: Über meinen Antimilitarismus springe ich nur, weil ich ahne, dass ein Erlebnis auf mich wartet.

Ich habe mitgezählt; die dritte Brücke. Nun die Panamericana nach Westen kreuzen. Immer auf dieser Straße bleiben, hatte »Carlos« gesagt. Militärfahrzeuge überholen mich. Ich bin richtig!

Wer peruanische Militäranlagen kennt, weiß um deren Absicherung. Selbst auf umliegenden Bergen haben immer Posten mit Jeeps Wache bezogen. An der hohen Mauer, die so ein Areal schützt, ist der Hinweis für Autofahrer zu lesen: »Halten in diesem Bereich verboten!« Von Türmen herab dringen wachsame Blicke. Einer solchen »Festung« nähere ich mich jetzt. Noch gut hundert Meter bin ich von der Einfahrt entfernt, als ein Soldat auf die Straße gelaufen kommt und mit erhobener Hand »Stopp« signalisiert. Einer der Wachposten musste von erhöhter Warte Alarm geschlagen haben: »La ciclista!« Als ich halte, wird aus dem »Stopp!« eine höfliche Geste: »Bitte, Señor!« Der Soldat komplimentiert mich zum Tor. Jetzt heißt es den Lässigen spielen – ähnlich wie im *Mossone*. Passé ist der Radler im Second-Hand-Outdoor-Look; die Kamera läuft.

An der Wache salutiert man von beiden Seiten. Da ich das Rad mit der rechten Hand schiebe, grüße ich ganz unmilitärisch mit links, zwei Finger an die Hutkrempe gelegt. »Hola, soldates!« Der Major musste Anweisung gegeben haben: Sobald ein Radler auftaucht, anhalten, zu mir geleiten. Links ein Soldat, rechts ein Soldat. Eskorte. »Bitte, Señor …!«

Die Basis ist riesig. Überall Uniformen. Für alle, die nicht wissen, was hier abläuft, muss meine »Eskortierung unter Waffen« wie ein Abführen aussehen. Man hat eine verdächtige Gestalt aufgegriffen. Und »verdächtig« sehe ich für gewisse Kreise allemal aus. Wer weiß schon, dass mein Outfit eher Tarnung ist? Ein uns entgegenkommender Trupp Soldaten gerät bei meinem Anblick aus dem Gleichschritt. Ich »entschuldige« mich bei dem Befehlenden durch Grüßen – wieder mit links. Das »Abführen« endet vor einem flachen Gebäude; die Tür steht offen. Direkter Blick ins Chefzimmer. Meine Begleitung tritt ein paar Schritte zur Seite und salutiert. Sie bräuchte mich nicht zu melden. Carlos, genauer: Major Carlos Rodriguez Valdivia, sieht hoch, ich bin seiner Einladung nachgekommen, sonst stünde ich nicht hier. Er kommt mir entgegen – in der Uniform, in Brusthöhe, zwei Einstichlöcher. Dort saß die Fliegerspange, die nun ich besitze: »Hola, Christian! Bienvenido, tome assiento!« Die beiden Soldaten verstehen wahrscheinlich die Welt nicht mehr. Was für eine Begrüßung für diesen »Typen«! Mit einer Handbewegung schickt sie der Major weg, wiederholt mit einer Geste das »Setz dich!«. Khakifarbene Ledergarnitur, überall Pokale, an den Wänden große Fotos von Kampfbombern verschiedener Nationen. Direkt über »Carlos« hängt das Bild einer russischen MIG. Nun soll mein Erzählen über die Tour weitergehen, und nicht nur über sie. Was treibt mich so durch die Welt, von Kontinent zu Kontinent? Immer wieder erscheinen in der Tür Soldaten, salutieren und erstatten Meldung. Mir ist, als hätte ich nie ein Wort Spanisch gelernt; denn ich verstehe immer nur »Bahnhof«. Der Major antwortet mit dem Handrücken, seine Geste bedeutet halb »Verstanden!«, halb »Raus!« Dann kommt ein Soldat, nimmt stramme Haltung an, eine Wortkaskade dringt aus seinem Mund. Als er fertig ist, sagt der Major (als sei dies die Antwort auf die eben erhaltene Meldung): »Ein Essen für meinen Gast!« Der Soldat sieht mich jetzt erst. Er hält die Luft an, vergisst das

Atmen. Da ist nur noch Starre. Vergeblich wartet der Major auf die Bestätigung des Befehls. Ihm reißt die Geduld. In einer Tonlage, die hier wohl nur ihm zusteht, sagt er scharf: »Ein Essen!« Jetzt reagiert der Soldat. Der erneute Befehl »streckt« ihn förmlich. Eine Hand fliegt zum Kopf. Kehrt machen auf den Hacken. Carlos lacht mich an: »Bin *ich* hier der Chef, oder?«

Es wird serviert. Ich bleibe ernst: »Panamericana-Menü Nummer 1«, Reis mit Huhn, als Beigabe eine Karaffe Orangensaft. Der Soldat ist wohl noch immer durcheinander. Als er geht, salutiert er erst vor mir, dann vor dem Major.

Ein paar weitere Meter Filmrolle, die Kamera mag weiterschnurren. Ich habe noch nicht zu Ende gegessen, da kommt Carlos' Ankündigung: »Wenn du fertig bist, werde ich dich meiner Frau vorstellen!« Wieder geht es durch die Anlage, nun bis ans äußerste Ende. Dort liegt der Bungalow des Majors. Das Rad soll ich mitnehmen, damit auch seine Frau und der andere Sohn den »Packesel« sehen. Der Kommandeur in Begleitung einer solchen Figur? In den Uniformköpfen, die uns begegnen, muss Chaos herrschen. Ich versuche ernst zu bleiben und lässig an die Hutkrempe zu tippen. Mit einem so hohen Rang an meiner Seite fliegen die Grüße nur so.

Als wir bei dem Bungalow angekommen sind, geht es zu wie unter neuen Freunden: »Miriam, das ist ›Amigo‹ Christian! Bring uns etwas zu trinken!« Miguel, den ich bereits kenne, interessiert sich sofort für mein Rad. Carlos stellt mir den anderen Sohn vor: »Das ist Marko!« Die Familie Valdivia ist komplett. Das Erzählen übernimmt jetzt Carlos. Er »weiß« alles über den Radler aus Alemania. Ja, und dann kommen seine »Befehle«: »Miriam, gib unserem Freund ein Andenken mit! Hol ein Foto! Und diesen Becher dort!« Carlos deutet auf einen Trinkbecher mit dem Enblem seiner Einheit. So geschieht es denn. Ich bekomme ein Familienfoto mit der Widmung:

»Un recuerdo de tus amigos Carlos,
Miriam, Miguel, Marko
Pucusana, Perú«

ferner jenen Trinkbecher und schließlich noch etwas, eine Einladung für den Fall, dass ich noch einmal nach Peru käme. Oben steht das peruanische Wappen mit Kondor in Prägedruck – auf der Karte selbst Carlos' Privatanschrift:

»El jefe de la Base …
Major Carlos Rodriguez Valdivias
Cayalti No. 320
Surco, Lima 33, Lima – Perú«

Ist noch Filmmaterial übrig? Denn viele Meter trennen mich noch vom Radler-Alltag. Händeschütteln im Kreis: »Adios, Miriam! Adios Miguel! Adios Marko!« Carlos begleitet mich zurück. Unterwegs grüße ich wie gehabt: zwei Finger der linken Hand an die Hutkrempe. Vor dem Chefzimmer der letzte Handschlag, Schulterklopfen, gute Wünsche für den Rest der Tour – und: »Willkommen in der ›Cayalti Nummer 320‹!« Eskorte wird geordert, Ehrengeleit müsste man fast sagen: »Klack! Klack!« Hackenschlagen. An der Wache ein letztes Hutantippen: »Gracias, Señores!« Lässiger geht es nicht. Das »Rolle-Spielen« hat bis zum Schluss geklappt. »Kamera aus!«

Leider gibt es diesen Film nicht; aber in meinem Gepäck habe ich die Utensilien für das Drehbuch: Wegskizze, Fliegerspange, Familienfoto, Trinkbecher, Einladung.

Da stehe ich auf der Straße und muss mich neu orientieren. Zurück zur Panamericana und dann weiter nach Lurin, das fast schon ein Vorort von Lima ist? Das schaffe ich wohl jetzt nicht mehr. Erlebnisse wie eben kosten Zeit. So entschließe ich mich für Richtung Küste. Noch ein Stückchen fahre ich bergauf, dann die Abfahrt – hinunter auf »Null«.

An der Mole leckt der Pazifik. Ich bin an der Punta Chilca, in dem Fischerdorf Pucusana.

Über dem Kreuz kreisen die Geier

Man sollte ein Dorf wie Pucusana schlafen lassen. Fremde bringen nur Unruhe. »Hallo, Mister!« Der erste Gruß, die erste Frage. Überall steht Jugend herum, ein Indiz für viel Zeit und wenig Arbeit. Die Unterkunftsfrage ist schneller geklärt, als ich dachte. Ein Fingerzeig: »Dort ist geschlossen, Señor! Dort drüben geöffnet!« Das Rad parkt im Restaurant, mein Zimmer liegt eine Treppe höher. Ich bin zufrieden; es gibt Primitiveres. Weil es hier nur nach »kalter Küche« aussieht, probiere ich es am anderen Ende der Mole. Im *Estefania* reibt man sich freudig die Hände – ein Gast. Der Wirt »führt« mich mit einer Geste zu einem Tisch, der windgeschützt steht. Seine Frau bringt ein Tischtuch; er selbst folgt wenig später mit einer kleinen Leiter. Die Neonröhre, die diesen Teil des Raumes beleuchtet, ist defekt. Für den Gast wird sie ausgewechselt. Welche Umstände! Keine Frage, dass der Fisch, den ich bestelle, fangfrisch ist. In den Pazifik könnte man spucken, so nahe liegt er. Schwieriger wird es mit dem Wein. Vielleicht hätte ich das hier Übliche bestellen sollen, eine »copa de vino«, Name und Jahrgang anonym; aber nach all den Erlebnissen – und nun fast am Ende der Reise – ist mir nach einem »guten Tropfen«. Damit beginnt das Problem. Der Wirt muss den Fall erst mit seiner Frau besprechen: »Un vino bueno?« Die beiden einigen sich auf eine bauchige Flasche, die links oben im Wandregal steht. Es ist ein *Borgoña*. Blütenweißes Tischtuch, neue Neonröhre, das Weinglas randvoll. Für den fremden Gast ist nur der beste Service gut genug. Eigentlich ist der Wein viel zu schwer, als dass man ihn zum Essen trinken dürfte; aber aus einer Laune heraus frage ich, was die ganze Flasche kostet. Der Wirt schaut mich ungläubig an: »Die ganze Flasche?« So etwas war im *Estefania* – dazu noch bei einem *Borgoña* – wohl noch nie vorgekommen. Er eilt nach hinten, ruft seine Frau – so laut, dass diese glauben muss, es sei etwas passiert. Dort, wo der Raum zur Küche hin abwinkelt, stoßen die beiden zusammen. Viel Aufregung um eine Flasche Wein.

Die Geschichte endet damit, dass die beiden Einkauflisten wälzen; schließlich kommt der Wirt mit diesem »Beweis« an meinen Tisch: »Señor, das ist ein sehr guter Wein. Ich habe für die Flasche zwanzig Sol bezahlt. Ich müsste vierundzwanzig dafür haben. Wäre das in Ordnung?« Mir fällt das Ernstbleiben schwer. Natürlich geht das in Ordnung, mit den vier Sol Aufpreis; auch die angebotene Liste möchte ich nicht einsehen. Bei uns zu Hause kommt in den Restaurants der Wein mit ganz anderen Aufschlägen auf den Tisch.

Nüchternheit hat Vorteile. Deshalb nehme ich die halbe Restflasche mit in die Unterkunft. Sie soll ins Radgepäck, für die »Endfeier« in Lima. So habe ich auf dem Nachhauseweg *nicht* so etwas wie die Dünung des Pazifiks in den Beinen. »Ein Glück!«, sollte ich später sagen.

Ich werde von dem Gefühl wach, dass jemand an meinem Bett rüttelt – so heftig, als sei im Haus ein Feuer ausgebrochen. Der Verstand braucht nur eine Sekunde, und alle Alarmglocken schrillen: »In die Zimmerecke! Zum Türrahmen!« Das ist Überlebensregel Nummer eins, wird man in einem Gebäude von einem Erdbeben überrascht. Alles wackelt, dazu ein Geräusch, als nähere sich ein Güterzug. Das rollende Poltern schwillt an, erreicht das Haus. Alles, was Töne erzeugen kann, antwortet, irgendwelche Bleche – wohl das Dach –, die Fensterscheiben, die auffliegenden Türen. Die Gläser im Schrank des Restaurants spielen Scherbentanz. Nur Sekunden dauert es, bis der letzte »Waggon« das Haus passiert hat. In die Hose gestiegen, Schuhe an, Jacke mit Papieren, Kameratasche unter den Arm – zwei, drei Stufen auf einmal, nichts wie raus hier! Der Wirt rennt vor mir durchs Restaurant, an der Tür hole ich ihn ein; er muss sie erst aufschließen. Der »Güterzug« scheint im Kreis gefahren zu sein; jetzt kommt er wieder. Dieses Mal rollt er wie durch einen Tunnel unter unseren Füßen hindurch. Aus dem Erdinnern grollt es gleich einer unheimlichen Stimme. Draußen auf der Straße wird es laut. Pucusan ist auf den Beinen. »Terremoto! Terremoto!« Erdbeben! Jeder spürt es – in den Beinen, am ganzen Körper.

Die Häuser Pucusans hatten wie im Takt mitgeschwungen. Schwer zu sagen, welche Risse in den Wänden neu sind, welche von früheren Beben stammen. Keinen Toten hat es gegeben, wohl nicht einmal Verletzte. Doch mit meiner Ruhe ist es aus. Ich traue meiner Zimmerdecke nicht mehr. Als ich mich vom Wirt verabschiede, frage ich ihn zur Sicherheit nach Datum und Uhrzeit. So ist es authentisch: »9. Mai, 6 Uhr 15, Erdbeben an der Punta Chilca.« Dabei sollte dieses nur eine Vorwarnung sein. Das große Beben würde noch folgen: Stärke 7,9 auf der Richterskala. Tausend Verletzte, fast hundert Tote, mehrere Städte zerstört, schwere Schäden auch in Arequipa. Das Schlimmste dabei war, dass es gleichzeitig als Land- und Seebeben kam. Den Pazifik hob es aus seinem Bett. Die Stadt Camaná, in der mir die Frau das »Maiskörner-Essen« angeboten hatte, stand unter Wasser, überflutet auch die Panamericana. Für mich so knapp vor dem Ziel bedeutet dieses kleine Beben noch immer Abenteuer, und doch bin ich in sicherer zeitlicher Distanz zu einer Katastrophe.

Wieder Panamericana. Nun wird es ernst. Der »rote Brei« auf meiner Karte, das ist Lima. Gäbe es für die Andenstaaten eine

Erdbebenopfer wie diese Kirche sind in den Andenländern leider nicht selten.

»Hitliste der Kriminalität«, diese Stadt gehörte zu den »Top Ten«. In den letzten Sicherheitshinweisen des Auswärtigen Amtes heißt es: »Hohe Kriminalitätsrate. In der Innenstadt sind besondere Vorsichtsmaßnahmen unbedingt anzuraten… Besuche der Randgebiete stellen ein unkalkulierbares Risiko dar…« Bereits für acht Stadtteile gilt das Ausnahmerecht. Sie stehen unter der Kontrolle der peruanischen Streitkräfte. Schöne Aussichten für einen Radler, der dort hinein will! So mag es wie ein Ausweichen wirken, als ich, fast schon am Stadtrand, die Zielgerade noch einmal verlasse. Dieses »Ausbrechen« gilt »Pachacamac«, der »Heiligen Stadt«. Nur die Größe der Anlage, kaum jedoch das, was von ihr übrig blieb, lässt erahnen, dass es sich hier um eines der bedeutendsten Kultzentren des Inka-Imperiums handelte. Selbst schon lange vor den Inka war diese Stätte für die Berg- und Küstenvölker ein Pilgerort gewesen. Sie verehrten hier das Orakel Pachacamacs, des »Schöpfers der Welt«. Bei Grabungen fanden Archäologen Kulturen »in Schichten«. Die Funde belegen, dass die Inka nur »den letzten Stein« setzten. Mit dem Bau des Sonnentempels huldigten sie in Pachakamac ihrer größten Gottheit.

Der Spanier Hernando Pizarro hielt hier mit seinen Söldnern mordend und plündernd Einzug. Als er gold- und silberbeladen wieder abzog, ließ er die »Heilige Stadt« als sterbende Stadt zurück. So steht, wie andere Stätten, auch Pachacamac für die Geschichte des Kontinents. Wo auch immer man auf diese stößt, findet man die »Visitenkarte« des Schwertes. So gehe ich Straßen entlang, die einst Pilger beschritten, klettere über Pyramidenreste – ehemals Kultstätten –, stehe zwischen Wänden, die einmal Räume bildeten. Staub statt Glanz, Stille statt Leben, Verfall als Zeichen des geschichtlichen Schlussstrichs.

Auch auf mich wartet nun der Schlussstrich, unausweichlich. Die letzten Kilometer Panamericana liegen vor mir. Vielleicht hatte ich das Schild LIMA übersehen, vielleicht gibt es auch keins. Man sieht ohnehin, dass man angelangt ist. Eben habe ich auf einer Müllkippe einen Sammler fotografiert. Etliche gefüllte Säcke zeigten, dass er recht »erfolgreich« war. Jetzt treibt schwarzer, beißender Rauch über die Straße; neben einer Bushaltestelle werden alte Autoreifen verbrannt. In einer langen Wand klafft ein großes Loch. Gerade steigt ein Mann hindurch und geht die dahinter gelegene Düne hinauf. Die Wüste leckt mit ihren Sandzungen bis zum Stadtrand heran. Gleich Wildwechseln verlaufen Trampelpfade über die Dünen. Sie verlieren sich an weiteren Mauern, auf denen Wachtürme stehen. Hat man die Armenviertel gar schon zu »Ghettos« gemacht? Der Verkehr ist erst dicht, dann zäh, jetzt stockend. Mit der Hupe schimpft es sich am besten. Um Limas »rollendes Blech« zu schildern, bräuchte man einen Tonträger. Mitten in dieser Lawine kämpft ein einsamer Radler. Jeder Atemzug ist ein Faustschlag für seine Lunge.

Mein Ziel ist die Kathedrale. Sie steht für das Zentrum. Städte wie diese wurden um »Gott« herumgebaut. Es ging dabei um Macht. Das ist kein Schreibfehler, sondern historische Wahrheit. Ich bräuchte also nur dem Hinweis CENTRO zu folgen. Nichts wäre leichter als das, gäbe es da nicht tausende Stoßstangen, Kotflügel, Reifen, denen ich unterlegen bin.

ZEHN KILOMETER LIMA

Von der anfangs recht konkreten Angst, man könnte mich in einem der Außenbezirke überfallen, ist kein Splitterchen mehr übrig. Wie sollte das geschehen? Doch nicht etwa vor ein paar hundert Autofahrern als Zeugen! Die wirkliche Gefahr, die mir droht, hat vier Räder und nicht zwei Beine. Leider scheitert mein Versuch, die Standspur zu benutzen. Sie ist der »Parkplatz« der Busse, während sie auf mir unverständlicher »Warteposition« vor der nächsten Haltestelle sind. Es geht nicht anders, ich muss in den fließenden Verkehr.

Wieder einmal bin ich froh über mein voluminöses Gepäck. Die vorderen Taschen und die Rolle mit den Schlafutensilien sind fast so breit wie mein Lenker. Hinten gibt es weitere »Stoßdämpfer« in Form von Taschen und Reservereifen. Ein Velo, behangen wie ein Streitross im Turnier. »Ritt« über die Panamericana, jetzt als Stadt-Autobahn.

ZWANZIG KILOMETER LIMA

CENTRO, noch immer geradeaus. Zum x-ten Mal hartes Abbremsen, Stoßstangenberührung. »Aufpassen! Immer aufpassen!«, ermahne ich mich selbst. Von hinten ein sanfter Schubs. Ich drehe mich um. Der Fahrer hebt beide Arme. War das eine Entschuldigung? Ich antworte auf die gleiche Art: »Armleuchter!« Ich wechsle zwischen Stoßstangen die Spur. Links geht es voran. Doch auch dort ist schon wieder stehender Verkehr. Man hatte nur eine Lücke gefüllt. Außerdem verdichtet sich hier die Abgaswolke durch den Gegenverkehr. Wieder nach rechts! »Stehplatz«, Autodächer, so weit der Blick reicht. Die Fahrer »unterhalten« sich mit Hupkonzerten aus Langeweile. Meine Lunge könnte einen Beitrag leisten – hustend. Der Blechbrei fließt wieder, zäh, als ginge es steil bergauf.

Dreissig Kilometer Lima

Ich sollte besser zu Fuß gehen und das Rad schieben; doch dafür bräuchte ich mehr Platz, und der fehlt. Drei Spuren biegen auf leicht abschüssigem Gelände ab. »Warum hupt ihr nicht vor Freude, dass ihr hier raus seid?« Die Fahrer wissen wohl, was sie unten erwartet. Wie aber kommt man, wenn man geradeaus will, durch nach rechts abfließenden Verkehr, dessen Stoßstangen wie aneinander gekettet wirken? Man zwingt die Schlangen zu der Entscheidung: »Entweder du hältst, oder du machst mich platt!« Für Letzteres fehlt den Fahrern dann doch der Mut. Einen Radler – noch dazu vor den Augen vieler – einfach überrollen, da hieße es in der Kathedrale viel Abbitte leisten. Genauso erpresserisch mache ich es mit denen, die – nur hundert Meter weiter – in Dreierreihe auf die Autopiste drängen. Kein noch so erbostes Hupen hilft. Ob Bus-, Pkw- oder Lkw-Fahrer, ich zwinge ihnen den Fuß auf die Bremse. Wer hier keine Nerven hat, der geht unter.

Vierzig Kilometer Lima

Mir ist schlecht. Ich sitze auf der Leitplanke, abgasumwabert. Das Rad steht neben mir, als hätte es sich hierhin verirrt. Auf der ganzen Lima-Panamericana gibt es mit Sicherheit nur dieses eine

Velo. Von den Autofahrern, die im Kriechgang vorbeischleichen, sollte ich Gafferzoll kassieren. Die vorletzte Schildersammlung hatte noch gezeigt: »Zentrum, geradeaus!« Die letzte verschwieg es bereits. Die nächste im Vorblick schweigt ebenfalls. Entweder man weiß, wo es liegt, oder man errät es. Nachdem ich etwas getrunken habe, geht es mir besser. Die Frage an einen Fahrer, der gerade auf meiner Höhe halten muss: »Señor! El centro?« Sein Fingerzeig ersetzt das fehlende Schild: »Geradeaus!« Ich reihe mich wieder ein. Ich schwimme mit, praktiziere streckenweise Rad-Gehen, wie zu Zeiten, als es noch richtige »Geh-Räder« gab, massiere die Schläfen gegen die Kopfschmerzen: Zu viele Abgase im Blut, zu wenig Sauerstoff in der Lunge. Diese Stadt per Rad, das ist Selbstverstümmelung.

Fünfzig Kilometer Lima

Die Panamericana ist zu einer Hinterhofstraße verkommen. Berg- und Tal-Asphalt. Eisenteile kleben im Teerbelag. Bauschutt kullert herum; Obst- und Gemüsereste werden zu matschiger Schmiere zerfahren. Nirgendwo ein Hinweis auf das Zentrum. Der erste Polizist. Ich steuere ihn an: »Señor …?« Seine Antwort klingt, als hätte ich nach einer namenlosen Diskothek gefragt: »Welches Zentrum?« Ich werde konkreter: »Plaza de Armas?« Ein Fingerzeig mit langem Arm: »Geradeaus, dann links!« Zwölf Spuren Verkehr treffen sich; es ist wohl eine der belebtesten Kreuzungen Limas. In der Mitte, auf einem hohen Podest, steht eine Polizistin. Als sie die Richtung frei gibt, fahre ich bis zu ihr vor. Meine Frage rufe ich nach oben: »La catedral? Plaza de Armas?« Die Kreuzung ist eine halbe Minute ohne Trillerpfeife. Aber nun weiß ich den Weg: rechts, bis zum Park, dann links, am Ende der Baumreihe wieder links. Nach einer Viertelstunde ragt vor mir die Kathedrale auf, nach einer weiteren bin ich in der Straße, in die ich letztendlich wollte, in der »Jirón Camaná«. Im Hotel muss ich zum ersten Mal auf dieser Tour in meine Medikamententasche greifen und nehme einen Schluck *Borgoña*, damit die Tablette besser rutscht. »Bettschwere durch Bleilunge«, könnte man sagen. Solcher Schlaf ist der Notschalter der Natur.

LIMA

Für mich ist die Stadt eher Zweck, kaum Ziel. Von hier spannt sich meine Luftbrücke zurück nach Europa. Ich könnte die Metropole wie viele andere erleben, gefahren, geführt. Ab dreißig Dollar wäre ich dabei: Die Plaza de Armas, der Regierungspalast, der Palast des Erzbischofs, die Kathedrale – Kirchen, Museen, koloniale Architektur wie aus dem Lehrbuch. Der Bus, der mich durch die Stadt brächte, benutzte nicht die »Cailloma«, nicht die »Rufino Torrico«; aber diese und dutzende ähnliche Straßenzüge sind das eigentliche Lima, sein Zentrum. Das Fassadenkarree um die Kathedrale ist nur ein Prachtpunkt auf einer ansonsten schäbigen Fläche. So der eigentlichen Wirklichkeit entzogen, ginge die Fahrt zum *Museo del Oro*, mit Bedacht wählte man dabei den Umweg über den Stadtteil *Miraflores*. Nobel geht es dort zu. Die Fluggesellschaften haben hier ihre Büros (weil sie es in der Stadt selbst nicht mehr ausgehalten haben). Hinter Rauchglastüren residiert das Geld, Firmen für Edles. Keiner, dem man *Miraflores* vom Busfenster aus »vorführt«, käme wohl auf den Gedanken, die erklärungsgewandte Guide zu fragen, wie viel Bodyguards, wie viel privates Wachpersonal hier für Sicherheit sorgen. Als ich den »Peru-Führer« zum Thema »Lima« aufschlug, las ich als Erstes: »Barranco, once Lima's largest beach resort ...« Darunter die Reklame: »›The Real English Pub‹, Friday Pop Rock at 22.00 h.« Der *Platin Night Club* lockte mit Showgirls, im *Golden Palace Casino* könnte der Rubel rollen, besser: der Dollar. »Rien ne va plus!«

Hatte sich Señor Strobel y Serra etwa in der Stadt geirrt, als er für die Frankfurter Allgemeine über Lima folgenden Bericht schrieb:

»Längst nicht mehr der Glanz kolonialer Selbstherrlichkeit oder der Pomp republikanischer Selbstbestätigung bestimmt das Gesicht des Zentrums, sondern die Armut. Wie eine Sturmflut droht sie aus den angrenzenden Elendsvierteln über Kirchen, Klöstern und Aufmarschplätzen hereinzubrechen. Ihre Vorboten bemerkt man schon, die stummen Schlangen vor den Armenküchen, die bettelnden Krüppel und Horden flehender Schuhputzer, oder den Gestank des Urins, der aus vielen Ecken hervordringt…«

Am nächsten Morgen werde ich Zeuge der Wahrheit. Wer geht schon durch Lima, bevor man in den Hotels das Frühstück serviert? Wer gar lässt es für einen Blick in das ungeschminkte Gesicht der Stadt ganz ausfallen? Die Wahrheit war noch nie etwas für Bequeme.

Der Wachposten gegenüber dem Hotel *Camaná,* in dem ich wohne, tritt von einem Bein auf das andere. Die Nacht ist vorbei, er wartet auf die Ablösung. Seine Aufgabe war es, eine kleine Klinik zu bewachen – mit der Waffe. Das Haus wirkt, als sei beim Bau des zweiten Stockwerkes das Geld ausgegangen, ja als wäre Begonnenes wieder eingestürzt. Der Blick aus meinem Hotelfenster ist der auf eine Bauwunde: »Guten Morgen, Lima!« Ich werde einen großen Kreisbogen schlagen. Zuerst die »Plaza San Martin«, dann westlich zurück bis an den »Rio Rimac«, später Rückkehr auf Höhe der Kathedrale. Wie die Nadel auf einer Schallplatte, so würde ich aufs unmittelbare Zentrum zukreisen.

»Morgenstund' hat Gold im Mund!«, sagt ein altes Sprichwort – »und die Wahrheit!«, ließe sich hinzufügen. Lima, bevor es richtig wach wird, zeigt sich mir. Der Himmel über der Stadt ist noch lichtblau. Das mag sich ändern, wenn der Verkehr erst einmal ins Rollen kommt. Gestern habe ich die Luft »gesehen«, die ich einatmete. Die ersten Taxis hetzen bereits durch die Straßen, frühe Kundenjagd. Da man »Lima diagonal« nur einmal im Leben mit dem Fahrrad macht, brauche auch ich später eine Transporthilfe zum Flughafen. Dabei möchte ich mir nicht zwei andere Deutsche zum Vorbild nehmen. Die beiden wollten mit einem Taxi zum Airport fahren und wachten aus der Bewusstlosigkeit erst am Stadtrand auf, nur Hemd und Hose waren ihnen geblieben. Ich löse das Problem auf meine Art. In der Jackentasche steckt ein vorbereiteter Zettel: Name, Hotel, gewünschte Abholzeit. Der Taxifahrer, der ihn bekommen wird, müsste so etwas wie einen sichtbaren »Steckbrief« haben: klappriges Auto, Dachgepäckträger für den Transport des Rades, am Steuer »Rentenalter«. Es trifft den Fahrer eines VW-Käfers. Alles »stimmt«. Der Mann ist so ehrlich und sagt, dass er für das Befahren des Flughafengeländes keine Lizenz hat, deshalb müsste er mich ein paar Meter vorher absetzen. Der Preis für diesen Service: ein Drittel dessen, was man für die Tour den Touristen sonst aus der Tasche zieht. Alles sollte später problemlos klappen; auch an eine Schnur zum Festzurren des Rades hatte der Fahrer gedacht.

Ich bin auf dem Weg zur »Plaza San Martin«. »Der Platz lädt zum Verweilen ein!« Zitat aus einem Reiseführer. »Sehenswerte koloniale Bauwerke, schöne Arkaden, das altehrwürdige Hotel *Gran Bolivar*«, so weit stimmt die Beschreibung. Doch dann trifft mich der Schock. Unmittelbar vor mir, den Hintern an eine der Arkadensäulen gedrückt, verrichtet ein Mann seine Notdurft. Ich weiche aus. Der ätzende Geruch von Urin lässt mich den Bogen noch größer schlagen, vergeblich. Um das Standbild Bolivars verdichtet sich ein Geruch zum Latrinengestank. Lima im Morgengrauen, wenn Reiseführerschreiber noch schlafen? Ich folge dem geplanten Kreisbogen – mit gerümpfter Nase. Selbst Kirchengemäuer macht man zu nächtlicher Stunde zu Urinalen. In einer Straße entwickelt sich Hektik. Die städtischen Arbeiter sind am Ausschwärmen. Ihr Hilfsmittel gegen all das Unflätige: Sägemehl. Damit decken sie es gnädig zu. Jakob Strobel y Serra schrieb die Wahrheit: »Lima, man ›riecht‹ dich!«

Ich wandere durch den Straßenzug »Rufino Torrico«. Ein blauer Plastiksack auf dem Bürgersteig bewegt sich. Der Kopf eines Jungen wird sichtbar. Der Kleine macht Schulterkreisen. Es schläft sich hart auf nacktem Stein. »Junge, ich suchte mir zum Nächtigen einen anderen Platz! Schau einmal nach oben! Hast du nicht Angst, dass dich ein herabfallendes Stück Fassade erschlägt?«, so rede ich ihn stumm an, als ich an ihm vorbeigehe. Jetzt biege ich in die »Jirón Ica« ein. Bei diesen fensterblinden Gebäuden lohnt kaum noch das Hinschauen; es gibt zu viele. Dann stoße ich doch auf eine Überraschung. Ich gehe nur um die Ecke, plötzlich blicken vom gleichen Gebäude Größen der Weltkultur auf mich herab. Auch das grimmige Gesicht Beethovens ist darunter. Wie ich so verblüfft nach oben schaue, sagt ein Frühaufsteher im Vorbeieilen: »La opera, Señor! La opera!« Schade, dass der Mann so schnell ist; ich hätte noch ein paar Fragen. Tragödien jedenfalls bräuchte man in Limas Oper nicht mehr aufzuführen. Das Gebäude ist selbst eine. Nur ein Stückchen weiter trifft mich ein »Blick von oben«. Der vielstöckige Wohnturm wirkt wie ein Silo. Schon ist der Kopf der Frau wieder verschwunden. Jetzt hängt ein Plastikeimer mehr an der grauen Fassade. Das Fenster daneben ist kurz vor dem freien Fall in die Tiefe. Die »Calle Vera Cruz«: eine kleine Messingtafel fällt mir auf: »Hier lebte der erste Alkalde der Stadt Lima, 1535.« Geschichte, fast im Vorbeigehen. Nochmaliges Hinschauen (die Tafel hängt recht hoch) lässt mich wie angewurzelt stehen bleiben. Ich glaube meinen Augen nicht zu trauen. Auf dem Sims balancieren Geier. Hälse- und Flügelrecken, morgendliches »Knochenstrecken«, wie der Junge, der aus dem Plastiksack kroch. Wenig später kommt eine ganz andere Überraschung. Inmitten ganzer Straßenzüge, die dem Verfall preisgegeben sind, inmitten von Latrinengeruch und Geiern mitten im Zentrum erhebt sich eine blütenweiße Fassade – der gesamte Bau wie frisch renoviert. Wer hat in Lima noch für so etwas Geld? Eine Inschrift an der Fassade verrät es: »Colegio Padres Dominicos«. Orden waren selten arm.

Strobel y Serra sprach von den Bettlern. Der erste, der mir begegnet, trägt nur einen Schuh, den linken. Eine solche Variante der Armut kannte ich noch nicht. Der zweite, der mir entgegenkommt, hat gar keine Schuhe. Der dritte hält ein schlafendes Kleinkind im Arm und steuert, als er mich sieht, direkt auf mich zu: »Señor …!« Nun werden es immer mehr. Wie Pilze aus dem Boden tauchen sie auf. Männer, Frauen, Kinder, Gesunde, Kranke, Krüppel, Blinde … Es ist, als öffneten sich Bodenschächte, Kellerfenster, Kanaldeckel. Lima wird wach! Die Stadt hatte noch keine Zeit, sich zu schminken. Noch fehlt das hektische Treiben, die bunten Waren, der Verkehr. So liegt die Wahrheit nackt vor jedem, der sie sehen will: der Indio mit der Flöte aus einem Stück Plastikrohr und seiner Spendenschachtel, der Mann, der sich auf den Bürgersteig kniet und seine Hände zur Bittschüssel formt, die Frau, die einen Trinkbecher aus einem Abfalleimer fischt, weil es ihr an einer Tasse zum Betteln mangelt, der Blinde, der von einem Freund oder Bruder »in Position« geführt wird. Die guten Standorte sind bald vergeben. Männliche Bettler bevorzugen die Bürgersteige, Frauen die Pforten von Kirchen. Glaube gibt freizügiger, das ist alte Armenweisheit. Am Rio Rimac, auf der Brücke »Puente de Piedra«, erstreckt sich das Elend von Ufer zu Ufer. Einer Indiofrau mit seltsamer Huttracht fällt die Betteltasse aus der Hand. Ihr fahriges Herumtasten zeigt, ihre Augen sind kurz vor der »ewigen Nacht«. Ich schlage den Bogen weiter Richtung Kathedrale. Als ich den »Palacio de Gobierno« passiere, höre ich Schritte hinter mir und eine barsche Stimme. Ich drehe mich um. Der Fingerzeig gilt mir. Befehl: »Runter vom Bürgersteig!« Ich hatte es nicht gewusst, der Bürgersteig ist hier wohl Sperrzone; die Wahl zeigt Nachwehen, Proteste der betrogenen Indios, auf die die Regierung reagiert.

Mein Rundgang ist zu Ende. Auf der »Plaza de Armas« sehe ich kaum Menschen. Es ist noch zu früh. Dafür stehen vor dem Regierungspalast Militär und Polizei. Im Hintergrund entdecke ich die rotberockte Ehrenwache für »El Chino«, den korrupten Präsidenten. Es ist ein Bild zum »Bombenwerfen«. Aber mein Groll schlüge spontan in Schadenfreude um, ahnte ich die sich anbahnende Entwicklung. Fujimori lässt einen Abgeordneten bestechen, Alberto Kouri. Für ein »Handgeld« von 15 000 US-Dollar soll dieser ins Regierungslager von »El Chino« wechseln. Dessen Wahlhelfer, der Geheimdienstchef Montesinos, lässt, damit Kouri erpressbar bleibt, die Geldübergabe heimlich filmen. Ein hochpeinliches Missgeschick passiert; das Video gerät in die falschen Hände. Ganz Peru erfährt davon. Fujimori packt ein, was ihm wichtig erscheint, mit Koffern voller Dollarscheinen setzt er sich ab nach Japan. Es ist sein letzter Betrug am peruanischen Volk. Sein Helfer, Montesinos, taucht unter. Dessen Konto in der Schweiz fliegt auf: Der Geheimdienstchef hatte dort fünfzig Millionen Dollar »geparkt«. Der um den Wahlsieg betrogene Alejandro Toledo kandidiert erneut; und das Volk wählt ihn zu seinem Präsidenten. Indioblut an der Spitze Perus! Mehr als *ein* Grund zur Freude.

Aber noch sitze ich ahnungslos auf der »Plaza de Armas«, links die Phalanx blauer und olivgrüner Uniformen, vor mir die Kathedrale. Am Ende einer solchen Tour sollten die Gedanken vielleicht zurückspringen zur ersten Radumdrehung. Sollten!

Mir geht nach all dem Erlebten anderes durch den Kopf. Es würde auch nichts mit dem »Feiern« werden. Die Restflasche *Borgoña* mag im Hotel zurückbleiben. Wer Bolivien, wer Peru so hautnah erlebt hat, dessen Seele ist übervoll, aber ihm ist nicht nach »Sieg«. Ich sehe den protzigen Kirchenbau, daneben den Palast des Erzbischofs. Mauer an Mauer. Macht in gegenseitiger Anlehnung. Im Inneren des sakralen Baues liegt eine Steinplatte mit der Inschrift: »Francisco Pizarro«. Kirchenschmuck aus Raubgold, für den man die Inka erschlug, aus Silber, für das Indios in den Minen von Potosi elend zu Grunde gingen, schon dies wäre geschichtliche Hypothek genug. Nun aber noch das. *Ihm*, jenem spanischen Conquistador, der mordend, plündernd und schändend durch das Inkareich zog, der eine Kultur auslöschte, der den Keim für die Entwürdigung der Andenvölker legte (soweit sie den Sturm mit Schwert und Kreuz überlebten), *ihm* bot die Kirche diesen Ehrenplatz für die letzte Ruhe! Die Indios, die hier Zuflucht im Gebet suchen, »begegnen« so dem Mörder ihrer Vorfahren. »Peru, warum lässt du dir diese Provokation gefallen?« Stumme Worte, an die Steinwand der Kathedrale gehämmert.

Die Sonne beginnt zu wärmen. An den Turmkreuzen wehen dunkle Wetterfähnchen. Aber nur weil ich in Gedanken war, schien es mir so. Die Fähnchen schlagen mit Flügeln, beginnen zu gleiten. Ich schaue genauer hin. Es sind große, schwarze Vögel, die nackthälsigen Nutznießer des Todes. Das ist kein Traum. Über der Kathedrale von Lima kreisen die Geier.

Nachwort

»Pedimos apoye de dicho pais de Alemania!«

Mit dieser »Bitte um Unterstützung aus Deutschland« hatte der »Präsident der Kommission für Nachbarschaft« die Klagen der Campesinos in meinem Tagebuch unterschrieben. So »beauftragt« war ich natürlich völlig überfordert. Wie kann ein Einzelner an der Rückständigkeit, der Armut einer ganzen Region etwas ändern? Trotzdem. Wieder zu Hause, fotokopierte ich die Tagebuchseiten mit den Eintragungen der Campesinos. Durch ein Schreiben ergänzt, wurden sie auf den »diplomatischen Weg« gebracht. Ziel war es zunächst, dem Empfänger, der bolivianischen Regierung, zu verdeutlichen, dass Touristen (und dies bin auch ich in letzter Konsequenz) nicht »blind« durchs Land reisen, sondern weit mehr registrieren als nur historische Bauwerke und die Schönheiten der Natur. Die Wahrnehmung sozialer Misere durch ausländische Besucher ist immer ein peinlicher Vorgang.

Gleichzeitig wurde La Paz mitgeteilt, dass meine Eindrücke in Bolivien Gegenstand eines Buchtitels würden und dass, was das Krankenhaus im Kanton Chua Cocan (siehe Kapitel »Zwischen Barrikaden«) betrifft, lobend erwähnt würde, wenn sich die Regierung für den Weiterbau einsetzte. Die Zielrichtung dieses »Versprechens« war klar. Die Fotokopien und das Anschreiben wurden von einem Mitglied des Diplomatischen Corps persönlich mit nach La Paz genommen und dort vorgelegt.

Inzwischen drehte sich das Rad der Geschichte weiter. Dem Aufstand der Campesinos folgte der der Koka-Bauern (Überschrift in den Medien: »La Paz unter Hungerblockade«). Mich erreichten Informationen über das tatsächliche Ausmaß der wirtschaftlichen Misere und die innere politische Verfassung Boliviens, die noch für weitere Schlagzeilen sorgen werden. Eine erste kam gerade über den Atlantik: Hugo Banzer, der Präsident Boliviens, ist zurückgetreten. Unter solchen Vorzeichen verblassen natürlich die Stimmen von ein paar Campesinos und der Brief eines deutschen Touristen. Kein Wunder, dass La Paz jetzt nicht antwortet. Trotzdem sollte so etwas nicht mutlos machen. Dass sich ein Reisender nach der Fahrt durch dieses Land nur mit vollen Urlaubsfilmen, aber »schweigend« in den eigenen Wohlstand zurückzieht, das haben die dort lebenden Indios nicht verdient. Eine »Wortmeldung« zu ihren Gunsten – bei welcher Institution auch immer – kostet nur das Briefporto; und viele solche Meldungen ergeben eine »laute Stimme«.

Der Autor

Glossar

1	Thola	Zwergstrauch in den Hochanden
2	Totora	Schilfart im Titicacasee
3	Colectivo	Sammeltaxi, meist offener Pritschenwagen
4	a.Nansan, b. Jiska, c. Chatche	Bootstypen aus Totora, a. »normaler Typ«, b. besonders klein und wendig (für die Wasserjagd), c. großes Lastenboot
5	Extranjero	Fremder
6	Señor	für »Gott«, in Gebeten der Indios
7	Caña	Zuckerrohrschnaps
8	Caldo	kräftige Suppe aus verschiedenen Zutaten (Reis, Mais, Kartoffeln, Fleischknochen). Das »Standardessen« einfacher Restaurants.
9	Cebiche	Fischgericht, durch Limonensaft gesäuert
10	»nacktes Messing«	die unteren Wertstufen der peruanischen Währung (bis 1 Sol) sind aus Messing, ab 2 Sol haben sie einen Nickelrand

11 Sopa Criolla Was die »Caldo« für die Indios der Anden, das ist die »Kreolische Suppe« für Teile der Küstenbewohner. Sie ist milchig, zwar »dünner«, aber trotzdem würzig.

Quellennachweis

Neben den staatlichen Informationsschriften peruanischer und bolivianischer Stellen wurde für die Reiseplanung und für die Erstellung des Manuskriptes auf folgende Literatur zurückgegriffen:

Reiseführer:

Kai Ferreira Schmidt	Reise Know-How Peru Bolivien, Handbuch für individuelles Reisen und Entdecken
Walter	Südamerika-Handbuch
HB Bildatlas	Special Peru
Zeitschrift der Informationsstelle Lateinamerika (ila)	Andine Religionen
Armin Bollinger	Einführung in die Welt der Indios
Carlos Fuentes	Der vergrabene Spiegel, Die Geschichte der hispanischen Welt
Garcilaso de la Vega	The Incas
Maria Reiche	Geheimnis der Wüste
Eduardo Galeano	Die offenen Adern Lateinamerikas
Erich Köhler	Dort wo der Condor fliegt